ALTDEUTSCHE TEXTBIBLIOTHEK

BEGRÜNDET VON HERMANN PAUL †
FORTGEFÜHRT VON GEORG BAESECKE †
HERAUSGEGEBEN VON HUGO KUHN

NR. 50

Die Althochdeutsche
Benediktinerregel des Cod. Sang 916

Herausgegeben

von

Ursula Daab

MAX NIEMEYER VERLAG / TÜBINGEN 1959

INHALTSÜBERSICHT

	Seite
Vorbemerkung zum Text	6
Text	7
Vorbemerkung zum Glossar	98
Althochdeutsches Glossar	99
Lateinisches Glossar	255

VORBEMERKUNG ZUM TEXT

Diese Neuausgabe der althochdeutschen Benediktinerregel soll die
längst vergriffene Ausgabe von Elias von Steinmeyer (Die Kleineren Althochdeutschen Sprachdenkmäler, Berlin 1916, zitiert St.)
nicht ersetzen, sondern ergänzen. Es war die Absicht, unter weit-
gehender Schonung des eigenen Charakters der Hs. einen möglichst
flüssig lesbaren Text herzustellen, nach dem der Studierende dieses
wichtige Denkmal des Altalemannischen kennen lernen kann. Der
Forscher wird nach wie vor Steinmeyers Ausgabe zu Rate ziehen.
In den Anmerkungen sind über Steinmeyers kritischen Apparat
hinaus Textvarianten angeführt, Lücken ausgefüllt und Hinweise
für die Erklärung von Übersetzungsfehlern gegeben. In vielen
Fällen, besonders wo die Glossierung richtigeren Text bietet als die
lateinische Regel, sind die Verbesserungen der 3. Hand, wie St. den
Korrektor des lateinischen Textes aus dem 11. Jh. nennt, in den
Text aufgenommen und die verderbte Lesart oder Sonderlesart ist
unter die Varianten in den Anmerkungen verwiesen worden. Aber
überall, wo die Fehler durch das Deutsche wiedergegeben sind,
stehen die fehlerhaften Lesarten im Text und die richtigen in den
Anmerkungen (vgl. dazu Anm. 3).
Geändert wurden gegenüber der Hs. nur Äußerlichkeiten. So wurde
vor allem moderne Zeichensetzung angewendet, da die zahlreichen
Ausrufezeichen und Punkte der Hs. die Lesbarkeit des Textes
stark beeinträchtigen, infolge davon auch Großschreibung am
Satzanfang. Ferner wurde im lateinischen Text das e der Hs. für ae
(Beisp.: Vorsilbe prae-) durchgehends durch ae ersetzt, ebenso die
häufige Verwechslung von i und e, von t und d, von t und c ver-
bessert, vor allem in Wörtern, in denen sich ein Mißverständnis er-
geben kann, dem auch die Übersetzer zum Opfer gefallen sind. Im
deutschen Text wurde für v und u, das in Doppelschreibung w be-
deutet, u bzw. uu durchgeführt. — Der ergänzte Text, der in der
Hs. fehlt, ist durch Kursivdruck von dem überlieferten abgehoben.
Die Lücken des deutschen und die an wenigen Stellen vorhandenen
des lateinischen Textes sind ebenfalls gekennzeichnet. Die Seiten-
zählung der Hs. ( ) und die der Ed. Steinmeyer [ ] ist am Kopf der
Seite und im laufenden Text angegeben.   *Dr. Ursula Daab*

[190] (8) Ergo[1] praeparanda sunt corda nostra et corpora sanctae praeceptorum oboedientiae militanda; et quod minus habet in nos natura possibile, rogemus dominum, ut gratiae suae adhibeat nobis adiutorium omnis terrae.

Et sic fugientes gehennae poenas ad vitam volumus pervenire perpetuam, dum adhuc vacat et in hoc corpore sumus, et haec omnia per hanc lucis vitam vacat implere; currendum et agendum modo est, quod in perpetuum nobis expediat.

Constituenda est ergo a nobis dominici scola servitii, in qua institutione nihil asperum, (9) nihil grave nos constituturos speramus. Sed et si quid paulolum restrictius dictante aequitatis ratione propter emendationem vitiorum vel conversationem caritatis processerit, non ilico pavore perterritus fugias viam salutis, quae non est nisi angusto itinere incipienda. Processu [191] vero conversationis et fidei[3] dilatuto

[190] (8) keuuisso ze karauuenne sint herzun unseriu indi lihhamun dero uuihono piboto dera horsamii ze chamfanne; indi daz min hebit in uns chnuat samftes, pittames truhtinan, daz dera ensti sinera zuatue uns helfa eocouuelihera erda.

indi so fliohente dera hella uuizzi ze libe uuellemes duruhqhuueman euuikemu, denne nu noh muazzot indi in desemu lihhamin pirumes indi desiu alliu duruh desan leoht lib muazzo erfullan; ze hlauffanne indi ze tuenne nu ist, daz in euuin uns piderbit.

ze kesezzenne ist keuuisso fona uns dera truhtinlihhun scuala dera deonosti, in deru kesezzidu neouueht sarfes, (9) neouueht suuarres[2] uns kesezzente uuannemes. Uzzan ioh auh ibu huuaz luzziles keduunganor dictentemu des rehtes rediun duruh puazza achustio edeo des libes minna framkange, nalles sar erflaucter forahtun fleohes uuec dera heilii, daz nist uzzan enkemu sinde ze pekinnanne. Framkanc ke[191]uuisso des

---

[1] Der Schluß des Prologs ist in den interpolierten Hss. an den Anfang gestellt worden.   [2] suuarre Hs.   [3] si dei Hs. Die Übersetzung ist nach einem anderen lat. Text angefertigt und dem Lat. des Sang. 916 übergeschrieben worden. Zum Teil stimmen die beiden Lat.-Texte in Sonderfehlern überein, zum Teil hatte die lat. Vorlage einen richtigeren Text, so daß das Deutsche von der

corde inenarrabili dilectionis dulcidine curritur mandatorum dei, ut ab ipsius notitiam magisterio discentes in eius doctrina usque ad mortem in monasterio perseverantes passionibus christi per patientiam participemus, ut regni eius mereamur esse consortes. Amen.

Qui[4] leni iugo christi colla submitte(10)re cupis, regulae sponte da mentem dulcis, ut capias mella. Hic testamenti veteris novique cuncta doctrina, hic ordo divinus, hic castissima vita. Hocque benedictus pater constituit sacrum volumen. Haecque mandavit suis servare alumnis. Simplicius christique minister magistri latens opus propagavit in omnes. Una tamen mercis utroque manet in aeternum. Amen.

Ausculta[5], o fili, praecepta magistri! Et inclina aurem cordis tui, et admonitionem pii patris libenter excipe et efficaciter comple, ut ad eum per oboedientiae[6] laborem rede(11)as, a quo per inoboedientiae de-

libes indi dera kilauba kepreittemu herzin unerrahhotlihhera minna dera suazzi si kehlaufan kepoto cotes, daz fona siin selbes chundidu meistartuam lirnente in sineru leru unzin ze tode in munistre duruhhuuonente dolungono christes duruh kedult teil nemem, daz rihhes sine kearneem uuesan ebanlozzon. . . .
du demu slehtin iohhe cristes halsa untarleccan (10) keros, rehtungu selpuuillin kib muat suazzan, daz nemes honec. Hiar dera altun euua ioh dera niuun alliu lera, hiar antreitii cotchundiu, hiar hreinisto lib. Indi den keuuihter fater kesazta uuiho puah. Indi desu kepot sinem kehaltan chindum. . . . indi christes ambaht des meistartuames midanti uuerach framerhlot in alle. Einaz duuidaro loon ioh pedero uuonet in euuin. . . .
hlose, uuelago chind, pibot des meistres! Indi kehneigi oora des herzin dines, indi ze manungu des eerhaftin fateres cernlihho intfah indi huuaslihho erfulli, daz ze inan duruh horsamii arabeit huua(11)rabes, fona

---

Lesart, die unter ihm steht, abweicht. Manche Stellen des lat. Sang. 916 sind so verderbt, daß wir erkennen, es konnte nicht nach ihnen übersetzt sein.   [4] Qui leni – Amen die Verse des Simplicius, des ersten Abtes von Montecassino.   [5] Beginn der Ben.-Reg. Obsculta Übl.   [6] statt oboedientiam.

sidiam recesseras! Ad te ergo
nunc mihi sermo diregitur.
Quisquis abre[192]nuntians
probriis voluntatibus domino
Christo, vero regi, militaturus
oboedientiae fortissima atque
praeclara arma adsumis, impri-
mis ut quicquid agendum
inchoas bonum, ab eo perfici
instantissima oratione deposcas,
ut qui nos iam in filiorum dig-
natus est numero conputare,
non debet aliquando de malis
actibus nostris contristari.

Ita enim ei omni tempore de
bonis suis in nobis parendum
est, ut non solum iratus pater
suos non aliquando fili(12)os
exheredet, sed nec ut metuen-
dus dominus inritatus a malis
nostris ut nequissimos servos
perpetuam tradat ad poenam,
qui eum sequi noluerint ad
gloriam.

Exsurgamus ergo tandem aliquando excitante nos scriptura
ac dicente: ,,Hora est iam nos
de somno surgere". Et apertis
oculis nostris ad deificum lumen
adtonitis auribus audiamus divina cottidie clamans, quid nos
ammonet vox dicens: ,,Hodie si

demu duruh unhorsamii slaffii
keliti! ze dih *keuuisso* nu mir
uuort ist kerihtit. So huuer so
farsah[192]hanti eikaneem
uuillom truhtine criste, uuaremu
chuninge, chamfanter dera horsamii starchistun indi ioh fora-
perahtida uuaffan zuanimis, az
erist daz so huuaz so ze tuanne
pikinnes cuates, fona imu
duruhtan anastantantlihostin
kepete pittes, daz der unsih giu
in chindo keuuerdonter ist
ruava[7] kezellan, niscal eddesuuenne fona ubilem tatim
unserem keunfreuuit uuesan.
so *keuuisso* imu eocouueliheru
citi fona cuatum sinem in uns
ze karauuenne[8] ist, daz nalles
einin erpolganer fater siniu
nalles eonaldre chind (12) er-
urerebe, uzzan . . . . daz forahtanter *truht*in kecremiter
fona ubilum unsereem so uuirsi-
ston scalcha euuic selle ze
uuizze, die inan folgen niuuolton
ze tiuridu.
Erstantames *keuuisso* . . . .
eddesuuenne eruuechenteru unsih kescrifti ioh qhuedenteru:
,,ciit ist giu uns fona slaffe ze
stanne." Indi intlohhaneem
augom unserem ze cotchun-
demu leohte zualuustrenteem
oorom horrames cotchundida
tagalihhin qhuuedenti, huuaz
unsih zuamanoot stimma qhue-

---

[7] ursprünglich ruavo, Dat. -o.   [8] mit parandum verwechselt.

vocem [193] eius audieritis, nolite obdurare corda vestra!" et iterum: „Qui habet aures audiendi, audiat", quid spiritus dicat ecclesiis. Et quid dicit? „Venite, filii, audite me! Timorem domini docebo vos. Currite, dum lu(13)men vitae habetis, ne tenebrae mortis vos conprehendat⁹!" Et quaerens dominus in multitudine populi, cui haec clamet, operarium suum iterum dicit: „Quis est homo, qui vult vitam et cupit videre dies bonos?" Quod si tu audiens respondeas: „Ego!" dicit tibi deus: „Si vis habere veram et perpetuam vitam, prohibe linguam tuam a malo, et labia tua ne loquantur dolum! Diverte a malo et fac bonum! Inquire pacem et persequere eam! Et cum haec feceritis, oculi mei semper super vos et aures meae ad preces vestras, et antequam me invocetis, dicam vobis: „Ecce, adsum!"

Quid dulcius nobis ab¹⁴ hac voce domini invitantis nos, fratres (14) carissimi! Ecce, pietate sua demonstrat nobis dominus viam vitae! Succinctis

den[193]ti: „hiutu ibu stimma sina horreet, ir nichuriit furihertan herza iuueriu", indi auur: „der eigi orrun horendo, hoorre", huuaz keist qhuede samanungu. Indi huuaz qhuidit? „qhuemat, suni, hoorrat mih! Forahtun truhtines leru iuuih. Hlauffat, denne (13) leoht des libes eigiit ir, min finstrii des todes euuih pifahe!" Indi suahhanti truhtin in managii liuteo, huuemu deisu haret, uuerachman sinan auur qhuidit: „Huuer ist man, der uuili lib indi keroot sehan taga cuate?" Daz ibu du hoorres¹⁰ antuurti¹¹: „ih!" qhuuidit dir cot: „Ibu uuili haben uuaran¹² indi euuigan liib, piuueri zungun dineru fona ubile, indi lefsa dina min sprehhen seer¹³! Kihuuerebi fona ubile indi tua cuat! Suahhi fridu indi kefolge den! Indi denne desiu tueet ir, augun miniu simblum ubar iuuih indi ooron miniu ze kepetum iuuereem, indi er denne mih kenemmeet, qhuidu iu: „se, azpim." Huuaz suazzira uns fona deseru stimmu truhtines keladontes unsih, pruadra (14) tiuristun! See, dera gnada sua keaugit uns *truh*tin uuec des libes! Picurte¹⁵ *keuuisso* dera kilauba edo ki-

---

⁹ conp̄hendaṅt Hs.   ¹⁰ Conj. Praes. statt Part.   ¹¹ Imper.
¹² uueran Hs.   ¹³ mit dolor verwechselt.   ¹⁴ halb ausradiert, aber übersetzt.   ¹⁵ Nom. Pl. Masc. statt Dat.

ergo fide vel observantia bonorum actuum lumbis nostris et
calciatis in praeparatione evangelii[16] pacis pedibus per[194]-
gamus itinera eius, ut mereamur eum, qui nos vocavit, in
regno suo videre. In cuius regni
tabernaculo si volumus habitare, nisi illuc bonis actibus
curratur, minime pervenietur.
Sed interrogemus cum propheta
dominum dicentes ei: ,,Domine,
quis habitabit in tabernaculo
tuo aut quis requiescit in
monte sancto tuo?" Post hanc
interrogationem, fratres, audiamus dominum respondentem et
ostendentem nobis viam ipsius
tabernaculi dicens: ,,Qui ingreditur sine macula et opera-
tur (15) iustitiam, qui loquitur
veritatem in corde suo, qui non
egit dolum in lingua sua, qui
non fecit proximo suo malum,
qui obprobrium non accepit
adversus proximum suum, qui
malignum diabolum cum[19] aliqua suadente sibi cum ipsa suasione sua a conspectibus cordis
sui respuens deduxit ad nihilum
et parvulos[21] cogitatus eius
tenuit et adlisit ad christum".

Qui timentes dominum de bona

haltidu cuatero tatio lanchom
unsereem indi kescuahte[15] in
garauuidu des cuatchun[194]-
din[17] fridoo fuazzum kangames
sinda sine, *daz* kearneem inan,
der unsih ladoot, in rihhe
sinemu sehan. In des rihhes
huse ibu uuellemes puan, uzzan
dara cuateem tatim si kehlauffan, min duruhqhueman. Uzzan
frahemees mit forasakin[18] truhtinan qhuedentes imu: ,,*truhtin*,
huuer puit in selidun dineru edo
huuer kerestit in perege uuihemu dinemu?" After deseru
antfrahidu, pruadra, hoorre-
mees truhtinan antlengantan
indi augantan uns uuec des
selbin huses qhuedanti: ,,der
inkaat ano pismiz indi uurchit
(15) reht, der sprihhit uuarhafti
in herzin sinemu, der niteta
seer[18] in zungun sineru, der niteta nahistin sinemu ubil, der
ituuiz nientfianc uuidar nahistin sinemu, der farfluahhanan
diubil mit eddesuuelihha kespanst[20] imu mit dia selbun kespanst sina fona kesihtim herzin
sines farspienti keleitta ze neo-
uuehti indi luzzileer kidanc sin
kihebita indi zuakechnusita ze
christe."

Dia furahtante truhtinan fona

---

[16] verderbt aus per ducatum Evangelii pergamus.   [17] evan-
gelici ist übersetzt.   [18] forasakun Hs.   [19] ausradiert, aber
übersetzt.   [20] suasione ist übersetzt.   [21] parvulus Hs. Vgl.
Anm. 3.

observantia sua non se reddunt elatos, sed ipsa in se bona non a se posse, sed a domino fieri existi[195]mant. Operantem[22] in se dominum magnificant illud cum propheta dicentes: „Non nobis, domine, non nobis, sed nomini tuo da gloriam". Sicut nec Paulus apostolus de praedicatione sua sibi aliquid inputavit dicens: „Gra(16)tia dei sum id, quod sum". Et iterum ipse dicit: „Qui gloriatur, in domine glorietur". Unde et dominus in evangelio ait: „Qui audit verba mea haec et faciat ea, similabo eum viro sapienti, qui aedificavit domum suam super petram. Venerunt flumina, flaverunt venti et impegerunt in domum illam. Et non cecidit, quia fundata erat super petram."

Haec complens dominus exspectat nos cottidie his suis sanctis monitis factis nos respondere debere. Ideo nobis propter emendationem malorum huius vitae dies ad inducias relaxantur dicente apostolo: „An nescis, quia patientia dei ad poenitentiam te adducit?" Nam pius dominus dicit: „Nolo mortem peccatoris, sed

cuateem kihaltidom iro nalles sih kebant keile, uzzan diu selbun in sih cuatiu nalles fona sih magan, uzzan [195] fona truhtine uuesan uuannant. Uuerchontan in sih truhtinan mihhilont daz mit forasegin qhuedente: „nalles uns, truhtin, . . . uzzan nemin dinemu kib tiurida. Soso noh . . . . poto fona digii[23] sineru imu eddesuuaz kizelita qhuedenti: „anst (16) cotes pim daz, daz pim." Indi auur er selbo qhuidit: „der cuatliheet, in truhtine cuatlihhee". Danan ioh truhtin . . . . qhuad: „der hoorit uuort miniu desiu indi tuat dei, kelihhison inan commane spahemu, der kezimbrota hus sinaz oba steine. Qhuamun aha, platoon uuinti indi erloso tatun[24] in hus daz. Indi . . . fial, danta kestudit uuas oba steine."

Deisu erfullenti truhtin peitoot unsih tagalihhin desem uuiheem sineem[25] manungum tatim unsih anlengan scolan. Pidiu unsih duruh puazza ubilero desses libes taga ze antlazza sint kelengit qhuedentemu potin: „edo niuueist, danta kidult cotes ze hriuuun dih zualeitit?" Keuuisso erhafter . . . . qhuidit: „niuuillu tod des suntigin,

---

[22] oparantem, vom Übersetzer korr. setzt. [24] impie egerunt ist übersetzt. [23] precatio ist übersetzt. [25] sanctis suis ist übersetzt.

ut (17) convertatur et vivat."
Cum ergo interrogassemus dominum, fratres, de habitatore²⁶
taberna[196]culi eius, audivi-
mus habitandi praeceptum. Sed
si conpleamus habitatoris officium, erimus²⁸ heredes regni
caelorum. Amen.

I. De generibus monachorum.
Monachorum quattuor esse genera manifestum est. Primum
coenobitarum. Hoc est mona-
steriale militans sub regula vel
abbate. Deinde secundum genus est anachoritarum, id est
heremitarum, horum qui non
conversationis fervore novitiae,
sed monasterii probatione diuturna, qui didicerunt contra diabolum multorum solatio iam
docti pugnare et bene instructi
fraterno (18) examine ad singu-
larem pugnam heremi securi
iam sine consolatione alterius
sola manu vel brachio contra
vitia carnis vel cogitationum
deo auxiliante sufficiunt pugnare. Tertium vero monachorum deterrimum genus est
sarabaitarum, qui nulla regula
adprobati experientia magistri
sicut aurum fornacis, sed in
plumbi natura molliti adhuc
operibus servientes saeculo

uzzan daz (17) kehuueraue indi
lebee." Denne ke*uuisso* intfra-
hetomes *truhti*nan, fratres, fona
puarre des [196] huses sines, ke-
hortomees des puentin²⁷ kipot.
Uzzan ibu erfullemees des
puentin ambahti, pirumes eri-
bun himilrihhes. . . .

fona chunnum municho.
municho fioreo uuesan chunni
kund ist. Erista samanungono.
Daz ist munistrilih chamffanti
untar regulu edo demu fatere.
Danaan andraz chunni ist ein-
choranero, daz ist uualdlihhero,
dero die nalles des libes uualme
dera niuuuii, uzzan des munistres chorungu lancsameru, die
lirneton uuidar diubil managero
helfu giu kileerte fehtan indi
uuela kileerte pruaderlihhera
(18) ursuahhidu ze einluzlihheru
fehtun des uualdes sihhure giu
ano helfa andres einera henti
edo arame uuidar achusti des
fleiskes edo kidancha cote hel-
fantemu kenuhtsamont fehtan.
Dritta ke*uuisso* municho uuir-
sista chunni ist lihhisarro, die
noh dera rehtungu kechorote
pifindungu des meistres soso
cold des ouanes, uzzan in pli-
uues chnuati keuueihhete nu
noh uuerchum deononte uueral-

---

²⁶ habitore Hs. Vgl. Anm. 3.   ²⁷ habitatoris ist übersetzt
(Part.).   ²⁸ erimus – Amen hinzugefügt. Hier würde der Anfang
folgen als Schluß des Prologs (s. Anm. 1).

[197] fide mentiri deo per ton-
suram noscuntur, qui bini aut
terni aut certe singuli sine
pastore non dominicis, sed suis
inclusi ovilibus. Pro lege eis est
desideriorum voluptas. Cum
quicquid putaverint vel ele-
gerint, hoc dicunt sanctum, et

quod noluerint, hoc (19) putant
non licere. Quartum vero genus
est monachorum, quod nomina-
tur gyrovagum, qui totam vitam
suam per diversas provincias
ternis aut quaternis diebus per

diversorum cellas hospitantur,
semper vagi et numquam stabi-
les et propriis voluntatibus et
gulae inlecebris servientes et
per omnia deteriores sarabaitis.
De quorum omnium horum
miserrima conversatione melius
est silere quam loqui. His ergo
omissis ad coenobitarum for-
tissimum genus disponendum
adiuvante domino veniamus.
Amen.

II. Qualis debeat esse abbas.
Abbas[36], qui praeesse dignus
est monasterio, semper meminere [198] debet, quod dicitur, et
nomen maioris factis implere,

ti kelaubu [197] liugan[29] cote
duruh scurt sint keuuizzan, die
zuuiske edo driske edo *keuuisso*
einluzze ano hirti nalles truhtinlihem, uzzan iro pilohhaneem[30]
euuistun. Fora euu im ist kiri-
dono uunnilust. Denne so huuaz
so uuannant edo kiuuellant,
daz qhuedant uuihaz, indi daz
niuuellant, daz (19) uuannant
nalles erlaubpan. Fiorda *keuuis-*
so chunni ist *muni*cho, daz ist
kenemmit[31] suuihharro, die al-
lan lib iro duruh missilihho
lantscaffi driskeem edo feoris-
keem tagum duruh missilihho[32]
cello sint kecastluamit, simblum suuihhonte indi neonaldre
statige indi eiganeem uuillom
indi cheluun unerlaubantlih-
heem[33] deononte indi duruh
alliu uuirsirun lihisarum. Fona
dero allero[34] desero uuirsirin
libe pezzira ist suuigeen denne
kisprohhan uuesan. Desem
keuuisso farlazzanem ze samanungu starachistin chunne ke-
sezzamees[35] zuahelfantemu
truhtine qhuememees. . . .

. . . . der forauuesan uuirdiger
ist munistres, simblum kehuckan[37] [198] scal, daz ist keqhuetan, indi nemin meririn

---

[29] liugant Hs.   [30] Dat. Plur. statt Nom.   [31] kenemmin Hs.
[32] fälschlich für missilihhero.   [33] illicitis ist übersetzt.   [34] alleru Hs.
[35] fälschlich für ze kesezzanne   [36] abba Hs.   [37] kehunkan Hs.

christi enim agere vices in
monasterio (20) creditur, quando ipsius vocatur pronomine
dicente apostulo: „Accepistis
spiritum adoptionis filiorum, in
quo clamamus abba pater."
Ideoque abbas[36] nihil extra
praeceptum domini, quod absit,
debet aut docere aut constituere
vel iubere. Sed iussio eius vel
doctrina fermentum divinae
iustitiae in discipulorum menti-
bus conspargatur. Memor sit
semper abbas, quia doctrinae
suae vel discipulorum oboedientiae utrarumque rerum in
tremendo iudicio dei facienda
erit discussio. Sciatque abbas
culpae pastoris incumbere, quicquid in ovibus pater familias
utilitatis eius minus poterit invenire[40]. Tantum iterum erit, ut,
si inquieto vel inoboedienti
gregi pastoris (21) fuerit omnis
diligentiae adtributa et morbi-
dis earum actibus universa
fuerit cura exhibita, pastor
earum in iudicio domini abso-
lutus dicat cum propheta domino: „Iustitiam tuam non
abscondi in corde meo, veritatem tuam et salutare tuum
dixi. Ipsi autem contemnentes
spreverunt me." Et tunc de-
mum inoboedientibus curae

tatim erfullan, cristes *keuuisso*
tuan uuehsal in munistre (20)
ist kelaubit, denne er selbo[38] ist
kenemmit pinemin qhueden-
temu potin: „entfiangut atum
ze uunske chindo, in demu hare-
mees faterlih fater." Enti pidiu
. . . . neouueht uzzana pibote
truhtines, daz fer sii, sculi edo
lerran edo kesezzan edo kepeotan. Uzzan kipot sinaz edo lera
deismin des cotchundin rehtes
in discono muatum si kespren-
git. Kehuctic sii simblum . . . .
daz dera sinera lera edo discono
horsamii indi peidero rachono
in dera forahtlihhun suanu
cotes ze tuenne ist kesuahhida.
Indi uuizzi . . . . sunta hirtes
anahlinenti[39] so huuaz so in
scaffum fater hiuuiskes piderbii
sinera min megi findan. So auur
ist, daz, ibu unstillemu edo un-
horsamonti chortar hirtes (21)
ist eocouuelih kernii zuakitaniu
indi suhtigeem iro tatim alliu
ist ruahcha zuakitan, hirti iro in
suanu truhtines inpuntaneer
qhuede mit uuizzagin *truhti*ne:
„reht dinaz nikiparac in herzin
minemu, uuarhafti dina indi
heilantii diin qhuad. Sie *keuuis-*
so farmanenti[41] farhocton mih."
Indi denne az iungist unhorsa-
men dera ruahcha sinera scaffum

---

[38] ipse ist übersetzt. [39] incumbens ist übersetzt. [40] inveniri Hs. Vgl. Anm. 3. [41] unfl. Part. statt Nom. Pl. Masc.

suae ovibus poena sit eis praevalens ipsa mors.

Ergo cum aliquis suscepit
nomen abbatis, duplici debet
[199] doctrina suis praeesse
discipulis. Id est omnia bona et
sancta factis amplius quam
verbis ostendat, et capacibus
discipulis mandata domini verbis proponere, duris corde vero
et simplicioribus factis suis divina praecepta demonstrare.
(22) Omnia vero, quae discipulis docuerit esse contraria, in
suis factis indicet non agenda,
ne aliis praedicans ipse reprobus
inveniatur, ne quando illi dicat
deus peccanti: ,,Quare tu
enarras iustitias meas et adsumis testamentum meum per
os tuum? Tu vero odisti disciplinam meam et proiecisti
sermones meos post te." Et
,,qui in fratris tui oculo festucam videbas, in tuo trabem non
vidisti."

Non ab eo persona in monasterio discernatur. Non unus
plus ametur quam alius, nisi
quem in bonis actibus aut oboedientia invenerit meliorem. Non
proponatur ingenuus ex servitio
convertenti, nisi alia rationabilis causa exsistat. Quodsi ita
iustitia dictante (23) abbati

uuizzi si im furimakanti selbo
tod.

Keuuisso denne eddesuueliher
intfahit namun . . . zuuifalda
[199] scal lera sinem forauuesan
discom. Daz ist alliu cuatiu indi
uuihiu tatim meer denne uuortum keaucke, indi farstantanteem discoom pibot truhtines
uuortum furikisezzan, herteem
herzin *keuuisso* indi einfaltlihhero[42] tatim sinem cotchundiu
pibot keauckan. (22) Alliu
keuuisso, dei discoom lerit
uuesan uuidaruuartiu, in sineem
tatim chundit nalles ze tuenne,
ni andreem forasagenti[43] er farchoraneer si fundan, min
huuenne imu qhuede cot suntontemu: ,,huuanta du errahhos
reht miniu indi zuanimis euua
mina duruh mund dinan? Du
keuuisso fietos egii mina indi
faruurfi uuort miniu after dih."
Indi ,,du in pruader dines augin
halm kesahi, in dinemu kepret
nikisahi."

Nalles fona imu heit in munistre
si kiskeidan. Nalles einer meer
si keminnoot denne andrer,
uzzan den in cuateem tatim edo
horsamii finde pezzirun. Nalles
furi si kesezzit friger er deonosti
kehuuarbantemu, uzzan andriu
redihaftiu rahha si. Daz ibu so
reht dictontemu (23) . . . . ke-

---

[42] Gen. Pl. ? Vielleicht einfaltlihhorŏ ? [43] praedicens ist übersetzt.

visum fuerit et de cuiuslibet ordine id facere potest, alii vero propria teneant loca, quia sive servus sive liber omnes in [200] Christo unum sumus et sub uno domino aequalem servitutis militiam baiolamus, quia non est apud deum personarum acceptio. Solummodo in hac parte apud ipsum discernimur[46], si meliores ab aliis in operibus bonis et humiles inveniamur. Ergo aequalis sit ab eo omnibus caritas, una praebeatur in omnibus secundum merita disciplinae.

In doctrina sua namque abbas apostolicam debet semper illam formam servare, in qua dicit: (24) „Argue, obsecra, increpa!" Id est miscens temporibus tempora, terroribus blandimenta. Dirum magistri[47] pium patris ostendat affectum. Id est: indisciplinatos et inquietos debet durius arguere, oboedientes autem et mites et patientes, ut melius proficiant, obsecrare. Neglegentes et contemnentes[48] ut increpet et corripiat admonemus. Neque dissimulet peccata delinquentium, sed mox, ut ceperint oriri, radicitus ea, ut praevalet, amputet,

duht ist indi fona so uuelihhes kesezzidu daz tuan mac[44], andre *keuuisso* eigono eigin steti, danta edo scalch edo frier alle in uui[200]hemu ein pirumes indi untar einemu truh*t*ine ebanlihho[45] des deonostes chamfheit tragames, danta nist mit cotan heiteo antfangida. Einu mezzu in desemu teile mit imu pirumes kiskeidan, ibu pezzirun fona andreem in uuerchum cuateem indi diomuate pirum funtan. K*euuisso* eban sii fona imu allem minna, einiu si kekeban in alleem after keuurahti dera ekii.
In leru sineru keuuisso . . . . potoliha scal simblum daz pilidi haltan, in demu qhuidit: (24) „dreuui, pisuueri, refsi!" Daz ist miskenti citum citi, ekisom slehtiu. Crimmii des meistres erhaftii fateres keaucke minna. Daz ist: unekihafteem indi unstilleem scal hartor drauuen, horsamem *keuuisso* indi mitiuuareem . . . . dultigeem, daz in pezzira framkangeen, pisuuerran. Ruahchalose indi farmanente so refse indi keduuinge zuamanomees. Indi nialtinoe sunta missituantero, uzzan saar, so pikinneen[49] ufqhueman, uurzhaftor daz, so furist megi,

---

[44] man Hs.   [45] ebanlihha? chamfheit F.? oder Adv.?   [46] discernimus Hs. Vgl. Anm. 3.   [47] magristri Hs.   [48] contempnentes Hs.   [49] pikirneen Hs.

memor periculi˙ Hely[50], sacer-
dotis de Silo[50]. Et honestiores
quidem atque intelligibiles ani-

mos ¡prima vel secun(25)da ad-
admonitione verbis corripiat,
inprobos autem et duros ac
superbos vel inoboe[201]dientes
verberum vel corporis castigatione in ipso initio peccati coerceat, sciens scriptum: „Stultus
verbis non corregitur“, et

iterum: „Percute filium tuum
virga et liberabis animam eius
a morte.“ Meminere debet
semper abbas, quod est meminere, quod dicitur, et scire,
quia, cui plus committitur,
plus ab eo exigitur. Sciatque,
quam difficilem et arduam
rem suscepit: regere animas et
multorum servire moribus, et
alium quidem blandimentis,
alium vero increpationibus,
alium suasionibus.

Et secundum uniuscuiusque
qualitatem vel intellegentiam
ita se omnibus conformet et
aptet. (26) Et non solum
detrimentum gregis sibi com-
missi non patiatur, verum
etiam in augmentatione boni
gregis gaudeat, ante omnia ne
dissimulans aut parvipendens

abasnide, kehucke dera zaala
. . . . des euuartin fona silo[50].
Indi eeruuirdigoron *keuuisso*
indi farstantantlihhe muatu[51]
eristun edo an(25)drera zuamanungu uuortum[52] keduuinge[53], unkiuuareem *keuuisso*
indi herteem [201] indi ubar-
muate edo unhorsame filloom
edo des lihhamin rafsungu in
demu selbin anakin dera sunta
keduuinge, uuizzanti kescriban:
„unfruater uuortum nist kerihtit,“ indi auur: „slah chind
dinaz kertu indi erloosis sela sina
fona tode.“ Kehuckan scal
simblum . . . . daz ist ke-
huckenti, daz ist keqhuuetan,
indi uuizzan, daz, demu meer
ist pifolahan, meer fona imu
uuirdit ersuahhit. Indi uuizzi,
huueo unsemfta indi uuidar-
pirkiga racha intfianc: ze kerih-
tanne sela indi manakero deonoon sitim, indi einlihhan
keuuisso slehtidoom, einlihhan
keuuisso rafsungoom, einlihhan
kespenstim.
Indi after eocouuelihhes huuia-
lihhii edo farstantida so sih
alleem kepilide indi kemahhoe.
(26) Indi nalles einin unfroma
des chortres imu pifolahanes
nisi kedoleet, uuar *keuuisso* in
auhhungu des cuatin chortres
mende, fora allu min altinonti
edo luzzil mezzinti heilii selono

---

[50] s. Glossar [51] Instr. ? [52] uuertum Hs. [53] kehuuinge Hs.

salutem animarum sibi com-
missarum. Non plus gerat sollicitudinem de rebus transitoriis
et terrenis atque caducis, sed
semper cogitet, quia animas
suscepit regendas, de quibus
rationem redditurus est. Et
ne[54] causetur de minore forte
substantia. Meminerit scriptum: ,,Primum quaerite regnum dei et iustitiam eius et
haec omnia adicientur vobis".
Et iterum: ,,Nihil deest timentibus eum." [202] Sciatque,
quia, qui suscepit animas regendas, parit[56] se ad rationem

reddendam in die iudicii. (27)
Et quantum sub cura sua fratrum se scierit habere nume-
rum, agnoscat pro certo, quia in
die iudicii ipsarum omnium
animarum erit redditurus rationem, sine dubio addita et suae
animae. Et ita semper timens
futuram discussionem pastoris
de creditis ovibus cum de alienis
ratiociniis cavet, redditus[59] de
suis sollicitus. Et cum de monitionibus suis emendationem
aliis subministrat, ipse efficitur
a vitiis emendatus.

imu pifolahanero. Nalles meer
tue soragun fona rahhoom
zefarantlihheem indi erdlih-
heem indi zerisenteem, uzzan
simblum denche, daz selo intfianc ze rihtenne, fona diem
rediun erkebanter ist. Indi min
chlagoe fona minnirun od-
huuila ehti. Kehucke kescriban:
,,az erist suahhat rihhi cotes
. . . . reht sinaz   . . . desiu
alliu sint keauhhot iu." Indi
auur: ,,neouueht uuan ist
furahtan[202]teem[55]   inan."
Indi uuizzi, danta, der intfianc
selo ze rihtanne, karauue sih ze
rediun ze arkebanne in tage[57]
dera suana. (27) Indi so filu so
untar ruahha pruadro sinero sih
uuizzi habeen ruava, erchenne
ano zuuiual, daz in tage dera suana dero selbono allero selono ist
erkebanteer rediun, ano zuifal
keauhhoti[58] indi dera sinera
sela. Indi so simblum forahtanti zuauuarta kesuahhida des
hirtes fona pifolahaneem scaffum denne fona fremideem
redinoom porakee, erkibit[60] fona
sineem pihuctigeer. . . . denne
fona manungoom sineem puazza
andres[61] untarambahte, er ist ketaan fona achustim kepuazteer.

---

[54] nec Hs.   [55] forahtanteem ? Hs.   [56] l. paret.   [57] taga Hs.
[58] l. keauhhotiu   [59] l. redditur   [60] reddit ist übersetzt.   [61] ist
alius (Gen.) übersetzt ?

III. De adhibendis ad consilium fratribus.

Quotiens aliqua praecipua agenda sunt in monasterio, convocet abbas omnem congregationem et dicat ipse, unde agitur. Et audiens consilium fratrum tractet apud se, (28) et quod utilius iudicaverit, faciat. Ideo autem omnes ad consilium vocari diximus, quia saepius iuniori dominus revelat, quod melius est. Sic autem dent fratres consilium cum omni [203] humilitatis subiectione, ut non praesumant procaciter defendere, quod eis visum fuerit. Et magis in abbatis pendat arbitrio, ut, quod salubrius esse iudicaverit, ei cuncti oboediant. Sed sicut discipulis convenit oboedire magistro, ita et ipsum provide et iuste concedet cuncta disponere. In omnibus igitur omnes magistram sequantur regulam, neque ab ea itenere[64] declinetur a quoquam. Nullus in monasterio proprii sequatur cordis voluntatem, neque praesumat quisquam cum abbate suo (29) proterve infra aut foras monasterio contendere. Quod si praesumpserit, regulari disciplina subiaceat. Ipse tamen abbas[36] cum timore dei et observatione regulae fona tuenne ze keratte pruadero.

so ofto so eddeslihhiu diu meistun ze tuenne sint in *munis*tre, uuisse . . . . eocouuelihheru samanungu . . . . qhuuede er, huuanan ist ketaan. Indi hoorrenti kirati pruadero trahtoe mit sih, (28) indi daz piderborin suanit, tue. Pidiu ke*uuisso* alle ze kerate uuissan qhuedamees, danta ofto iungirin tru*h*tin intrihhit, daz pezzira ist. So ke*uuisso* kebeen . . . . kerati mit eocouuelihera deo[203]heit untaruuorfanii, daz nalles erpaldeen uuelihho skirmeen, daz im keduht ist. . . . meer . . . hangeet selbsuana[62], so, daz heillihhoor uuesan suanit, imu alle hoorreen. Uzzan so discoom kerisit hoorreen[63] demu meistre, so ioh imu forakesehantlihho indi rehto kelimfit alliu kesezzan. In alleem auur alle dero meistrun sin kefolgeet rehtungu indi noh fona iru sinde si kehneigit fona einigeru. Niheiner in *munis*tre eikanes si kefolgeet herzin uuillin, indi noh erpaldee einiic mit abbate sinemu (29) frafallihho innana edo uzzaan *munis*tres flizzan. Daz ibu erpaldeet, deru rehtlihhun ekii untarlicke. Er duuidaro . . . . mit forahtun cotes . . . .

---

[62] selbsauna Hs.   [63] l. hoorran (Inf.).   [64] aus temere verderbt. Vgl. Anm. 3.

omnia faciat sciens se procul dubio de omnibus iudiciis suis
aequissimo iudici deo rationem
redditurum. Si qua vero minora
agenda sunt in monasterio,
utilitatibus seniorum tantum
utatur consilio, sicut scriptum
est: ,,Omnia fac cum consilio et
post factum non paeniteberis.''

pihaltidu rehtungu alliu tue
uuizzanti sih ano zuifal fona
alleem suanoom sineem demu
ebanostin suanarre cote rediun
kebantan. Ibu huuelihhiu ke-
uuisso minnirun ze tuanne sint
in *munis*tre, piderbidoom hero-
stono so pruhhe kerattes, so kescriban ist: ,,alliu tua mit kirati-
da indi after tatim nihriuoes''.

IV. Quae sunt instrumenta
   bonorum operum.
Inprimis dominum deum dile-
[204]gere ex toto corde, tota
anima, tota virtute! Deinde
proximum tamquam se ipsum!
Deinde non occidere, non (30)
adulterare, non facere furtum,
non concupiscere, non falsum
testimonium dicere, honorare
omnes homines! Et quod sibi
quis fieri non vult, alio non
faciat. Abnegare semet ipsum
sibi, ut sequatur Christum.
Corpus castigare[65], dilicias non
amplecti, ieiunium amare,
pauperes recreare, nudum vestire, infirmum visitare, mortuum
sepelire, in tribulatione sub-
venire, dolentem consolari, sae-
culi actibus se facere alienum,
nihil amori Christi praeponere,
iram non perficere, iracundiae
tempus non servare, dolum in
corde non tenere, pacem falsam
non dare, caritatem non dere-

az erist . . . . ze minnonne
[204] . . . .

Danan nahistun soso sich selban! Danan nislah, (30) nihua-
ro, nitua diufa, nikeroes, nalles
lucki urchundii qhuuedan, eeren
alle man! . . . . daz imu huuelih uuesan niuuelle . . . . ni-
tue. Farsahhan sih selban imu,
daz si kefolgeet . . . . Lihhamun hreinnan[65], uuelun nalles
kihalsit uuesan, fastun minnon,
arame erqhuichan, nahhutan
uuattan, unmahtigan uuison,
totan picraban, in arabeiti hel-
fan, serazzantan ketrostan, dera
uuerolt tati sih tuan andran,
neouueht minnu . . . . furi-
sezzan, aabulkii nalles duruhtuan, dera abulkii ciit nalles
haltan, seer[13] in herzin nihabeen, fridu luckan nikeban,
minna nifarlazzan! Nisuuerran,

---

[65] casticare Hs.

linquere! Non iurare, ne forte perierit[66]! Veritatem ex corde et ore proferre, mala pro malo (31) non reddere, iniuriam non facere, sed facta patienter sufferre! Inimicos dilegere! Maledicentes se non remaledicere, sed magis benedicere! Persecutionem pro iustitia sustinere, non esse superbum, non vinolentum, non multum edacem, non somnolentum, non pigrum, non mur[205]moriosum, non detractorem, spem suam deo committere! Bonum aliquid in se, cum viderit, deo adplicet non sibi! Malum vero semper a se factum sciat et sibi reputet! Diem iudicii timere, gehennam expaviscere, vitam aeternam omni concupiscentia spiritali desiderare, mortem cottidie ante oculos suspectam habere, actus vitae suae omni hora custodire, in omni loco deum se respicere pro (32) certo scire, cogitationes malas cordi suo advenientes mox ad Christum allidere et seniori spiritali patefacere, os suum a malo et pravo eloquio custodire, multum loqui non amare, verba vana aut risui apta non loqui, risum multum aut excussum non amare, lectiones sanctas libenter audire, orationi frequenter incumbere, mala sua

min odhuuila faruuerde! Uuarhafti er herzin indi munde frampringan, ubil fora ubile (31) nikeltan, uuidarmuati nituan, uzzan kitanaz kedultlihho ketragan! Fiant minnon! Fluahhonte sih nalles uuidarfluahhan, uzzan meer uuihan! Aahtunga pi reht doleen, nalles uuesan ubarmuatan, nalles uuintrunchal, nalles filuezzalan, nalles slaaffagan, nalles tragan . . . . murmulontan . . . . pi[205]sprehhon, uuan sinan cote pifelahan! Cuat eddesuuaz in sih, denne kisehe, cote zuapifalde nalles imu! ubil *keuuisso* simblum fona sih kitanaz uuizzi indi imu kezelle! Tac dera suana furihtan, hella erforahtan, lib euuigan eocouuelihhera kirida dera aatumlihhun keroon, tod takalihhin fora augoom sorachaftan habeen, kitaat libes sines eocouuelihhera citi haltan, in eocouuelihheru steti cotan sih sehan (32) ano zuuifal uuizzan, kedancha ubile herzin sinemu zuaqhuuemente saar ze christe chnussan indi heririn atumlihhemu offan tuan, mund sinan fona ubileru edo abaheru sprahhu haltan, filu sprehhan niminnon, uuort italiu edo hlahtre kimahhiu nisprehhan, hlahtar filu edo kescutitaz niminnon, lectiun uuiho kern-

---

[66] aus periuret verderbt. Vgl. Anm. 3.

praeterita cum lacrimis vel
gemitu cottidie in oratione deo
confiteri, de ipsis malis de
cetero emendare, desideria carnis non efficere, voluntatem propriam odire, praeceptis abbatis
in omnibus oboedire, etiam si
ipse aliter, quod absit, agat,
memor illud dominicum praeceptum: (33) ,,Quae dicunt,
facite, quae autem faciunt,
facere nolite!" Non velle dici
sanctum, antequam sit, sed
prius esse, quod verius dicatur!

[206] Praecepta dei factis
cottidie studeat adimplere,
castitatem amare, nullum
odire, zelum et invidiam non
habere, contentionem non
amare, elationem fugire, seniores venerare, iuniores dilegere, in Christi amore pro inimicis orare, cum discordante
ante solis occasum in pace
redire, et de dei misericordia
numquam disperare! Ecce, haec
sunt instrumenta artis spiritalis,
quae cum fuerint a nobis die
noctuque incessabiliter adim-
pleta et in die iudicii recon-
signata, illa merces nobis a
domino reconpensabitur, (34)
quam ipse promisit: ,,Quod
oculus non vidit nec auris audivit nec in cor hominis ascendit,

lihho horran, kipete ofto ana-
hlineen, ubiliu siniu kelitaniu
mit zaharim edo uuaffe tagalihhin in kepete cote gehan, fona
diem selbon ubilum frammert
puazzan, kirida fleiskes nalles
tuan, uuillon eikinan fien, pibo-
tum . . . . in alleem horran, so
sama ibu er andaruuis, daz fer
si, tue, kehucke daz truhtin-
lihha pibot: (33) ,,dei qhuue-
dant, tuat, dei *keuuisso* tuant,
tuan nichurit!" Nalles . . .
kiqhuetan uuesan uuihaz, er
denne si, uzzan er uuesan, daz
uuarlihhor [206] keqhuuetan!
Pibot cotes tatim tagalihhin
zilee erfullen, hreinii minnon,
neomannan fien, anton indi
abanst nihabeen, fliiz nimon-
non, preitida fleohan, heroston
ereen, iungiron minnoon, in
christes minnu pi fianta petoon,
mit ungaherzamu er dera
sunnuun sedalkange in fridu
huuarban[67], indi fona cotes
armiherzidu neonaldre faruuan-
nan! Inu, deisu sint leera dera
listi atumlihhun, dei denne
sint fona uns tages indi nahtes
unbilinnanlihhaz zuaerfultiu indi in tage dera suana auurkezeih-
hantiu, daz loon[68] uns fona
truh*ti*ne ist uuidarmezzan, (34)
daz er selbo forakihiaz: ,,daz
auga nikisah noh oora hoorta
noh in herza mannes ufsteic, dei

---

[67] huuabban Hs.   [68] loot Hs.

quae praeparavit deus his, qui
diligunt eum." Officina vero, ubi
haec omnia diligenter operemur,
claustra sunt in monasterio et
stabilitas in congregatione.

V. De oboedientia.
Primus itaque humilitatis gradus est oboedientia sine mora.
Haec convenit his, qui nihil
sibi a Christo carius aliquid ex-
aestimant propter servitium
sanctum, quod professi sunt,
seu propter metum gehennae
[207] vel gloriam vitae aeternae.
Mox ut aliquid imperatum a
maiore fuerit, hacsi divinitus
imperetur, moram pati ne-
sciunt in faciendo, de quibus
(35) dominus ait: „Obauditu
auris oboedivit mihi." Et
iterum dicit doctoribus: „Qui
vos audivit, me audivit." Ergo
hii tales relinquentes statim,
quae sua sunt, et voluntatem
propriam deserentes mox ex
occupatis manibus et quod age-
bant inperfectum relinquentes
vicino oboedientiae pede iuben-
tis vocem factis sequantur. Et
veluti uno momento et prae-
dicta magistri iussio et perfecta discipuli opera in velo-
citate timoris dei ambae res
communiter citius explicantur,
quibus ad vitam aeternam gra-

karata cot diem, die minnoont
inan". ambahti *keuuisso*, dar
deisu alliu kernlihho pirum
kiuurchit, pilohhir sint in mona-
stre indi statigii in samanungu.

fona horsamii.
eristo[69] inunu dera deoheiti
stiagil ist hoorsamii ano tuuala.
Deisu kerisit diem, die neouueht
im fona christe tiurorin eouueht
uuannant duruh deonost uuihaz, daz kegehane sint, edo
duruh forahtun dera hella [207]
edo tiurida des euuigin libes.
Saar so eouueht kipotan fona
meririn ist, samaso cotchund-
lihho si kepotan, tuuala kedoleet uuesan niuuizzin ze tuenne,
fona diem (35) truhtin qhuidit:
„kaganhoridu des oorin kaganhoorta mir" . . . . auur qhuuidit lerarum: „der iu horit, mih
horit." Keuuisso dese solihhe
farlazzante saar, dei iro sint
. . . . uuilloom eiganeem farlaazzante saar . . . . pihafteem
hantum . . . . daz tuant unduruhtaan farlaazzante nahemu
dera hoorsamii fuazze kepio-
tantes stimma tatim si kefolget.
Indi sosama eineru stunthuuilu
. . . . forakeqhuuetaniu des
meistres kipot . . . . duruh-
taniu diskin uuerach in sniu-
midu forahtun cotes pedo racha
kimeinsamlihho sniumor siin

---

[69] erista Hs.

diendi amor incumbit. Ideo
angustam viam arripiunt, unde
dominus dicit: „Angusta via
est, quae ducit ad vitam", ut
non suo arbitrio (36) viventes
vel desideriis suis et voluntatibus oboedientes, sed ambu-
lantes alieno iudicio et imperio,

in coenobiis degentes abbatem
sibi praeesse desiderant. Sine
dubio hii tales illam domini imi-
tantur sententiam, in qua dicit:
„Non veni facere voluntatem
meam, sed eius, qui me misit,
patris." Sed haec ipsa oboedientia tunc acceptabilis erit
deo et dulcis hominibus.Si
quod [208] iubetur, non trepide,
non tepide, non tarde aut cum
murmorio vel cum responso
nolentis efficiatur, quia oboedientia, quae maioribus praebe-
tur, deo exhibitur.

            Ipse enim
dixit: „Qui vos audit, me
audit." Et cum bono animo a
discipulis praebere oportet, quia
„hilarem datorem diligit deus".

Nam cum malo animo si oboedit
discipulus et non so(37)lum ore,
sed etiam in corde si murmoraverit, etiam si impleat iussionem, tamen acceptum iam non
erit deo, qui cor eius respicit

kefaldan, diem ze libe euuigemu
ze faranne minna anahlineet.
Pidiu engan uuec kecriiffant,
danan *truh*tin *qhui*dit: „enger
uuec ist, der leitit ze libe", daz
nalles iro selbsuana (36) lebente
edo kiridon iro indi uuillom
hoorsamonte, uzan kangante
fremideru suanu indi kepote,
in samanungu lebente . . . .
im[70] forauuesan keroont. Ana
zuifal dese solihhe die truh*t*ines
sint keleisinit keqhuuit, in deru
qhuuidit:„niqhuuam tuan uuil-
lun minan, uzzan des, der[71]
mich santa, fateres". Uzzan
diu selba hoorsamii denne ant-
fanclih ist cote [208] indi suazzi
mannum. Ibu huuaz ist kepotan, nalles stozzonto, nalles
uualo, nalles trago edo mit
murmulode edo mit antuurtu
des niuuellentin ist kitan, danta
hoorsamii, diu meriroom ist
kekeban, cote ist ketaan. Er
keuuisso qhuad: „der iuih
hoorit, mih hoorit." Indi mit
cuatu muatu fona discoom
keban kerisit, danta „clata-
muatan kebon minnoot . . . ."
Keuuisso mit ubilo muatu ibu
hoorit disco indi nalles (37)
einin munde, uzzan sosama in
herzin ibu murmoloot, auh ibu
erfullit kipot, duuidaro ant-
fangigaz giu nist cote, der herza

---

  [70] imu Hs.   [71] des Hs. St. will das „attrahierte des" als richtig
golten lassen (S. 207 A 7).

murmorantem, et pro tali facto
nullam consequitur gratiam,
immo poenam murmorantium
incurrit, si non cum satisfactione emendaverit.

VI. De taciturnitate.

Faciamus, quod ait propheta:
,,Dixi, custodiam vias meas, ut
non delinquam in lingua mea.
Posui ori meo custodiam. Ob-
mutui et humilitatus sum et
silui a bonis.''

      Hic ostendit
propheta, si a bonis eloquiis
interdum propter taciturni-
nitatem debet taceri, quanto
magis a malis verbis propter
poenam peccati debet cessari.
Ergo quamvis de bonis et
sanctis et aedificationum elo-
(38)quiis perfectis discipulis
propter taciturnitatis gravi-
tatem rara loquendi concedatur
[209] licentia, quia scriptum
est: ,,In multiloquio non effugis
peccatum.'' Et alibi dicitur:
,,Mors et vita in manibus linguae.'' Nam loqui et docere
magistrum condecet, tacere et

audire discipulum convenit. Et
ideo si qua requirenda sunt a
priore, cum summa reverentia,
ne videatur plus loqui quam
expedit! Scurilitatis vero et

sinaz kisihit murmolontaz indi
fora[72] solihheru tati nohheineru
ist kefolgeet anst, noh meer
uuizzi murmolontero[73] ana-
hlauffit, ibu nalles mit kenuhtsameru tati puazzit.

tuamees, daz qhuad uuizzago:
,,qhuad, ih kehalte uueka mine,
daz nalles missitue in zungun
mineru. Sazta munde minemu
kehaltida. Ertumbeta indi kedeomuatit pim indi suuiketa
fona cuateem. Hiar keaugit
uuizzago, ibu fona cuateem
sprahhom ofto duruh suuigalii
sculi suuigeen, huueo meer fona
ubileem uuortum duruh uuizzi
dera sunta sculi pilinnan.
Keuuisso dohdoh fona cuateem
indi uuiheem indi zimbirrono
(38) sprahhoom duruhnohteem
discoom duruh suuigilii fruatii
seltkaluaffo ze [209] sprehhanne
farkeban ist urlaubii, danta
kescriban ist: ,,in filusprahhu[74]
nierfliuhis sunta.'' Indi andreru
steti qhuuidit: ,,tod . . . . liib
in hantum dera zungun.''
Keuuisso sprehhan . . . . leer-
ran meistre kerisit, suuigeen
indi horran diskin kelimfit.
. . . pidiu ibu huuelihhiu ze
suahhanne sint fona heririn, mit
dera furistun eruuirdii, min si
keduht meer sprehhan denne

---

[72] fona Hs.   [73] murmulonteru Hs.   [74] Vgl. St. S. 209
A 2.

verba otiosa et risum moventia aeterna clausura in omnibus locis damnamus. Et a talia eloquia discipulum aperire os non permittimus.

VII. De humilitate.

Clamat nobis scriptura divina, fratres, dicens: „Omnis, qui se exaltat, (39) humiliabitur, et

qui se humiliat, exaltabitur." Cum haec ergo dicit, ostendit nobis omnem exaltationem genus esse superbiae, quod se cavere propheta indicat dicens: „Domine, non est exaltatum cor meum neque elati sunt oculi mei, neque ambulavi in magnis neque in mirabilibus super me. Si non humiliter sentiebam, sed exaltavi animam meam, sicut

ablactum est super ma[210]trem suam, ita retributio in anima mea!" Unde, fratres, si summae humilitatis volumus culmen adtingere et ad exaltationem illam caelestem, ad quam per praesentis vitae humilitatem ascenditur, volumus velociter pervenire, actibus nostris ascendentibus scala illa erigen-(40)da est, quae in somno iacob apparuit, per quam illi descendentes et ascendentes

piderbit! Skern *keuuisso* . . . . uuort uppigiu . . . . hlahtar uueckentiu euuigiu piloh[75] in alleem stetim nidarremees. Indi fona solihheru sprahhu discun intluhhan mund nifarlazzamees.

hareet uns kescrift cotchundiu . . . . qhuedanti: „eocouuelih, der sih erheuit, (39) uuirdit kedeonoot, indi der sih kedeomuatit, ist erhaban." Denne desiu *keuuisso* qhuidit, keaugit uns eocouuelihha erhabanii chunni uuesan dera ubarmuatii, daz sih piporageen uuizzago kechundit qh*uedenti:* „*truh*tin, nist erhaban herza minaz noh ni keiliu sint augun miniu, noh nikeanc ih in mihhilii noh in uuntrum ubar mih.Ibu ni deolihho . . . . uzzan erhuab sela mina, soso intspenitaz ist ubar [210] mua*ter* sina, so itloon in sela mina!" Danaan . . . . ibu dera furistun deoheiti uuellemees obonoontikii zuakereihhan indi ze deru erhabanii dia himiliscun, ze deru duruh des antuurtin[76] libes deoheit ist uferhaban, uuellemees sniumo duruhqhueman, tatim unsereem ufstiganteem hleitar selbiu (40) ze kerihtenne ist, diu in traume . . . . keaugit uuard, duruh dia imu nidarstigante . . . . ufsti-

---

[75] Nom. Pl. pilohhir (s. Glossar).   [76] antuurtan Hs.

angeli monstrabantur. Non
aliud sine dubio discensus ille
et ascensus a nobis intellegitur
nisi exaltatione descendere et

humilitate ascendere. Scala vero
ipsa recte[77] nostra est vita in
saeculo, quae humiliat[78] corde
ut a domino erigatur ad caelum. Latera enim eiusdem
scalae dicimus nostrum esse
corpus et animam, in quae[79]
latera diversos grados humilitatis vel disciplinae evocatio
divina ascendendos inseruit.

Primus itaque humilitatis gradus est, si timorem dei sibi ante
oculos semper ponens obli-
vionem omnino fugiat et semper sit memor (41) omnia, quae
praecepit deus, qualiter[81] [211]
contemnentes[48] deum in gehennam de peccatis incedunt, ipsa
quoque in vitam aeternam, qui
timentibus deum praeparata
est, animo suo semper revolvat.
Et custodiens se omni hora a
peccatis et vitiis, id est cogitationum, linguae, oculorum,
manuum, pedum vel voluntatis
propriae, sed et desideria carnis

gante . . . . keaugit uurtun.
Nalles andar aano zuifal nidar-
stic indi ufstic fona uns ist far-
standan uzzan erhabanii nidar-
stigan indi deoheit ufstigan.
Hleitar *keuuisso* selbiu rehto
unseer ist lib in uueralti, der
deomuatit herzin daz fona
*truhti*ne si errihtit ze himile.
Hleitarpaum *keuuisso* dera selbun hleitra qhuuedamees unseran uuesan lihhamun indi sela,
in diem hleitarpaumum missi-
lihhe stiagila dera deoheiti edo
ekii ladunga[80] cotchundiu ufstiganteem anakesezzit.
eristo inunu dera deoheiti stiagilsprozzo ist, ibu forahtun
cotes imu fora augom simblum
sezzenti akezzalii alles fleohe
indi simblum si kehuctic (41)
alliu, dei kipoot cot, huueo
farmanen[211]te cotan in hella
fona suntoom anakant[82], sie sosama in lib[83] euuigan, der forah-
tantem[84] cotan kekarater ist,
muate sinemu simblum inualde.
Indi kehaltanti sih eocouuelihera citi fona suntu indi achusti,
daz ist kedancho[85], dera zungun,
augono, henteo, fuazzio edo
uuilleono dera eikinii, uzzan ioh

---

[77] aus erecta verderbt. Vgl. Anm. 3.   [78] aus humiliato verderbt. Vgl. Anm. 3.   [79] ursprünglich qua, e vom Übersetzer.
[80] ladungu Hs.   [81] die Stelle heißt: ut qualiter et contemnentes
deum gehenna de peccatis incendat et vita aeterna, quae evol-
vat . . . .   [82] anacanc Hs.   [83] libe Hs.   [84] forahtanter Hs.
[85] kedancha Hs.

amputare festinet[86], aestimet se
homo de caelis a deo semper

respicere[87] omni hora et facta
sua in omni loco ab aspectu

divinitatis videri et ab angelis
omni hora renuntiari, demon-
strans nobis hoc propheta cum
in cogitationibus nostris ita
deum semper praesentem ostendit dicens: ,,Scrutans corda et
renes deus", et iterum: (42)
,,Dominus novit cogitationes
hominum", et iterum dicit:
,,Intellexisti cogitationes meas
a longe", et quia ,,cogitatio
hominis confitebitur tibi". Nam
ut sollicitus sit circa cogitationes suas perversas, dicat
semper utilis frater in corde
suo: ,,Tunc inmaculatus ero
coram eo, si observavero me ab
iniquitate mea." Voluntatem
vero propriam ita facere pro-
hibimur, cum dicit scriptura
[212] nobis: ,,Et a voluntatibus
tuis averte." Et iterum ro-
gamus deum in oratione, ut fiat
illius voluntas in nobis. Doce-
mur ergo merito nostram non
facere voluntatem, cum cavemus illud, quod dicit sancta
scriptura: ,,Sunt viae, quae
videntur ab hominibus rectae,

auh kirida des fleiskes abasnidan iille[86], uuanne sih man
fona himilum fona cote simblum sehan eocohuelihhera citi
. . . . tati sino in eocouueliheru
steti fona kisihti cotchundii
sehan indi fona . . . . eocouuelihera citi kechundan, keauckenti uns daz uuizzago denne
in kedanchum unsereem so
cotan simblum antuurtan keaugit qhuedenti: ,,scauuonti herzun indi lenti cot", indi auur:
(42) ,,truhtin uueiz kedancha
manno", indi auur qhuidit:
,,farstuanti kedancha mine fona
rumana", indi danta ,,kedanc[88]
mannes gihit dir". *Keuuisso* so
pihuctigeer si umbi kidancha
sine abahe, qhuede simblum
piderbeer . . . . in herzin sinemu: ,,denne unbiuuamter pim
fora[89] imu, ibu pihaltu mih fona
unrehte minemu." Uuillon
keuuisso eiganan so tuan pirum
piuuerit, [212] denne qhuidit
kescrib uns: ,,indi fona uuilloom
dineem erhuuarabi . . . . auur
pittamees cotan in kepete,
daz si siin uuillo in uns. Pirum
kelerit *keuuisso* pi uuruhti
unseran[90] nalles tuan uuillon,
denne piporakemes daz, daz
qhuidit uuihiu kescrift: ,,sint
uueka, dea sint keduht fona

---

[86] amputare festinet mit deutscher Glosse ausradiert, fehlt Übl.
[87] richtig respici, der Sonderfehler ist übersetzt.   [88] kedancha
Hs.   [89] fona Hs.   [90] unsereem Hs.

quarum (43) finis usque ad profundum inferni demergit." Et
cum item cavemus illud, quod
de neglegentibus dictum est:
,,Corrupti sunt et abhominabiles

facti sunt in voluntatibus suis."
In desideriis vero carnis ita
nobis deum credamus semper
esse praesentem, cum dicit pro-

pheta domino: ,,Ante te est
omne desiderium meum." Ca-
vendum est ergo ideo malum
desiderium, quia mors secus
introitum delectationis posita
est, unde scriptura praecepit
dicens: ,,Post concupiscentias
tuas non eas." Ergo si oculi
domini speculantur bonos et
malos et dominus de caelo
semper respicit super filios
hominum, ut videat, si est
intellegens aut requirens deum,
et si ab angelis no(44)bis depu-
tatis cottidie die noctuque
domino, factori nostro, opera
[213] nostra nuntiantur, caven-
dum est ergo omni hora, fratres,

sicut dicit in psalmo propheta,
ne nos declinantes in malo et
inutiles factos aliqua hora

aspiciat deus. Et parcendo nobis
in hoc tempore, quia pius est,
deus exspectat nos cottidie con-

mannum rehte, dero (43) enti
unzi ze abcrunte dera hella
pisuuffit." Indi denne so pipora-
kemees daz, daz fona ruahhalo-
sonteem keqhuetan ist: ,,ze-
prohhan sint indi leidsame uuortane sint in uuilloom iro". In
kiridoom *keuuisso* des fleiskes
so uns cotan kelaubpamees
simblum uuesan kakanuuar-
tan[91], denne qhuidit uuizzago
truhtine: ,,fora dih ist eocouuelih kirida miniu." Ze pipor-
genne ist *keuuisso* pidiu ubila
kirida, danta tod pii inkange
dera lustida kesazter ist, danan
kescrift kepiutit qhuedenti:
,,after kiridoom dineem nikan-
gees." K*euuisso* ibu auga truhtines scauuont cuatiu indi ubiliu . . . . fona himile simblum
sihit ubar parn manno, daz
sehe, ibu ist farstantanti edo
suahhanti cotan, indi ibu fona
engilum uns (44) kezeliteem
tagalihhin tages indi nahtes
*truhti*ne, tuantemu unseremu,
uuerach [213] unseriu sint
kechundit, ze porgeenne ist
keuuisso eocouuelihera citi . . . .
so qhuidit in salmin *uuizzago*,
min unsih kehneickente in ubile
indi unbiderbe uuortane eddes-
huuelihhera citi kesehe cot.
Indi lippanti uns in deseru citi,
danta erhafter ist . . . . peitoot unsih tagalihhin kehuueraban in

---

[91] kekakanuuartan Hs.

verti in melius, ne dicat nobis in futuro: „Haec fecisti et tacui.“

Secundus humilitatis gradus est, si propriam quis non amans voluntatem desideria sua non delectetur implere, sed vocem illam domini factis imitetur dicentis: „Non veni facere voluntatem meam, sed eius, qui me misit.“ Item dicit scriptura: „Volun(45)tas habet poenam, et necessitas parit coronam.“

Tertius humilitatis gradus est, ut quis pro dei amore omni oboedientia se subdat maiori imitans dominum, de quo dicit apostolus: „Factus oboediens patri usq[ue] ad mortem.“

Quartus humilitatis gradus est, si in ipsa oboedientia duris et contrariis rebus vel etiam quibuslibet inrogatis iniuriis tacita conscientia patientiam amplectatur et sustinens non lasiscat[95] vel discedat dicente scriptura: „Qui perseve[214]- raverit usque in finem, hic sal- vus erit“, item: „Confortetur cor tuum et sustine dominum.“ Et ostendens fidelem pro domi-

no universa etiam contraria (46) sustinere debere dicit ex

pezzira, min qhuede uns in zuauuarti: „deisu tati indi ih suuigeta.“
andar dera deomuati stiagil- sprozzo ist, ibu eiganan huuelih niminnoot[92] uuillon kirida sina nist kelustidoot erfullan, uzzan stimma dia . . . . tatim si kelei- sinit qhuedentes: „niqhuuam tuan uuillon minan, uzzan des, der mih santa.“ Auur qhuidit kescrift: (45) „uuillo hebit uuizzi, indi notduruft karauuit era.“
dritto dera deoheiti stiagil ist, so huuelih fora cotes minnu eocouuelihhera hoorsamii sih untartuat merorin leisanonti *truhti*nan, fona demu qhuidit poto: „uuortaneer horsamoonti fatere unzi ze tode.“
fiordo . . . . ibu[93] deru selbun hoorsamii herteem . . . . uuidar- uuarteem rahhom edo sosama diem lustit[94] anaprunganeem uuidarmuatum dera suuigentun inhucti . . . . pihalsit si indi fardolenti nalles muadee edo kelide qhuedenteru . . . . : „der duruh[214]uuisit unzi in enti, deseer kehaltaneer ist“, so: „si kestarachit herza dinaz . . . . inthabee . . . .“ keauckenti kelaubigan fora *truhti*ne alliu sosama uuidaruuartiu[96] (46) fardoleen scolan qhuidit fora

---

[92] non amat ist übersetzt.   [93] ibi Hs.   [94] lustim Hs.
[95] lassescat Glossar   [96] uuidaruuarti Hs.

persona sufferentium: ,,Propter te morte adficimur, tota die exaestimati sumus ut oves occisionis." Et securi de spe retributionis divinae subsequuntur

gaudentes et dicentes: ,,Sed in his omnibus superamus propter eum, qui dilexit nos." Et item alio loco scriptura dicit: ,,Probasti nos, deus, igne nos exā̆minasti, sicut igne examinatur argentum. Induxisti nos in laqueum, posuisti tribulationes in dorso nostro." Et ut ostendat sub priore debere nos esse, sub-

sequitur dicens: ,,Inposuisti homines super capita nostra." Sed et praeceptum domini in adversis et iniuriis per patientiam adimplentes qui percussi in maxillam, (47) praebent et aliam, auferenti tonicam dimittunt et palleum, angarizanti miliario vadunt et duo, et cum Paulo apostolo falsos fratres sustinent, et per-[215] secutionem sustinent, et maledicentes se benedicunt.

Quintus humilitatis gradus est, si omnes cogitationes malas cordi suo advenientes vel mala a se absconse commissa per humilem confessionem abbati non celaverit suo, hortans nos

heitio fartragantero: ,,duruḣ dih tode . . . . tagalihhin uuanente pirumees so scaf dera slahta." Indi sihhure fona uuane des itloones dera cotchundi untiri sin kefolget mendente . . . . qhuedente: ,,uzzan in diem alleem ubaruuinnamees duruh inan, der keminnota unsih." . . . . so andreru steti . . . .: ,,kesuahtoos unsih . . . . fuire unsih ersuahtos, soso fuire ist ersuahhit silbar. Analeittos unsih in seid, saztoos arabeit in hrucki unseremu." . . . . so keaucke untar heririn scolan unsih uuesan untari ist kefolgeet . . . .: ,,anasaztos *man* ubar haubit unseriu." . . . . ioh auh kipot . . . . in uuidaruuarteem . . . . in uuidarmuatim . . . . die kislagane in chinnibahhon, (47) kebeen ioh andran, erfirtero tunihhun[97] farlaazzeen auh lahhan, kenoottanteru millu kangant ioh zuuo, indi mit paulu potin lucke pruader fardoleent, indi aahtunga fardo[215]leent, indi ubilo sprehhante sih uuelaqhuedant.

finfto . . . . ibu alle kidancha ubile herzin sinemu zuaqhuemante edo ubil[98] fona sih keporaganiu ketaniu duruh deomuatlihha pigiht . . . . nifarhele sinemu, spananti unsih

---

[97] tunihhu Hs. (danach abgeschnitten).   [98] ubile Hs.

de hac re scriptura dicens:
„Revela domino viam tuam et
spera in eum." Et item dicit:
„Confitemini domino, quoniam
bonus, quoniam in saeculum
misericordia eius", et item
propheta: „Delictum meum
cognitum tibi feci et iniustitias
meas non operui. Dixi, pronuntiabo adversum me iniustitias meas domino, et tu re-
(48)misisti impietatem peccati
mei."

Sextus humilitatis gradus est,
si omni vilitate[99] vel extremi-
tate contentus sit monachus et
ad omnia, quae sibi iniunguntur,
velut operarium malum se
iudicet et indignum dicens sibi
cum propheta: „Ad nihilum
redactus sum et nescivi, ut
iumentum factus sum apud te,
et ego semper tecum."

Septimus humilitatis gradus
est, si omnibus se inferiorem et
viliorem non solum sua lingua
[216] pronuntiet sed etiam
intimo cordis credat affectu
humilians se et dicens cum
propheta: „Ego autem sum
vermis et non homo, obprobrium hominum et abiectio
plebis", „exaltatus sum et
humiliatus sum et confusus", et
item: „Bonum mihi, quod

fona deseru rachu kescrift
qhuedenti: „intrih *truhti*ne
uuec dinan indi uuani in inan."
. . . . auur . . . . : „gehat truhtine, pidiu cuater, pidiu in
uuerolti armiherzida siniu",
. . . . auur . . . . : „missitaat
mina chund dir teta . . . . unreht miniu . . . . pidachta.
Quad, ih forakechundu uuidar
mih unreht minaz *truhti*ne
. . . . du (48) farliazzi erlosida
dera sunto *mi*neru."
*sehs*to . . . . ibu eocouueliheru
smahlihhii . . . . uzorosti ke-
habenter. . . . *munih* . . . . ze
allu, dei imu anakimahchot
samaso uuerahman ubilan[100]
sih suannet . . . . unuuirdigan
*quedent*i imu *mit uuizzag*in: „ze
neouuiehti keprauhoter pim
. . . . niuuissa, so noz uuorta-
ner pim mit *di*h, . . . ih simblum mit dih."
*sibun*to . . . . ibu allem *si*h
innarorun inti smahlihorin nalles einin *siner*a zun[216]gun
forakichunde uzzan sosama *dera*
inuuartun *herzin* kelaube minna
theononte *si*h . . . . *qhuedent*i
*mit uuizzag*in: „*ih keuuisso* pim
uurum . . . . nalles *man* ituuiz
manno . . . . auueraf deota",
„erhapener . . . . kedeonoter
. . . . kescanter" . . . . auar:
„cuat mir . . . . kedeonotos

---

[99] umilitate Hs. Vgl. Anm. 3.   [100] hubilan Hs.

3

humilias(49)ti me, ut discam mandata tua!"

Octavus humilitatis gradus est, si nihil agat monachus, nisi quod communis monasterii regula vel maiorum cohortantur exempla.

Nonus humilitatis gradus est, si linguam ad loquendum prohibeat monachus et taciturnitatem habens usque ad interrogationem non loquatur dicente scriptura, quia ,,in multiloquio non effugitur peccatum", et quia ,,vir linguosus non diregitur super terram".

Decimus humilitatis gradus est, si non sit facilis ac[102] promptus[103] in risu, quia scriptum est: ,,Stultus in risu exaltat vocem suam."

Undecimus humilitatis gradus est, (50) si cum loquitur monachus, leniter et sine risu humiliter, cum gravitate vel pauca verba et rationabilia loquatur, et non sit clamosus in voce, sicut scriptum est: ,,Sapiens verbis innotescit paucis".
[217] Duodecimus humilitatis gradus est, si non solum corde monachus sed etiam ipso corpore humilitatem videntibus se semper indicet, id est in opere, in oratorio, in monasterio, in horto[104], in via, in agro vel

(49) *mih*, *daz* lirnem kepot diniu!"

*ahto*do . . . . ibu neouueh tue . . . . uzzan daz dera kameinsamun[101] des *muni*stres *rehtun*gu edo merorono sint kespanan piladi.

. . . . ibu zungun ze sprehanne piuuerie . . . . suuigali *habenti* unzi zanfrahidu nisprehhe *qhuedenter*u ke*scrifti*, *danta* ,,in filusprahhi nist erflohan sunta" . . . . *danta* ,,comman zunkaler nist kerihtit uber erda."

*zehant*o . . . . ibu nisi samfter enti funser in lahtere, *danta* kescriban ist: ,,unfruater in lahtere heuit stimma sina."

. . . . (50) . . . . sprihhit . . . . slehto . . . . ano hlahtar theomuatliho mit fruati . . . . foiu uuort enti redohaftiu sprehhe, enti nisi hlutreister in stimmu, so kiscriban ist: ,,spaher uuortum kechundit foem."
[217] zuuelifto . . . . ibu nalles einin herzin . . . . uzzan sosama demu selbin lihamin theoheit sehantem *sih* *sim*blum chundit, daz ist . . . . uuerahche . . . . in cartin, in uueke, in achre edo so uuar so

---

[101] kameinsanum Hs.　　　[102] hac Hs.　　　[103] prumptus Hs.
[104] orto Hs.

ubicumque sedens, ambulans vel stans. Inclinato sit semper capite defixis in terram aspectibus reum se omni hora peccatis suis aestimans iam se tremendo iudicio repraesentari aestimet dicens sibi in corde semper illud, quod publicanus

ille evan(51)gelicus fixis in terram oculis dixit: ,,Domine, non sum dignus ego peccator levare oculos meos ad caelum", et item cum propheta: ,,Incurvatus sum et humiliatus sum usquequaque". Ergo his omnibus humilitatis gradibus ascensis monachus mox ad caritatem dei perveniet illam, quae perfecta foras mittit timorem, per quam universa, quae prius non sine formidine observabat, absque ullo labore velut naturaliter

ex consuetudine incipiat [218] custodire non iam timore gehennae, sed amore Christi et consuetudine ipsa bona et dilectatione virtutum, quae dominus iam in operarium suum mundum a vitiis et peccatis spiritu sancto dignabitur demonstrare.

sizanti, kanganti edo stantanti kehneictemu si sinbulum haubite kestactem in erda kasihtim scultikan sih eocohuuelihhera citi fona sunton sinem uuananti giu sih dera forahtlihun suano auur kekakanuuartit[105] uuane qhuedentemu imu in herzin simblum daz, daz achiuuizfirinari der (51) cuatchundento kistactem in erda augom quad: . . . . . nipim uuirdiker ih sunsigo heffan augun miniu ze himile", enti auur mit uuizzagin: ,,kepoganer pim enti kedeonoter pim eogouueri." Keuuisso desem allem dera deoheiti stiagilim ufkistikanem . . . . saar ze minno[106] cotes pichueme . . . . diu duruhnohto uzsentit, forahtun, duruh dia alliu, dei er nalles ano forahtun piheialt, anoo einikeru arbeiti sama so chnuatlicho fona keuuonaheit pikinne [218] kehaltan nallas giu forahtun dera hella, uzzan minnu . . . . enti uuonaheite dei selbun cuatiu . . . . dera lustida hcreftio, dei truhtin giu in uueracman sinan hreinan fona achustim[107]. . . suntom atume uuihemu keuuerdonter ist keaucken[108].

---

[105] kakanuuarti Hs.   [106] minnŏ Hs.   [107] hachustim Hs.
[108] kehaucken Hs.

3*

VIII. De officiis divinis nocturnis.

(52) Hiemis tempore, id est a kalendis novembris usque in pascha, iuxta considerationem rationis octava hora noctis surgendum est, ut modice amplius de media nocte pausetur, etiam degesti surgant. Quod vero restat post vigilias a fratribus, qui psalterii vel lectionum aliquid indigent, meditatione inserviantur. A pascha autem usque ad supradictas kalendas novembres sic temperetur hora[109] ut vigiliarum agenda parvissimo intervallo, quo fratres ad necessaria naturae exeant. Mox matutini, qui incipiente luce agendi sunt, subsequantur.

[219] IX. Quanti psalmi dicendi sunt nocturnis horis.

Hiemis tempore suprascriptum (53) inprimis versum: ,,Deus in adiutorium meum intende!" In secundo dicendum: ,,Domine, labia mea aperies, et os meum adnuntiabit laudem tuam." Cui subiungendum est tertius psalmus et gloria. Post hunc psalmum nonagesimum quartum: ,,Venite, exultemus domino" cum antepona aut certe decantandum. Inde subsequatur ambrosianum hymnum, deinde

(52) uuintarciti . . . .

. . . . after scauunku dera redina ahtodun uuilu dera naht ze erstane ist, so luzilo mer *fona* mittilodi naht kirestit si, sosama kideuuite erstanten. Daz *keuuisso* za leibu ist after uuahtun *fona pruadrum* dea salmsanges . . . . leczono eouueht duruftigont, ze lirnene anadeonoen. *Fona* . . . . *keuuisso* . . . za obana kaqhuetanem . . . . so si katemprot cit daz uuahtono ze tuane *dera* skemmistun untarstuntu, dero *pruader* za notdurfti *dera* cnuati uzkanken. Sareo morganlob, demu pikinnantemu leohte ze tuanne sint, untar sin kafolget.

[219]

. . . . obana kascriban (53) az erist uers . . . .

. . . . In andremu za qhuedane:

. . . .zuachundit . . . . Demu za untarmahonne ist *dritto* *salmo* . . . . After desemu salmin niunzogostin feordin: . . . .

antiphonun edo *keuuisso* za sinkanne. Danan untar si kifolget . . . . *fona* diu sex sal-

---

[109] ora Hs.

sex psalmi cum antephonis.
Quibus dictis dicto verso benedicat[110] abbas, et sedentibus
omnibus in scamnis legantur
vicissim a fratribus in codice
super analogio[111] tres [220] lectiones, inter quas tria[112] responsuria. Post tertiam vero lectionem qui cantat, (54) dicat
gloriam. Quam dum incipit
cantor dicere, mox omnes de
sedilibus suis[113] surgant ob
honorem et reverentiam sanctae
trinitatis. Codices autem legantur in vigiliis tam veteris testamenti quam novi divinae auctoritatis, sed et expositiones
eorum, quae a nominatis docto-
rum orthodoxis catholicis patri-
bus factae sunt. Post has vero
tres lectiones cum responsuriis
suis sequantur reliqui sex
psalmi cum alleluia canendi.
Post hos lectio apostoli sequatur ex corde recitanda et versus
et supplicatio letaniae, id est
kirieleison, et sic finiantur vigiliae nocturnae.

X. Qualiter aestatis tempore
  agatur nocturna laus.
(55) A sancto pascha autem
usque ad kalendas novembres
omnis, ut supra dictum est,
psalmodiae quantitas teneatur,
excepto autem lectiones in

mon . . . . Dem kichuetanem
kachueta*nemu* uerse uuihe...
sizzantem allem in scrannom
sin kaleran hertom . . . .
*pruad*run in *puach*e ubar lec-
ture drio [220] leczun, untar
dem drii . . . . After dritun
keuuisso . . . . der sinkit, (54)
*qhue*de tiurida. Dea denne pikinnit sangari *qhue*dan, sareo
alle fona sedalum iro erstanten
kagan ero . . . . eruuirdi d*era*
uuihun drinissu. Puah *keuuisso*
sint kalesan in *uuah*tom so d*era*
altun euua sosama d*era* niuun
cotchundun ortfrumu . . . . sosama kirechida iro, deo *fona*
kinamtem lerarum rehtculi-
chontem . . . . *fata*run kitaniu
sint. After desem *keuuisso* drim
leczeom . . . . *respons*um iro
sin kifolget andree sex *sal*mun
. . . . zi singanne. After desem
lecza des potin si kifolget ki-
huctlihcho ze redinone. . . . .
deolihas kipet . . . . truhtin
kinade uns . . . . so kientot sin
uuahta d*era* naht.

(55) *fona* . . . . *keuuisso* . . . .

eocouuelih, so obana kichuetan
ist, des salmsanges uueamihili
si kihabet, uzzan . . . . *leczeom*

---

[110] benedicit Hs. Vgl. Anm. 3.   [111] anolegio Hs.   [112] trea Hs.
[113] sedilia sua Hs.

codice propter brevitatem noctium minime legantur. [221] Sed pro ipsis tribus lectionibus una de veteri testamento memoriter[114] legatur, quam breve responsorium[115] subsequatur, et reliqua omnia, ut dictum est, impleantur. Id est, ut numquam minus a duodecim psalmorum quantitate ad vigilias nocturnas dicantur, exceptis tertio et nonagesimo quarto psalmo.

in puache duruh skemmi nahto min sin keleran. Uzzan fora diem drim [221] *leczeon einiu fona* deru altun euu *dera* kihucti si kaleran, dea skammer . . . .

si untarfolget . . . . frammert alliu, so kachuetan ist, erfullit sin. Daz ist, daz neonaldre min *fona* zuelifin salmono uueomichili zi uuahtom . . . . sin kachuetan, uzzan dritto . . . . niunzogosto *feordo salmo*.

XI. Qualiter dominicis diebus
vigiliae agantur.

Dominicis diebus temporibus[116] surgatur ad vigilias, in quibus vigiliis teneatur mensura, id est, modola(56)tis, ut supra disposuimus, sex psalmis et verso resedentibus cunctis disposite et per ordinem in subselliis legantur in codice, ut supra diximus, quatuor lectiones cum responsuriis suis. Ubi tantum in quarto responsurio dicatur a cantante[118] gloria, quam dum incipit, mox omnes cum reverentia surgant. Post quas lec[222]tiones[119] sequantur ex ordine alii sex psalmi cum antephonis sicut anteriores et versum. Post quos iterum

truhtinlihem tagum citim erstante[117] ze uuahtom, in dem uuahtom si kihabet mez, daz ist, zi sinkanne, (56) so obana kasezamez . . . . auar sizantem allem kisazte . . . . duruh antreitida in scamelum sin kaleran . . . . *puache*, so obana qhuatumes, *feor leczun* mit *responsum* iro. Dar doh in feordin *response* si kachuætan *fona* singantemu . . . . dea denne pikinnit, sario *alle* mit eruurti erstanten. After diem . . . . sin [222] kifolget *fona* antreitidu andree . . . .
. . . . soso dea fordroron . . . .
After dem auur si keqhuetan

---

[114] memorie Hs., als Gen. des Subst. übersetzt. [115] brevis responsurius Hs. [116] aus temperies verderbt. Vgl. Anm. 3. [117] surgat ist übersetzt. [118] cantate Hs. [119] quibus lectionibus Hs.

dicantur aliae quatuor [pro]-
phetarum[120], quas instituerit
abbas, quae cantica cum alleluia psallantur. Dicto etiam
verso et benedicente abbate
legantur aliae quatuor lectiones
de novo testamento ordine quo
supra. Post quartum autem
responsurium incipiat abbas
(57) hymnum „Te deum lauda-
mus". Quo perdicto legat abbas
lectionem de evangelia cum
honore et tremore stantibus
omnibus. Qua perlecta respondeant omnes: „Amen." Et subsequatur mox ab abbate hymnum „Te decet laus", et data
benedictione incipiant matu-
tinos. Qui ordo vigiliarum omni
tempore tam aestatis quam
hiemis aequaliter in die dominico teneatur, nisi forte, quod absit, tardius surgant, aliquid de
lectionibus breviandum est aut
de responsuriis, quod tamen
omnino caveatur, ne proveniat.
Quod si contigerit, digne inde
satisfaciat deo in oratorio, pro
cuius evenerit neglegentia.

XII. Quomodo matutinorum solemnitas agatur.

(58) In matutinis dominico die
inprimis dicatur sexagesimus
sextus psalmus sine antephona

. . . . dri . . . . dea kisezit
. . . . dea canticun . . . . sint
kasungan.
Kichuetanemu *keuuisso* . . . .
uuihantemu . . . . sin kaleran
andre *feori leczun fona niuue*ru
euu antreitidu deru obana.
After *feordin* . . . . pikinne
. . . . (57) lob . . . .demu
duruhchueta*n*emu lese . . . .
leczun fona cuatchundidu mit
eru[121] stantem allem. Diu duruh-
leraniu antlenken alle: „so si"
. . . . si unterfolget sar . . . .
*di*h kerisit lob . . . . kakeba-
neru uuihi pikinnen morkanlob.
Diu antreitida uuahtono eocouuelicheru citi sama des sumares sama des uuintares ebano in
tage *truhtinlihhe*mu si kihabet,
uzzan odouuila, daz fer si, spa-
tor erstanten, eddesuuaz *fona*
lectiom ze skemmanne ist edo
*fona respon*sum, daz duuidaro
alles si kiporket, daz pichueme.
Daz ibu kipurit, uuirdigo danan
kinuhtsamo tue *c*ote in chiri-
chun, duruh den[122] chuimit
ruachalosi.

(58) in morkanlobun truhtin-
lichemu tage iz erist si kichuetan sexzugosto sexto . . . . ano

---

[120] verderbt aus tria (Übersetzung dri) cantica (Übersetzung
*cantic*un ausrad.) de prophetarum.   [121] heru Hs.   [122] per quem
ist übersetzt.

[223] in directum, post quem dicatur quinquagesimus cum alleluia, post quem dicatur centesimus septimus decimus et sexagesimus II, inde benedictiones et laudes, lectiones de apocalipsin una memoriter et responsurium ambrosianum versum et canticum de evangelia, letania, et conpletum est.

anti[223]*phonun* in kirihti, after diu si ki*ch*uetan finfzugosto . . . . after diu . . . . *zehanzugos*to si*bun*to *zehant*o . . . . sehzugosto andrer[123], danan uuihii . . . . lob, leczun *fona* . . . . einiu kihuctlihho . . . .

. . . . erfullit ist.

XIII. Privatis diebus qualiter agantur matutini.

Diebus autem privatis matutinorum solemnitas ita agatur, id est, LXVI psalmus dicatur sine antephona subtrahendo modice sicut dominica, ut omnes occurrant ad quinquagesimum, qui cum antephona dicatur. (59) Post quem alii duo psalmi dicantur secundum consuetudinem, id est, secunda feria V tus et XXX sus, tertia feria

XLs IIs et Ls VIs, quarta feria LXXX s VII s et LXXX VIIII s, sexta feria LXX s II s et XCI et canticum deuteronomii, qui dividatur in duas glorias, nam ceteris diebus canticum unumquemque die suo ex prophetis, sicut psallit eccle-

[224]sia romana, dicantur. Post haec sequuntur laudes, deinde lectio una apostoli memoriter

tagum ke*uu*isso suntrigem morganlobo tult so si ze tuanne, daz ist . . . . sexto *sal*mo si ki*ch*uetan ano . . . . untarzeohanto luzic soso dera truhtinlihhun, *daz* alle kakanlaufen za finfzugostin, der . . . . *antipho*nun . . . . (59) After demu andre zuene *sal*mun sin ki*ch*uetan after kiuuonaheite . . . · anderes tages fin*ſ*to . . . . drizugosto, drittin tages f*eorzugos*to andarer . . . . *finſzugos*to *sexto,* des feordin tages ahtozogosto sibunto . . . . ahtozogosto niunto, sehstin tages sibunzogosto andrer . . . . niunzogosto . . . . der si ziteilit in zuo . . . . ke*uu*isso andrem tagun . . . . einan eocouuelihhan tage *sine*mu *fona* uuizzagom, soso [224] sinkit samanunga rumiskiu, sin kaqhuetan. After disu sin kafolget lob, danan lectza einiu

---

[123] andre Hs.

recitanda, responsurium, ambrosianum verso, canticum de evangelia, letania, et conpletum est. Plane agenda[124] matutina vel vespertina non transeat aliquando, nisi in ultimo et ordine oratio dominica omnibus audi(60)entibus dicatur a priore propter scandalorum spinas, quin[126] oriri solent, ut converti per ipsius orationis sponsione,

qua dicunt: ,,Dimitte nobis, sicut et nos dimittimus", purgent se ab huiuscemodi vitio. Ceteris vero agendis ultima pars eius orationis dicatur, ut

ab omnibus respondeatur: ,,Sed libera nos a malo."

des potin kihuctlicho ze erchennenne . . . .

. . . . Kiuuisso za tuane morkanlob . . . . abantlob nifurifare eonaldre, uzan in iungastin . . . . antreitidu kepet *truhtinlihhe*mu allem (60) kehorrantem si *kiqhue*tan *fona* herorin duruh zuruuaridono dorna[125], dea[126] ufqhueman kiuuonent, daz kiuuerbit uuesan duruh des selbin petes pigihti, demu qhuedant: ,,farlaz uns, soso auh uuir farlazzames", reinen sih *fona* suslihcheru achusti. Andrem *keuuisso* za tuanne iungista teil . . . . kepetes si *kiqhue*tan, daz *fona* allem si kiantlenkit: ,,uzzan losi unsih *fona* u*bi*le."

XIV. In nataliciis sanctorum
     qualiter agantur vigiliae.
In festivitatibus vero sanctorum vel omnibus solemnitatibus, sicut diximus, dominico die agendum ita agatur, excepto quod psalmi aut antephone vel lectiones ad ipsum diem pertinentes dicantur. Modus autem suprascriptus teneatur.

in tuldim *keuuisso uuihe*ro . . . .
*a*llem tuldim, soso qhuatumes, *truhtinlihhe*mu . . . . ze tuanne so si katan, uzan daz salmon edo *anthiphon*um . . . . *leczun* za demu selbin tage si kekankan si keqhuetan. Mez . . . . obana kascribanas si kehabet.

XV. Alleluia quibus temporibus
     dicatur.
A sancto pascha[127] usque ad pentecosten (61) sine intermis-

fona o*strom* . . . .
. . . (61) ano

---

[124] agendum Hs.   [125] dorno Hs.   [126] quin aus quae verderbt. Vgl. Anm. 3.   [127] pasche Hs.

[225] sione dicatur alleluia tam in psalmis quam in responsuriis. A pentecosten autem usque in caput quadraginsimae omnibus noctibus cum sex posterioribus psalmis tantum ad nocturnis dicatur, omni vero dominica extra quadraginsimam cantica matutinas, prima, tertia, sexta, nona, vespera vero iam antephona. Responsuria vero numquam dicantur cum alleluia, nisi a pascha ad[130] pentecosten.

untarlaz si . . . . [225] sosama . . . . *salmin* sosama . . . . *respon*sum . . . . unzin in haubit[128] d*era* fastun *allem nah*tum *mit* sehsim afttrorom *sal*mon doh . . . . nahtlobum *ki*-*ghue*tan,eocouuelih*h*eru ke*uuisso* truh*tinlihh*eru uzana fastun

. . . . neonaldre si *kiqhue*tan[129] . . . .

XVI. Qualiter divina opera per diem agatur.

Ut ait propheta: „Septies in diem laudem dixi[131] tibi", qui septenarius sacratus numerus a nobis sic implebitur, si matutino primae, tertiae, sextae, nonae, vesperae, conpletturii, (62) quo tempore nostrae servitutis officia persolvamus, quia de his horis dixit: „Septies in diem laudem dixi tibi." Nam de nocturnis vigiliis idem ipse propheta ait: „Media nocte surgebam ad confitendum tibi." Ergo in his temporibus referamus laudes creatori nostro super iudicia iustitiae suae, id est, matutinis, prima, tertia, sexta, nona, vespera, conpleturio et nocte surgamus ad confitendum ei.

so qhuad uuizzago: „sibunstunt . . . . *qhui*du *dir*", diu sibunfalta kiuuihtiu . . . . so erfullit, so morganlobo

folnissi, (62) deru citi des unseres theonostes ambaht *du*-ruhanpintames, *danta* fona dem uuilom qhuad: . . .

. . . . K*euuisso* *fona* nahtlobum er selbo . . . .

. . . . K*euuisso* in desem citum rahhomes . . . . sceffantin *un*-*sare*mu ubar suana des rehtes *sines* . . . .

. . . . za gehane[132] imu.

---

[128] habit Hs.   [129] . . . . tam Hs.   [130] ac Hs.   [131] dixit Hs.
[132] hehane Hs.

XVII. Quod psalmi per easdem
horas canendi sunt.

Jam de nocturnis vel de matu-
[226]tinis digessimus ordinem
psalmodiae. Nunc de sequenti-
bus horis videamus. Prima hora
dicantur psalmi tres singillatim
et non sub una gloria, hymnum
eiusdem horae post versum:
„Deus,   in   ad(63)iutorium
intende!" Antequam psalmi
incipiantur, post expletionem
trium psalmorum recitetur lectio una de apostulo, versum et
kirieleison et missas. Tertia
vero, sexta et nona idem ordine
celebretur, oratio idem versum,
hymnum earundem horarum,
ternos psalmos, lectio et verso,
kirieleison et missae sunt. Si
maior congregatio fuerit, cum
antephonas, si vero minor, in
directum psallantur. Vespertina
autem sinaxis, quatuor psalmi
cum antephonas terminentur,
post quibus psalmis lectio recitanda est, inde responsurium,
hymnum ambrosianum, ver-
sum, canticum de evangelio,
(64) letania. Et oratione dominica et fiunt missae, comple-
turius autem trium psalmorum
dictione terminetur, qui psalmi
directanii sine antephona dicendi sunt, post quos hymnum
eiusdem horae, lectio una, verso,
kirieleison, benedictione et missae fiant.

giu *fona* nahtlobum . . . . [226]
 . . . . kisaztomes antreitida
des *salmsanges.* Nu *fona* folgen-
tem citim kasehames. Erista
uuila *sin kighue*tan . . . . ein-
luzlihhe . . . . nalles untar
eineru . . . . lob deru selbun
citi . . . . (63) . . . .

          . . . . after folnissu
drio *salmo*no si kileran

 . . . .indi santa. . . . .
 . . . dera selbun antreitida si
kituldit, kabet demu selbin . . .
 . . . . selbono . . . .
drii . . . .
 . . . .santa sint . . . .

in kirihti . . . .
 . . . curs . . . .
          . . . . sin kimarchot,
after diem . . . . za redinone
ist, danan . . . .

 . . . . sanc *fona* cuatchundidu,
(64) . . . .
              . . . . folnissi

 . . . . si kitan, dea salmun in
rihti . . . . za qhuedane sint,
after diem . . . . dera selbun
citi, lecza einiu . . . .
 . . . . uuihi . . . .

XVIII. Quo ordine ipsi psalmi
dicendi sunt.

Inprimis semper diurnis ho-
[227]ris dicatur versum: „Deus,
in adiutorium meum intende,
domine ad adiuvandum me
festina!" Gloria, inde hymnum
uniuscuiusque horae, deinde
prima hora die dominica di-
cenda quattuor capitula psalmi
Ci XVIIIi, reliquis vero horis,
id est tertia, sexta vel nona (65)
terna capitula suprascripti
psalmi Ci XVIIIi dicantur. A
prima autem secundae feriae
dicantur tres psalmi, id est
primus, secundus et sextus. Et
ita per singulos dies ad prima
usque ad dominicam dicantur
per ordinem terni psalmi, usque
nonum decimum psalmum, ita
sane, ut nonus psalmus et
XVIImus dividantur in binas
glorias, et sic fiat, ut ad vigilias
dominica semper a vicissimo incipiatur. Ad tertiam vero, sextam vel nonam secundae feriae
novem capitulae, quae residuae
sunt, de Co XVIIIIo psalmo
ipsa terna per easdem horas
dicantur, expenso ergo psalmo
Co XVIIIIo duobus diebus, id
est do(66)minico et secunda
feria. Tertia feria iam ad
tertiam, sextam vel nonam
psallantur terni psalmi a Co
XVIIIo usque ad C Xm Xm

iz erist[133] . . . . tagalihhin
. . . . [227]

. . . . danan . . . . einera eocouuelihera citi . . . . truhtin-
lihhera za qhuedanne . . . .
leczun des salmin . . . .
andrem . . . .

. . . . (65) drio lecziun oba-
kascribanes *sal*min . . . .
. . . . andres tages[134] *sin kiqhuetan* . . . .

so duruh einluze ta*ga* . . . .

unzi za
niuntazehantin *sal*min, so
kauuisso . . . . *niun*to *salmo
. . . . sin ziteilit in zua tiurida
. . . . so si, daz zi nahtuuahchom
truh*tinlihhiu* . . . . *fona* zuein-
zicozstin sin kifangan . . . .
andres tages niun lecziun,
deo za leibu sint . . . . dea
dri *du*ruh dea selbun citi s*in
kiqhue*tan, kispentotemu . . . .
zuim tagum . . . . (66) . . . .

---

[133] in herist Hs., s. Glossar. [134] andrem tagum Hs.

VIIm psalmi novem, quique
psalmi semper usque ad dominicam per easdem horas idem[135]
repetantur. Hymnorum nihilo-
minus lectionem vel versuum
dispositio[228]nem uniformem
cunctis diebus servatam, et ita
scilicet semper dominica a Co
XVIIIo incipiatur. Vespere
autem cottidie quattuor psalmorum modolatione canatur,
qui psalmi incipiantur a Co
XVIIIo usque Cum XLm.
VIIm, exceptis his, qui in
diversis horis ex eis seque-
strantur, id est a Co XVIIo
usque ad centesimo XXmo
VIIo et C o XX o XIII o et Co
XL o II o. (67) Reliqui omnes
in vespera dicendi sunt. Et quia
minus veniunt tres psalmi ideo
dividendi sunt, qui in numero
suprascriptus fortiores inveni-
untur, id est C mus XXX mus
VIImus et Cmus XLmus
IIImus, centesimus vero
XIIImus, quia parvus est,
cum centesimo XVo coniunga-
tur, digesto ergo ordine psalmorum vespertinorum reliqua,
id est lectionem, responsum,
hymnum, versum vel canti-
cum, sicut supra taxavimus,
impleatur[137]. Ad completurium
vero idem psalmi repetan-
tur cottidie, id est IIII et
XCmus et Cmus XXXmus

. . . . dea salmun . . . . unzan
za truh*tinli*chun *du*ruh dea selbun citi auur sin kiuangan . . . .
neouuiht min . . . kasezzidu
[228] eines pilades allem tagum
kihaltan . . . . so kiuuisso

. . . . si pigunnan . . . .

. . . . sange si kisungan, dea
salmun . . . .

. . . . uzzan dem, dea . . . .
missilihchem citum *fona* im
sint kisuntrot . . . .

. . . . (67) andre . . . . in
abantlobum za qhuedanne sint.
. . . . danta min qhuemant
. . . . pidiu za teilanne sint, dea
in ruabu . . . . kascribane
starchirun sint funtan . . . .

. . . . danta luziler ist . . . .
. . . . si kimahchot,
. . . . kisaztero . . . .
abantlihchero andro[136] . . . .

si erfullit[137]. Za folnisse
. . . . dea selbun . . . . auur
kifangan . . . .

---

[135] l. item.   [136] andriu ?   [137] l. impleantur und sin.

IIImus, disposito[138] ordine psalmodiae diurnae. Reliqui omnes psalmi, qui supersunt, aequaliter dividantur septinoctium in vigilias, partiendo[139] (68) scilicet, qui inter eos prolixiores sunt psalmi, et XII per unamquamque constituens noctem, hoc praecipue commonentes, si cui forte haec distributio psalmorum displicuerit, ordine, [229] si melius aliter iudicaverit, agat, dum omnimodis adtendatur, ut omne ebdomada psalterium ex integro numero CL psalmorum psallatur et dominico die semper a capite reprehendatur ad vigilias, quia nimis inerti devotionis suae servitio

ostendunt monachi, qui minus a psalterio cum canticis consuetudinariis per septemanae circulum psallunt, dum quando legamus sanctos patres nostros uno die hoc strenue implesse, nos vero ut una (69) septimana integra persolvamus.

XVIIII. De disciplina psallendi. Ubique credimus divinam esse praesentiam et oculos domini speculari bonos et malos et maxime tamen hoc sine aliqua

. . . . kisaztero . . . . des salmsanges tagalihchen . . . .

. . . . ebano si ziteilit sibun nahtuuahtono . . . . libanto (68) *keuuisso*, dea untar im lengirun sint . . . . *du*ruh eina eocouuelicha kasezanti naht, daz allero meist manonte, ibu uuelichemu oduuila desiu zateile[140] salmono pilihchet . . . . [229] ibu paz andaruuis suanit, tue, denne eocouuelichu mezzu zua si kiuuartet, daz eocouuelichera uuehchun *salta*ri alonger ruaba . . . . si kisungan . . . . truh*tinliche*mu take . . . . *fona* haubite auur si kifangan za uuahton, danta drato unhorsc[141] dera kernnissa sinera deonostes kaaugant . . . . dea min *fona salta*re . . . . kiuuonaheitim *du*ruh uuehchun umbincirh *singa*nt, denne uuenne lesames uuihe fatara[142] un*sa*re einemu *tage* daz radalihcho erfullen, uuir . . . . so eina (69) uuehcha alonkiu[143] *du*ruhinpintames.

eocouueri kilaubames cotchundi . . . . antuuarta . . . .

---

[138] disposite, Dat. Sing. Fem. ist übersetzt. Vgl. Anm. 3. [139] parciendo Hs, mit parcendo verwechselt. [140] s. Glossar. [141] unhort Hs. [142] fatare Hs. [143] anolkiu Hs.

dubitatione credamus, cum ad
opus divinum adsistimus, ideo
semper memores simus, quod
ait propheta: ,,Servite domino
in timore", et iterum ,,psallite
sapienter", et ,,in conspectu
angelorum psallam tibi". Ergo
si consideremus, qualiter opor-
teat in conspectu divinitatis et
angelorum eius esse, et sic ste-
mus ad psallendum, ut mens
nostra concordet voci nostrae.

XX. De reverentia orationis.
Si cum hominibus potentibus
volu(70)mus aliqua suggerere
[230], non praesumimus nisi
cum humilitate et reverentia,
quanto magis domino deo uni-
versorum cum omni humilitate
et puritatis devotione suppli-
candum est, et non multiloquio,
sed in puritate cordis et con-
punctione lacrimarum nos ex-
audire sciamus. Et ideo brevis
debet esse et pura oratio, nisi
forte ex affectu inspirationis
divinae gratiae protendatur, in
conventu tam omnino breviter
oretur, et facto signo a priore
omnes pariter surgant.

XXI. De decanis monasterii.
Si maior fuerit congregatio,
elegantur de ipsis fratribus
boni testimonii et sanctae conversationis et constituantur
decani. Qui sollicitudi(71)nem
gerat super decanis, in omnibus

zuiualunga . . . .
. . . . cotchundaz . . . .

. . . . kahirze

. . . . uualtantem
. . (70) . . edeslihchiu spanan
[230] . . . .

. . . . uueo mer . . . .

. . . . luttri kernnissu za pittanne ist . . . .

. . . . scammas
. . . . luttras . . . .
. . . . *fona* minnu des ana-
plasannes d*era* cotchundiun
ensti fora si kidenit, in zumfti
. . . . scamlihcho . . . .
. . . . .ebano . . . .

aruuelit si*n*   . . . .   dera
cuatun kiuuiszida . . . . des
libes . . . .
zehanninga . . . . pihuctida (71)

secundum mandatum dei et
praecepta abbati sui! Qui decani tales elegantur, in quibus
abbas securus partiat[144] onera   . . . . sihchurer libbe . . . .
sua, et non elegantur per
ordinem, [sed] secundum vitae
meritum et sapientiae doctri-
nam, quique decani, si ex eis   . . . . inti dea . . . .
aliquis forte quis inflatus super-   edeslihcher . . kaplater . .
bia repertus fuerit reprehen-   . . . . lastarlihher,
sibilis, correctus semel et iterum   karihter . . . .
atque tertio. Si emendare
noluerit, deiciatur, et alter in
loco eius, qui dignus est, succe-
dat. Et de praeposito eadem   anagat . . . . daz selba . . . .
constituimus.

XXII. Quomodo dormiunt monachi.

Singuli per singula lecta dor-   einluzze *du*ruh einluziun . . . .
[231]miant, lectisternia pro   [231] . . . . kastreuuitiu *fora*
modo conversationis secundum   meze des libes[145] . . . .
dispensationem abbatis (72)   spentungu . . . . (72) . . . .
accipiant. Si potest fieri, omnes
in uno loco dormiant. Si autem
multitudo non sinet, deni aut   . . . . nilazze . . . .
vigeni cum senioribus, qui super
eos solliciti sint, pausent. Can-   . . . . resten. Leoht . . . .
dela iugiter in eadem cella
ardeat usque mane, vestiti   . . . . kiuuatote
dormiant et cincti cingulis aut   . . . . picurte curtilom edo
funibus, ut cultellos suos ad   zaummum . . . .
latus suum non habeant, dum
dormiunt, ne forte per somnum
vulneret dormientem. Et ut
parati sint monachi semper
facto signo absque mora sur-

---

[144] parceat Hs., mit parcat verwechselt.   [145] libbes Hs.

gentes, festinent se invicem
praevenire ad opus dei cum
omni tamen gravitate et mo-
destia. Aduliscentiores[146] fratres
iuxta se non habeant lectos, sed
permixti cum senioribus. Surgentes vero ad opus dei invicem se modera(73)te[147] co-
hortentur propter somnolento-
rum excusationes.

. . . . za uuerchae cotes . . . .
. . . . fruati . . . . mezhaftiu.
. . . .

. . . .*du*ruhmiste *mit* herirom.
. . . .
. . . . mezhaftiu (73) . . . .
                . . . . slafalero

XXIII. De excommunicatione culparum.

Si quis frater contumax aut
inoboediens aut superbus aut
murmorans aut in aliquo con-
trario consistens sanctae regulae aut praecepta seniorum
suorum contemptor repertus
fuerit, hic secundum domini
nostri praeceptum ammoneatur
semel, et iterum secreto a
senioribus suis. Si non emendaverit, obiurgetur publice coram
omnibus. Si vero [232] neque
sic correxerit, si intellegit, qualis poena sit, excommunicationi
subiaceat. Sin autem inprobus
est, vindicta corporali subdatur.

. . . einstriter . .
unhorsamer . . . .
                . . . . uuidar-
uuarti ebanstantanti
. . . . herirono
. . . . farmano . . . .

. . . si kisahchan offanlihcho
. . . [232] . . . .

. . . armeinsami
              . . . . unkauuarer
. . . . lihchamlihera . . . .

XXIIII. Qualis debet esse modus excommunicationis.

Secundum modum culpae[147a]
excommu(74)nicationis vel disciplinae debet extendi mensura,
quod culparum modus in ab-

. . . . (74) . . . .
            . . . . kadenit[148] mez

---

[146] adhuliscentiores Hs.   [147] moderatae Hs.   [147a] culbe Hs.
[148] sc. uuesan, kadeni Hs.

4

batis pendit iudicio. Si quis
tamen frater in levioribus culpis
invenitur, a mensae participa-
tione privetur, privati[149] autem
a mensae consortio ista erit
ratio, aut in oraturio psalmum
aut antephonam non inponat
neque lectionem recitet usque
ad satisfactionem, refectionem
autem cibi post fratrum rec-
tionem solus accipiat, ut, si
verbi gratia fratres reficiunt
sexta hora, ille nona, si fratres
nona, ille vespera[151], usque dum
satisfactione congrua veniam
consequatur.

XXV. De gravioribus culpis.
Is autem frater, qui gravioris
cul(75)pae noxa tenetur, suspendatur a mensa simul et ab
oraturio. Nullus ei frater in
nullo iniungatur consortio neque in conloquio. Solus sit ad
opus sibi iniunctum persistens
in poenitentiae luctum, sciens
[233] illam terribilem apostoli
sententiam dicentis: ,,Tradi-
tum eiusmodi[153] hominem in
interitum carnis, ut spiritus
salvus sit in diem domini." Cibi
autem perceptionem[154] solus
percipiat mensura vel hora, qua
praeviderit abbas ei conpetire.

. . . . in ringirom . . . .
. . . . teilnumft
piteilit si, piteilte . . . .
. . . . kinozsceffi desiu ist
redina . . . .
. . . . niheffe
. . . . redinoe . . . .
za ganuctsameru tati, imbiz
. . . . des muases . . . .
. . . . daz . . . .
piladi[150] qhuedan . . . .

. . . . za
canuhtsamera tati kalimflih-
chan . . . .

deser . . . .
dera (75) sunta sculdi si
kispentot[152] . . ioh auh . .
. . . . imu . . . .

. . . . duruhuuesanti
. . . . uuaft . . [233] . .
. . . . ekislihhun . . . .
kiqhuit . . . .
suslichan . . . . in faruurti

heiler si . . . .
. . . . antfankida[154] . . . .

. . . . kalimfan[155].

---

[149] ist Gen. Sing. Masc., Nom. Plur. ist übersetzt. [150] pilad
Hs. (s. Glossar). [151] vesperea Hs. [152] s. Glossar. [153] est
modi Hs. Vgl. Anm. 3. [154] refectionem Übl., [155] kalimfam
Hs.

Ne a quoquam benedicatur transeunte nec cibum, quod ei datur[157].

Min fona einigamu[156] . . . . furifarantmeu . . . .

XXVI. De his, qui sine iussione iunguntur excommunicatis.

Si quis frater praesumpserit sine iussione abbatis fratri excommuni(76)cato[158] quolibet modo se iungere aut loqui cum eo vel mandatum ei diregere, similis sortiatur excommunicationis vindictae.

. . . . (76) . . . . so uuelichu mezu . . . . kamahchon . karihtan, kalihchera si erlozzan . . . . dera rihti.

XXVII. Qualiter debeat abbas sollicitus esse circa excommunicatos.

Omni sollicitudine curam abbas gerat circa delinquentes fratres, quia „non est opus sanis medicus, sed male habentibus". Humilietur pro infirmitate, non extollatur pro misericordia et ita omnia membra erunt in pace. Et ideo uti debet omni modo ut sapiens medicus, inmittere quasi occultos consolatores senpectas, id est, seniores, sapientes fratres, qui quasi secreto consolentur fratrem fluctuantem[159] et provocent ad humilitatis satisfactionem. Consolentur eum, ne abundantiore[160] tristitia ab(77)[234]sorbeatur. Sed sicut ait apostolus: „Confirmetur in eo caritas", et oretur

. . . . ruachun . . . .

. . . . duruft . . . .

. . . . pruhchan . . . . eocouuelichu mezzu . . . . anasentan . . . .

. . . . framkiuuisen . . . .
. . . . kanuctsamera tati . . . .
         kanuctsamun
. . . . (77) [234] pisauffit si

---

[156] einiga Hs   [157] tatur Hs.   [158] excommunicatio Hs.
[159] luctuantem Hs.   [160] habundantiore Hs.

pro eo ab omnibus, magnopere enim debet sollicitudinem gerere abbas et omni sagacitate et industria curare, ne aliquam[161] de quibus sibi creditis perdat. Noverit enim se infirmarum curam suscepisse animarum, non super sanas tyrannidem adsumat, sed metuat prophetae comminationem, super quem dicit deus: ,, Quod crassum videbatis, adsumebatis, et quod debile erat, proiciebatis." Et pastoris boni pium imitetur exemplum, qui relictis nonaginta novem ovibus in montibus abiit[163] unam ovem, quae erraverat, quaerere, cuius infir-(78)mitate in tantum conpassus est, ut eam in sacris umeris suis dignaretur inponere et sic reportare ad gregem.

pi imu .... allero meist ....

.... huuassi ....
horski .... min einikas[161]
.... pifolahenem ....

.... alliu rihchida

drouua ....
.... feiztas
.... ir zuanamut ....
uuanheilaz ....
.... des cuatin erhaftaz keleisanit[162] ....

.... (78) .... so filu ebandolenti ....
ahsalom sinem kauuerdonti
analeckan .... so uuidaret
tragan za chortare.

XXVIII. De his, qui saepius correpti emendare noluerint.
Si quis frater frequenter correptus pro qualibet culpa, si etiam excommunicatus non emendaverit, acrior ei accedat correctio, id est, ut verberum vindicta[164] in eum procedant. Quod si nec ita correxerit aut[165] forte, quod absit, in superbiam elatus etiam defendere voluerit opera sua, tunc abbas faciat

.... emezzico karafster pi so uuelicha so ....
.... armeinsamoter ....
.... uuassira ....
kirihtida .... fillono
kertu .... framkangen

---

[161] sc. ovis und scaf. [162] sc. si. [163] habiit Hs. [164] vindictam Hs., Dat. ist übersetzt. Vgl. Anm. 3. [165] ait Hs.

quod sapiens medicus, si exhibeat fomenta, si unguenta
adhortationum, si medicamina
divinarum scripturarum, si ad
ultimum ustionem [235] ex-
com(79)municationis vel plaga-
rum virgae, etiam si viderit nihil
suam praevalere industriam,
adhibeat etiam, quod maius
est, suam et omnium fratrum
pro eo orationem, ut dominus,
qui omnipotens est, operetur
salutem circa infirmum fratrem.
Quod si nec isto modo sana-
tus fuerit, tunc iam utatur[166]
abbas ferro abscisionis, ut ait
apostolus: ,,Auferte malum ex
vobis", et iterum: ,,Infidelis, si
discedit, discedat", ne una ovis
morbida omnem gregem con-
tagiet.

    . . . . ibu salbun
kispansteo, ibu lahchida
cotchundera . . . .
az iungist . . . . [235] . . . .
(79) . . . .
. . . . kertu . . . .
    . . . . furimagan horskii
zuatue . . . .

       . . desu mezzu . .
. . . . si pruhhanti
. . . . isarne des abasnidannes

. . . . ,,ungilaubiger, ibu
kelidit, kelide" . . . .
suhtigaz . . . .
pismizze.

XXVIIII. Si debeant iterum
    recipi fratres exeuntes de
    monasterio.

Frater, qui proprio vitio egreditur de monasterio, si reverti
voluerit, spondeat prius omnem
emendationem, pro quo egressus
(80) est, et sic in ultimo gradu
recipiatur, ut ex hoc eius humilitas conprobetur. Quod si
denuo exierit, usque tertio ita
recipiatur iam postea sciens
sibi omnem reversionis aditum
denegari.

. . . . ibu kihuuorban uuesan
. . . . keheizze . . . .
(80) so in deru iungistun steti
si entfangan, *daz* er diu
          siniu theo-
muati si kechoroot. Daz ibu
anderastunt . . . .
giu after diu uuizzanti
imu eocouuelihan . . zuakanc
farcikan uuesan.

---

[166] ututur Hs.

XXX. De pueris minore aetate qualiter corripiantur.

Omnis aetas vel inteïlectus proprias debet habere mensuras, ideoque quotiens pueri vel adu[236]liscentiores aetate,

eocouuelihaz altar . . . . farnufst eikaniu scal habeen mez, inti pidiu . . . . [236] . . . .

aut qui minus intellegere possunt, quanta poena[167] sit excommunicationis, hii tales, dum delinquunt aut ieiuniis nimis adfligantur, acris verberibus coercitantur, ut sanentur.

sin keneizzit, sarfeem filloom siin keduungan . . . .

XXXI. De cellarario monasterio qualis sit.

Cellararius monasterii ele(81)gatur de congregatione sapiens, maturis moribus, subrius, non multum edax, non elatus, non turbolentus, non iniuriosus, non tardus, non prodigus, sed timens deum, qui omni congregationi sit sicut pater. Curam gerat de omnibus, sine iussione abbatis nihil faciat, quae iubentur, custodiat, fratres non contristet. Si quis ab eo forte aliqua inrationabiliter postulat, non spernendo contristet, sed rationabiliter cum humilitate male petenti deneget. Animam suam custodiat memor semper illud apostolicum, quia, ,,qui bene ministraverit, gradum bonum sibi adquaerit". Infirmorum, infantum, hospitum

. . . . (81) si eruuelit fona samanungu spaheer, riiffer sitim, chuskeer, nalles filu ezzaleer, nalles preiteer, nalles truabaleer, nalles uuidarmuater, nalles trager, nalles spildanter, uzzan forahtanti cotan, der alleru samanungu si soso fater. Ruahhun tue fona alleem, ano kipot des abbates neouueht tue, dei kepotan sin, kehalte . . . . nikeunfrauue. Ibu huuelih fona imu odhuuila eddeslihhiu unredihaftlihhiu pitit, nalles farmanento keunfreuue, uzzan redihaftlihho mit deomuati ubilo pittantemu farzihe. Sela sina kehalte kehucke simblum daz potolihha, danta, ,,der uuela ambahtit, stiagil cuatan imu zuakesuahhit". Unmahtigero,

---

[167] poenas Hs.

pauperumque [237] cum omni
sol(82)licitudine curam gerat
sciens sine dubio, quia pro his
omnibus in die iudicii rationem
redditurus est. Omnia vasa
cunctamque substantiam acsi
altaris vasa sacrata conspiciat.
Nihil ducat neglegendum neque
prodigus sit stirpator substan-
tiae monasterii, sed omnia mensurate faciat et secundum iussionem abbatis.

Humilitatem ante omnia habeat,
et cui substantia non est, quod
tribuatur, sermo responsionis
porrigatur bonus, ut scriptum
est: „Sermo bonus super datum
optimum." Omnia, quae ei
iniunxerit abbas[36], ipsa habeat
sub cura sua, a quibus eum
prohibuerit, non praesumat.
Fratribus constitutam (83) annonam sine aliquo tyfo vel
mora offerat, ut non scandali-
zentur memor divini eloquii,
quod mereatur, „qui scandaliza-
verit unum de pusillis". Si congregatio maior fuerit, solatia ei
dentur a quibus adiutus et ipse
aequo animo impleat officium
sibi commissum. Horis conpetentibus et dentur, quae danda[170]
sunt, et petantur, quae petenda
sunt, et nemo perturbe[238]tur
neque contristetur in domo dei.

chindo, kesteo inti armero mit
eoco[237]uuelihheru (82) pi-
hucti ruahha tue uuizzanti ana
zuifal, danta pi deseem allem in
tage dera suana rediun erkebanteer[168] ist. Alliu faz inti
alla eht inti so altarres faz ke-
uuihtiu pisehe. Neouueht leitte
farsuumando noh spildanter si
urriuto eht des monastres,
uzzan alliu mezhaftiu tue indi
after kipote des abbates.

Theoheit fora allu eigi, indi
demu eht nist, daz kebe[169], uuort
des antuurtes si kerehhit cuataz, so kescriban ist: „uuort
cuataz ubar keba pezzistuun."
Indi alliu, dei imu anakimah-
hoot abbas, selbun habee untar
ruahhun sineru, fona diem imu
piuuerit, nierpaldee. Pruadrum
kesazta (83) liibleita ana einikemu lihhisode edo tuuala pringe,
daz ni . . . . kehucke dera
cotchunduun sprahha, daz si
kearneet . . . .

. . . . Ibu samanunga mera
uuisit, helfa imu si kekeban fona
diem keholfaneer indi er selbo
ebanemu muate erfulle ambahti
imu pifolahanaz. Citim kelim-
fanteem indi kekeban sin, dei ze
kebanne sint, indi kepetan, dei
ze pittanne sint, indi neoman
[238] duruhtruabit noh keunfreuuit in huse cotes.

---

[168] erkebaneer Hs. (Part. Pass. statt Praes. Act.)   [169] tribuat
ist übersetzt.   [170] tanda Hs.

XXXII. De ferramentis vel rebus monasterii.

Substantia monasterii in ferramentis vel vestibus seu quibuslibet rebus provideat abbas fratres, de quorum vitae moribus securus sit, et eis singula, ut utile[171] iudicaverit, con(84)signet constituenda atque recolligenda, ex quibus abbas brevem teneat, ut, dum sibi in ipsa adsignata fratres vicibus succedunt, sciat, quid dat et quid recepit. Si quis autem sordide aut negligenter res monasterii[172] tractaverit, corripiatur. Si non emendaverit, disciplinae regulari subiaceat.

. . . . in isarnazzasum . . . .
keuuatim edo so huuelihemu so
rahhom . . . .
. . . . sitim . . . .
. . einluzziu . . dera pidarbun
suanit, (84) kezeichanne . . . .
. . . . indi auur zi kilesanne . .

. . . . in dem selbon kazaichantiu . . . . uuehsalum anakaant . . . .
. . . . unsubro . . . . ruahchaloso . . . . trahtot,
si kiduungan . . . .
dera rehtlihchun untarlicke.

XXXIII. Si quid debeat monachus proprium habere.

Praecipue hoc vitium radicitus amputandum est de monasterio, ne quis praesumat aliquid dare aut[173] accipere sine iussione abbatis, neque aliquid habere proprium nullam omnino rem, neque codicem, neque tabulas, neque graffium, sed nihil, quippe [239] quibus nec corpora sua nec voluntates licet habere in propria voluntate, omnia (85) vero necessaria a patre sperare monasterii, nec quicquam liceat habere, quod abbas non dederit aut permiserit. Omniaque omnibus sint com-

allero meist dea ahchust uurzhaftor aba za snidanne ist . . . .

. . . . eouuiht
. . . . eikan neouuiht . . . .
rahcha . . . . puah . . . .

. . . . kauuisso [239] . . . .
lihchamon iro . . . . arlaubit
. . . . in aikanemu . . . .
alliu (85) . . . . notduruftti . .

eouuit arlaube . . . .
. . . . edo farleazzi.

---

[171] utile als Subst. im Gen. verstanden.   [172] monanasterio Hs. (in -i korr.)   [173] ut Hs.

munia, ut, sicut scriptum est:
„Erant illis omnia communia“,
nec quisquam suum aliquid
dicat vel praesumat, quodsi
quisquam huic nequissimo vitio
deprehensus fuerit delectari,
ammonetur semel et iterum. Si
non emendaverit, legitima disciplina subiaceat.

XXXIII. Si omnes aequaliter
debeant necessaria accipere.
Sicut scriptum est: „Divideba-
tur singulis, prout cuique opus
erat“, ubi non dicimus, ut
personarum, quod absit, acceptio sit, sed infirmitatis consideratio, ut, qui minus indi(86)-
get, agat deo gratias et non
contristetur, qui vero plus indiget, exhibeatur ei, humilietur
pro infirmitate, non extollatur
pro misericordia, et ita omnia
membra erunt in pace. Ante
omnia, ne murmorationis malum pro qualecumque causa in
aliquo quali[240]cumque verbo
aut significatione appareat,
quod si deprehensus fuerit, di-
strictiori disciplina subdatur.

XXXV. De septimanariis co-
          quinae.
Fratres sic sibi invicem serviant,
ut nullus excusetur a coquinae
officio, nisi aut aegritudo aut in

cameinsamon . . . .

min eouuit[174] sin eouuiht
               . . . . daz ibu
einic desemu . . . . achusti
kirafster[175] . . . . kilustidot

. . . . dera rehtlichun . . . .

. . . . „si ziteilit einluzlihchem
soso eocouuelihchemu . . . .
               . . . . daz
heiteo . . . .   ant-
fenkida si . . . . scauunka
. . . . durufttigot, (86)
. . . . tue . . . . anst . . . .

. . si kitan . . . . si kitheonot
       . . . . nalles si erhaban
                           alle
lidi . . . . in fridiu . . . .

. . . . pi so uuelicha so racha in
einikemu so uueli[240]chemu
so . . . . zaichanungu kaauge
. . . . karafster[175] . . . . dera
kiduunganun . . . si untarkeban.

. . . . si   entrachot . . . .
ambahte . . . . siuhchi . . . .

---

[174] quicquam ist übersetzt.
im Glossar.

[175] s. refsen und deprehendere

causa gravis utilitatis quis
occupatus fuerit, quia exinde
maior mercis adquaeritur et
caritas. Inbicillibus (87) autem
procurentur solatia secundum
modum congregationis aut posi-
tionem loci. Si maior congregatio fuerit, cellarius excusetur
a coquina, vel si qui, ut diximus, maioribus utilitatibus oc-
cupantur, ceteri sibi invicem
sub caritate serviant, egressurus
de septimana sabbato mundi-
tias faciat, lintea, cum quibus
sibi fratres manus ac[177] pedes ter-
gent, lavet. Pedes vero tam ipse,
qui egreditur quam ille, qui intra-
turus est, omnibus lavent. Vasa
ministerii sui egrediens munda
et [241] sana cellario recon-
signet, qui cellarius iterum in-
tranti consignet, ut sciat, quid
dat aut quid recepit, septimana-
(88)rii autem ante unam horam
refectionis accipiant super statutam annonam singulos sibi
biberes[178] et panem, ut hora
refectionis sine murmoratione
et gravi labore serviant fratribus suis. In diebus tamen sol-
lemnibus usque ad missa sustineant. Intrantes et exeuntes
ebdomadarii in oratorio mox
matutinis finitis dominica omnium genibus provolvantur
postulantes pro se orare. Egrediens autem de septimana dicat

suuarriu deru bidarbi uuelih
pihafter uuisit . . . . er diu
mera loon ist kesuahhit . . . .
minna. Unchreftigem (87) . . . .
fora si kekaumit helfa . . . .
mezze dera samanungu edo
kesezzida . . . .
  si entrahhoot
. . . . ibu uuelihhe
. . . . meroom piderboom sin
piheftit[176] . . . .
  . . . . uzkikanganer

hreinida tue, lahhan . . . .

suuerben . . . .
  der kekan-
ganer . . . . uuasken . . . .
  . . . . hreiniu
. . . . [241]alliu . . . . kezeihhanne . . . . in-
gangantemu kezeihhanne . . . .
  . . . . uuehharre
(88) . . . . einera citi
des inbizzes . . . .
kesazta liibleita einluzziu . . . .
trinchan . . . .
  murmulodii
. . . . suuarrera . . . .

inthabeen . . . .
uuehharre . . . .
. . . . keentoteem . . . .
chneum fora sin pifaldan . . . .

---

[176] piheftim Hs. [177] aut Hs. [178] Subst. das Trinken, biberis Hs.

hunc versum: ,,Benedictus es, domine deus meus, qui adiuvasti me et consolatus es me", quo dicto tertio accipiat benedictionem egrediens,subsequens ingrediens dicat: ,,Deus, in adiutorium meum inten(89)-de, domine, ad adiuvandum me festina." Et hoc idem tertio repetatur ab omnibus et accepta benedictione ingrediatur.

. . . . du hul-
fi mih ketrostanter pist mih",
demu keqhuetanemu . . . .
   . . . . untarfolkenti

. . . . (89) . . . .

si kesuahhit . . . intfanganeru

[242] XXXVI. De infirmis fratribus.

[242]

Infirmorum cura ante omnia et super omnia adhibenda est, ut sicut revera Christo[180] ita eis serviatur, quia ipse dixit: ,,Infirmus fui et visitasti me", et: ,,Quod fecistis uni de his minimis meis, mihi fecistis." Sed ipsi infirmi considerent in honore dei sibi servire et non superfluitate sua contristent fratres suos servientes sibi, qui tamen patienter portandi sunt, quia de talibus conpositior[181] mercis adquaeritur. Ergo cura maxima sit abbati, ne aliqua neglegentia patiantur. (90) Quibus fratribus infirmis sit cella se deputata et servitor timens deum et diligens ac sollicitus. Balnearium usus infirmis, quotiens expedit, offeratur, sanis autem et maxime iuvenibus tardius conceda-

. . . . ruacha . . . .
. . . . zua zi tuenne . . . .
. . . . forahtun[179] . . . .

. . . . kescauuoen . . . .
. . . . nalles
ubarfluatida iro . . . .
. . . . deononte im . . . .
kedultlihho . . . .
. . . . kenuhtsamera loon
zuakesuahhit . . . . allero meist
. . . . einigiu . . . .
sin kedoleet. (90) . . . .
  . . . . kesaztiu . . . .
deonoostman . . . .
    . . . . pado
piderbi . . . .
si prungan . . . . allero
meist iungem tragoor si farke-

---

[179] ist reverentia übersetzt? Vgl. St. S. 242 A 1 und Glossar.
[180] christi Hs. [181] aus copiosior verderbt. Vgl. Anm. 3.

tur. Sed et carnium esus infirmis omnino debilibus pro reparatione[182] concedatur, at ubi meliorati fuerint, a carnibus more solito omnes absteneant. Curam autem maximam habeat abbas, ne a cellarario[185] aut servitoribus neglegantur infirmi; ad ipsum respicit, quicquid a discipulis delinquitur.

ban . . . . fleisko ezzan . . . .
. . . . uuanaheileem . . . .
fora itniuuuii[183]
. kepezzirote . . fona fleiskum sitiu keuuonanemu kehabeen[184]
. . . . meistun . . . .
. . . . deonost*mannun*[186]
sin keruahhalosoot . . . . ze inan sihit, so huuaz so fona discoom farlaazzan ist.

[243] **XXXVII. De senibus vel infantibus.**

Licet ipsa natura humana trahatur ad misericordiam, in his aetatibus senum videlicet et infantum (91) tamen et regulae auctoritas eis prospiciatur[187], consideretur semper in eis inbicilitas et nullatinus eis districtio regulae teneatur in alimentis, sed sit in eis pia consideratio et praeveniant horas canonicas.

[243]

. . . . diu selba chnuat mannaskiu . . . . in dem altrum altero . . . .
. . . . (91) . . . . rihtungu ortfroma . . . . fora si kesehan
. . . . unchreftigii . . nohheinu mezzu
in libleitom . . . . erhaftiu
. . . . furichuueman citi rehtlihhiu[188].

XXXVIII. De ebdomadario lectore.

Mensa fratrum edentium lectio deesse non debet, ne fortuitu casu quis arripuerit codicem legere ibi se, lecturus ergo tota ebdomada dominica ingrediatur. Qui ingrediens post missas

mias[189] . . . ezzantero . . . .
uuan uuesan . . . . min odhuuila unkiuuaru . . . . kechriffe puah lesan . . . . imu, lesanter
. . . .

. . . . santom

---

[182] repatione Hs. Vgl. Anm. 3. [183] itniuuuiu Hs. [184] kehabeem Hs. [185] cellararius Hs. [186] Vgl. St. S. 242 A 6. [187] propitiatur Hs. [188] rehlihhiu Hs. [189] mensa als Nom. Sing. übersetzt.

et communionem petat ab
omnibus pro se orare, ut avertat
ab ipso deus spiritum elationis,
et dicat hunc versum in oraturio
tertio cum omnibus ipso tamen
incipiente: (92) ,,Domine, labia
mea aperies et os meum adnuntiabit laudem tuam." Et sic
accepta benedictione ingrediatur[190] ad legendum. Et summum
fiat silentium ad mensam, ut
nullius musitatio vel vox nisi
solius legentis ibi audiatur.
Quae vero necessaria sunt
comedentibus et bibentibus,
sic sibi vicibus mini[244]strent
fratres, ut nullus indigeat petire
aliquid. Si quid tamen opus
fuerit, sonitu cuiuscumque
signi potius petatur quam
voce, nec praesumat ibi aliquis
de ipsa lectione aut aliunde
quicquam quaerere, non detur
occasio, nisi forte prior pro
aedificatione voluerit aliquid
breviter dicere. Frater autem
ebdomadarius accipiat mix-(93)
tum, priusquam incipiat legere
propter communionem sanc-
tam, et ne forte grave sit ei
ieiunium sustinere. Postea
autem cum coquinae ebdama-
dariis[194] et servitoribus reficiat.
Fratres autem non per ordinem
legant aut cantent, sed qui
aedificent audientes.

. . . . kemeinsamii . . . .
. . . . daz er pihuuarbe
. . . . preitii
. . desan . . in chirihhun
. . . . imu . . . .
pikinnantemu: (92) . . . .

entfanganeru . . . .
. . . . furista
. . . . suuikilii . . . . daz
nohheiner[191] . . . .

. . . . notdurufti . . . .

. . . . uuehsalum . . . . [244]
. . . . nohheiner duruftigohe
pittan eouueht . . . .
. . . . calme enti uueliches so
zeichanes mer . . . .
stimmu . . . . einiger edesuuaz
fona dera selbun . . allasuuanan
eouueht suahchan, min[192] si kikeban frist . . . . heroro fora
zimberre . . . . edesuuaz
skemlicho
uuehchari . . . . merod[193], (93)
. . . .
. . . . uuihan
. . . . suuar . . . .
. . . . doleen . . . .
. . mit deru chuhchinun uueh-
charum[194] . . . . deonostman-
num . . . . antreiti
. . . . dea
zimberren . . . .

---

[190] ingredihatur Hs.   [191] nullus ist übersetzt.   [192] s. Glossar.
[193] meron Hs.   [194] obdamadarius Hs. Vgl. Anm. 3.

XXXVIIII. De mensura cibi.
Sufficere credimus ad refectionem cotidianum tam sextae
quam nonae omnibus mensis
cocta duo pulmentaria propter
diversorum infirmitatibus, ut
forte, qui ex uno non potuerit
edere, ex alio reficiatur. Ergo
duo pulmentaria cocta fratribus
[245] omnibus sufficiant, et si
fuerit, aut poma aut nescentia
leguminum addatur, et tertius
(94) panis libra una propensa
sufficiat in die, sive una sit
refectio sive prandii et cenae.
Quod si cenaturi sunt, de eadem
libra tertia pars cellarario reservetur reddenda cenandis.
Quod si labor forte factus fuerit
maior, in arbitrio et potestate
abbatis erit, si expediat, aliquid
augere remota prae omnibus
crapula, ut numquam subripiat
monacho indigeries, quia nihil
sic contrarium est omni chri-
stiano quomodo crapula, sicut
ait dominus noster: ,,Videte, ne
graventur corda vestra crapula." Pueris vero minore aetate
non eadem servetur quantitas,
sed minor quam maiori(95)bus
servata in omnibus parcitate,
carnium quadrupedium omnino
ab omnibus abstineatur com-
mestio praeter omnino debiles
et aegrotos.

. . . . za imbizze
tagalihchin
. . . . measum
kasotaniu zuei muas[195]
missilichero unmahtim . . . .
. . . er einemu . . . .
ezzan, er andremu si inbizzan
. . . .
[245] . . kenuhtsamoen . .
. . .
smalasat zua si kikeban . . . .
drittiun stunt[196] (94) des
protes funt einas . . . . einaz si
imbiz edo dera[197] cauma . . . .
abantcauma . . . . *fona* demu
selbin . . . . dritta teil . . . . si
kihaltan ze erkebanne aband-
muasontem . . . . arbeit . . . .
mera, in selbsuanu . . kiuualtidu . . . . piderbe, eouuit
auchon, erchertiu . . . .
ubarazalii, daz neonaldre un-
tarslihche . . . . unfardeuuiti
. . . . christa-
nemu soso ubarazzalii . . . .
. . . . ,,sehat, min sin kasuuarit
*herz*un *iuue*riu ubarazzalii."
Chindum *keuuisso* minnirin
aldre nalles diu selba si kihaltan
mihhilii . . . . minnira denne
merom (95) kehaltan in allem
libanti, fleiscco feorfuazzeo
allem[198] *fona* allem si farporan
ezza ano allem uuanaheilem
. . . . siuchem.

---

[195] muaz Hs.   [196] tertio ist übersetzt. Vgl. Anm. 3.   [197] dero
Hs.   [198] sonst mit alles übersetzt. Vgl. Glossar.

XL. De mensura potus.

,,Unusquisque proprium habet
donum ex deo, alius sic, alius
vero sic", et ideo cum aliqua
[246] scrupolositate a nobis
mensura victus aliorum consti-
tuitur, tamen infirmorum cogi-
tantes inbecillitatem credimus
eminam[199] vini per singulos
sufficere per diem, quibus autem
donat deus tollerantiam abstinentiae, propriam se habituros mercedem sciant. Quod
sicut loci necessitas aut labor
aut ardor aetatis amplius po-
poscerit, in arbitrio prioris (96)
consistat considerans omnibus
nec subrepta[200] satietas aut
ebrietas praepediat. Licet legamus vinum monachorum om-
nino non esse, sed quia nostris
temporibus id monachis persuaderi non potest, saltim vel
hoc consentiamus, ut non usque
ad satietatem bibamus sed
parcius, quia ,,vinum aposta-
tare facit etiam sapientes". Ubi
autem necessitas loci exposcit,
ut nec suprascripta mensura
inveniri possit sed multo minus aut ex toto nihil, bene-
dicant deum, qui ibi[201] habitant, et non murmorent, hoc
ante omnia admonentes, ut
absque murmorationibus sint
monachi.

,,einer eocouuelicher eikana
hebit keba *fona cote*, sumer so,
sumer *keuuisso* so" . . pidiu . .
[246] eddeslihchemu fristeo
. . . . mez libleit*i* . . . . si kesezzit . . . . denchente
unchreftigi . . . .
mez . . . .

. . . . fartraganii furiburti,
eiganas *si*h habenti lon . . . .

. . . . notduruft . . . .
. . prunst des sumares mer pei-
tit, in selbsuanu des herostin
(96) kestante . . . .
min untarslihhanera fullii edo
ubartrunchanii kemarre. Doh
lesames . . . .
                            daz unserem
citim daz . . . .
duruhspanan uuesan nimac,
doh edo daz kehenkames, daz
nalles unzi ze setii . . . . uzzan
sparalihhor . . ,, . . freidige tuat
sosama spahe" . . . .
                    . . . . peitit,
daz min obana kescribana mez
                    . . . . mihhilu min

                    . . . . daz er
allu zuamanonte, daz ano mur-
mulodin sin municha.

---

[199] himinam Hs.   [200] aus ne subrepat verderbt.   [201] hibi
Hs.

[247] (97) **XLI.** Quibus horis
oportet reficere fratres.

A sancto pascha usque ad
pentecosten ad sextam reficiant
fratres et ad seram cenent, a
pentecoste autem tota aestate,
si labores agrorum non habent
monachi aut nimietas aestatis
non perturbat, IIII. et VI.
feria ieiunent usque ad nonam,
reliquis diebus ad sextam pran-
deant, quam prandii sexta, si
opera in agris habuerint aut
aestatis fervor nimius fuerit,
continuenda erit et in abbatis
sit providentia, et sic omnia
temperet atque disponat, qualiter animae salventur et, quod
faciunt fratres, absque murmoratione faciant. Ab idibus[202]
autem septem(98)bris usque in
caput quadraginsimae ad nonam
semper reficiant, a quadragin-
sima vero usque in pascha ad
vesperam reficiant, ipsa autem
vespera sic agatur, ut lumen
lucernae non indigeant reficien-
tes, sed luce adhuc diei omnia
consummentur. Sed et omni
tempore sive cenae sive refectionis hora sic temperetur, ut
cum luce fiant omnia.

[248] **XLII.** Ut post completurium nemo loquatur.

Omni   tempore   silentium
debent studire monachi maxime

[247]

(97) fona uuiheru oostrun . . . .
                        imbizzen
. . . . ze naht abandmuasen,
fona fimfchustim
. . . . achro . . . .
unmezzigii des sumeres nalles
ketruabpe, feordun indi sehstun
tac . . . .
andrem tagum . . . . caumoen,
dia cauma . . . .
. . . . in achrum eigin . . . .
. . . . uualm dratter . . . .
zi emizzigonne . . . .
. . . . forascauuunga . . . .
ketemproe inti noh kesezze,
uueo sela kihaltan sin . . daz
tuant . . . . ano mur-
mulodii tuen . . . .
                  . . . . (98) unzi in
haubit dera fastun . . . .
                  . . . . fona fastun
                      . . . . . ze
abande . . . . dem selbon . . . .
aband so si ketan, daz leoht des
leohtes niduruftigoen imbiz-
zante, uzzan leoht nu noh des
tages alliu sin keentot . . . .
. . . . abandmuase . . . . des
inbizzes . . . . so si ketemprot,
daz mit leohte sin alliu.

[248]

eocouueliheru citi stilli
sculun cilen . . . . allero meist

---

[202] idus Hs.

nocturnis horis et ideo omni
tempore sive ieiunii sive prandii.
Si tempus fuerit prandii, tam
mox surrexerint a cena, sedeant
omnes in (99) uno loco et legat
unus conlationes vel vitas
patrum aut certe aliud, quod
aedificet audientes, P ....
autem et regum[204], quia infirmis intellectibus non erit
utile illa hora hanc scripturam
audire, aliis vero horis legantur.
Si autem ieiunii dies fuerint,
dicta vespera parvo intervallo
mox accedant ad lectionem
conlationum, ut diximus, et
lectis quattuor aut quinque
foliis, vel quantum hora permit-
tit, omnibus in unum occur-
rentibus per hanc moram lec-
tionis, asci forte quis in ad-
signato sibi commisso fuerit
occupatus, omnis ergo in unum
positi compleantur[206], et exeuntes a completu(100)riis nulla
sit licentia denuo cuiquam
loqui aliquid. Quod si inventus
[249] fuerit quisquam hanc
praevaricare taciturnitatis regulam, gravi vindicta subiaceat, excepto si necessitas
hospitum supervenerit aut forte
abbas alicui aliquid iusserit,
quod tamen et ipsut cum summa gravitate et moratione
honestissime fiat.

nahtlihhem citim[203] . . eocouuelihheru citi . . . . edo dera
cauma. Ibu cit . . . . so saar er-
stant fona abandmuase . . . .
(99) . . . .

. . . . andraz, daz
zimbroe horrente . . . .

. . . . nist
piderbi dera citi desa kescrip
. . . . andrem . . . .
dera fastun tages[205] uuisit,
keqhuetanemu abande luzzileru
untarstuntu saar zuakangen
. . . . so qhuuedames . . . .
keleranem feorim . . . . fimfim
pletirun . . . . so filu so cit
farlazzit, allem in ein kakan-
hlauffantem duruh desa tuuala
dera lectiun . . . . in kezeih-
hantemu imu pifolahanemu
. . . . pihafter . . . . kesazte
sin erfullit, indi uzkankantem[207]
fona folnissu (100) nohheinaz
. . . . urlaubii zuuiror . . . .
kesprohhan uuesan . . . . Daz
ibu [249] fundaner ist einic
desan ubartuan dera suuikalii
rehtungu, dera suuarrun kerihti
untarlicke, uzzan ibu notduruft
kesteo ubarqhuimit . . . .
. . eddeslihhemu eddeshuuaz
daz duuidaro ioh auh daz selba
mit dera furistun fruatii . . . .
mezhaftii erhaftost si.

---

[203] citit Hs.   [204] am Rand von 3. Hand: non autem Heptateu-
cum (aut Regum) Übl.   [205] diei ist übersetzt.   [206] compleant,
-ur ausradiert, aber Pass. übersetzt.   [207] exeuntibus ist übersetzt.

5

XLIII. De his qui ad opus dei
vel mensam tarde occurrunt.
Ad horam divini officii, mox ut
auditum fuerit signum, relictis
omnibus, quaelibet fuerint in
manibus, summa cum festinatione curratur cum gravitate
tamen, ut non scurilitatis in-
veniat fomitem, (101) ergo
nihil operi dei praeponatur.
Quod si quis nocturniis vigiliis
post gloriam psalmi XCIIII.
„Venite, exultemus domino",
quem propter hoc omnino subtrahendo et morese[209] volumus
dici, non occurrerit, non stet in
ordine suo in choro, sed ultimus
omnium stet aut in loco, quem
talibus neglegentibus seorsum
constituerit abbas, ut videatur[212] ab ipso vel ab omnibus,
usque dum completo [250]
opere dei publica satisfactione
paeniteat. Ideo autem eos in
ultimo loco aut seorsum iudi-
cavimus debere stare, ut visi ab
omnibus vel pro ipsa vere-
cundia sua emendent. Nam si
foras oraturio remaneant, erit
forte talis, qui se aut (102)
collocet[213] et dormiat aut certe
sedit sibi foras vel fabulis vacat
et datur occasio maligno. Sed
ingrediantur intus et nec totum

ze citi des cotchundin anbahtes,
sario so kihortaz uuirdit zeih-
han, farlazzanem allem, dei doh
sint in hantum, mit dera furistun ilungu si kehlauffan[208] mit
fruati duuidaro, daz nalles des
skernes skern finde zuntrun
(101) *keuuisso* neouueht demu
uuerche cotes furi si kesezzit
. . . . nahtlihhem uuahtom
. . . . den duruh daz . . . . untarzeohanto . . . . sitilihho
uuellemes keqhuetan uuesan,
nalles kakanlaufit . . . . in antreitidu sineru . . . . uzzan
iungisto allem[210] stante . . . .
in steti, diu[211] solihhem ruah-
halosontem suntrigo kesezzit
. . . . daz si kesehan fona imu
ioh fona allem . . . . keful-
temu [250] . . . . offanlihhera
dera kenuhtsamun tati hriuuoe.
. . . . in iunkistun steti . . . .
. . . . scolan stan, daz kesehane
fona allem . . . . pi deru selbun
scamu iro puazzen.
Keuuisso ibu uzzana chirihhun
piliben . . . . (102) kestatot . . . .
slaffit . . . . *keuuisso* sizzit imu
uzzana . . . . rahhom caugrot
. . . . ist kekeban frist demu
farfluahhanin . . . . inkekan-

---

[208] kehlaffan Hs.   [209] morose Übl.   [210] omnibus ist übersetzt.
[211] Nom. statt Acc. Sing. Fem.   [212] videantur Hs., n radiert.
[213] qui se aut recollocet et dormit aut certe sedit sibi foris vel
fabulis vacat Sang. 914.

perdant et de reliquo emendent. Diurnis autem horis qui ad opus dei ⁱ˟post versum et gloriam primi psalmi, *qui* post versum dicitur, non occurrerit, lege, quae[214] supra diximus, in ultimo stet nec praesumat sociari choro psallentium usque ad satisfactionem, nisi forte abbas licentiam dederit permissione sua et simul omnes dicant versum et orent, et sub uno omnes accedant ad mensam. Ut si quis . . . . [251] vitio[215] non occurrerit usque ad secundam vicem, pro id corri(103)piatur, si denuo non emendaverit, non permittatur ad mensae communis participationem, sed questratus a consortio omnium reficiat solus sublata ei portione sua[216] a vino usque ad satisfactionem et emendationem, similiter autem patiatur, qui ad illum versum non fuerit praesens, qui post cibum dicitur, ne quis praesumat ante statutam horam *vel* postea quicquam cibi aut potus praesumere, sed et cui offertur aliquid a priore et accipere rennuit, hora, qua desideravit hoc, quod prius recusavit, aliud omnino nihil accipiat usque ad emendationem congruam.

gane innana indi min al farleosant . . . . frammert puazzen. Tagalihhem . . . . citim die ze uuerche cotes . . . .
. . . . nalles kehlauffit, euu, deru obana qhuatumes . . . .
. . . . kemahhon carte
. . . . dera kenuhtsamun tati . . . . urlaubii . . . . dera sinera farlazzani . . . .
. . . . untar einemu . . . . zuakangen . . . . Daz ibu huueliher . . . . [251] er achusti . . . .
. . . . ze demu andremu uuehsale, pi daz (103) si kirefsit, ibu andrastunt nipuazzit, nisi farlazzan ze . . . .
. . . . teilnufti . . . .
keskeidaner fona kinozskaffi . .
. . . . eino kenomanemu imu teil . . . .
. . . . ze puazzu, sosama . . . . si kedultit
. . . . den . . . .
antuurti . . . . after muase keqhuuetaner . . . . kesazteru . . . . after diu eouueht muases . . . . tranches erpalden, uzzan ioh auh demu ist prungan eouueht . . . . uuidarot, citi, deru kerot daz, daz er uuidarota, andraz . . . .
. . . . ze puazzu kelimflihera.

---

[214] aus lege qua verderbt. Vgl. Anm. 3.   [215] die Stelle heißt: qui per neglegentiam aut vitio (aut 3. Hand).   [216] portionem suam Hs.

(104) XLIIII. De his, qui excommunicantur, quomodo satisfaciant.

Qui pro gravibus culpis ab oratorio et a mensa excommunicantur, hora, qua opus dei in
oratorio percelebratur, ante
foris oraturii prostratus iaceat
et nihil dicens nisi tantum posito
in terra capite stratus pronus
omnium de oraturio exeuntium
pedibus provolvatur, et hoc
tam diu faciat, usque dum abbas iudicaverit satisfactum esse,
qui dum iussus ab abbate vene-
[252]rit, provolvat se ipsius
abbatis deinde omnium vesti-
giis, ut orent pro ipso. Et tunc
si iusserit abbas, recipiatur in
choro vel ordine, quo abbas de-
creverit, ita plane, (105) ut
psalmum vel lectionem aut
aliud quid non praesumat in
oraturio inponere, nisi iterum
abbas iubeat, et omnibus horis,
dum perconpletur opus dei,
proiciat se in terra in loco, quo
stat, et sic satisfaciat, usque
dum ei iubeat abbas et quiescat
iam ab hanc satisfactionem.
Qui vero pro levibus culpis excommunicantur, tantum a
mensa in oraturio satisfaciant
usque ad iussionem abbatis,
hoc perficiant, usque dum benedicat et dicat „sufficit".

(104) dea pi suuarrem suntom
. . . . sint armeinsamot[217],

. . . . ist duruhtuldit, fora
turim dera chirihchun foraki-
strahter licke . . . . neouueht
qhuedante[218] uzan so filo kesaz-
temu . . . . capite kestrahter
framhalde . . . . uzkankantero
fuazzum fora si bifaldan . . . .
so lango . . . . kanuhctsam
katan uuesan, der denne kapo-
taner. . . . forapi[252]ualde sih
des selbin . . . . fona diu . . .
sporum . . . .

. . . . antreitidu, deru . . . .
. . . . (105) . . . .

andres uuas nierpaldee . . . .
. . . . heffan . . . .

denne ist duruhfullit . . . .
forauuerfe . . . . demu stat
. . . . so kanuhctsami tue
. . . . kastillee . . . .
          . . . . fona deru
kanuctsami tati . . . . pi rinki-
rom . . . .

. . . . ze kepote . . . .
so duruhtuen . . . .
. . . . „kenuakit".

---

[217] armeinsamont Hs. [218] Nom. Pl. ist übersetzt.

XLV. De his, qui falluntur in oratorio.

Si quis, dum pronuntiat psalmum, responsurium aut antephonam vel leccionem, fallitus
fuerit, nisi satisfaccione ibi
coram omnibus humili(106)atus
fuerit et a senioribus pro ex-
cessum suae castigatus non se
recognoverit excessisse, maiori
vindicta subiaceat, quippe qui
noluit humilitate[219] emendare,
quod neglegentia deliquit, in-
fantes pro tali culpa vabulent.

XLVI. De his, qui in aliquibus rebus delinquunt.

Si quis, dum in labore quovis, in
coquina, in cellario, in monaste-
[253]rio, in pistrino, in horto, in
arte aliqua, dum laborat, vel in
quocumque loco aliquid deli-
querit aut fregerit quippiam
aut perdiderit vel aut quid ex-
cesserit ubi et non venies con-
tinuo ante abbatem vel congregationem ipse ultor[220] satisfecerit et prodiderit delictum
(107) suum, dum per alium
cognitum fuerit, maiori subiaceat emendatione, animae
veniam[221] peccati causa si fuerit
latens tantum, abbati aut spiritalibus senioribus patefaciant,
qui sciant curare et sua et
aliorum vulnera non detegere et
publicare.

ibu uuelih, denne forakichundit

. . . . liukanter
ist, uzan dera kinuctsamun tati .
. . . . katheonoter
(106) uuirdit . . . . . fora uz-
lite sinan kerafster . . . .
. . . . uzkelite, merun
kirihti untarlicce . . . .
. . . . theoheiti . . . .
daz ruachalosi missiteta, chind
pi selihcha . . . . sin kapluan.

. . . . so uuelihcheru so . . . .

. . . . [253] . . . . in
listi edeslihheru . . . .
. . . . missi-
tuat . . . . farprihchit eouueht
. . . . farliusit edo ioh uuaz
uzkelidit . . . .
. . . . fora . . . . kasamanungu
er selbo rehchari kanuhtsam
tuat . . meldet . . (107) . . . .

chund uuirdit, merun untarlicke puazu, selom antlaz dera
sunta rahcha ibu ist midanti so
filu . . . . atumlihchem hero-
rom offan faciant,
dea uuiszun . . . .
andrero tolc nalles intdecchan
. . offanon.

---

[219] humitate Hs. Vgl. Anm. 3.
Sonderfehler ist übersetzt.   [220] aus ultro verderbt, der
[221] aus vero verderbt, wie 220.

XLVII. De significanda hora operis dei.

Nuntianda hora operis dei die noctuque sub cura abbatis aut ipse nuntiare aut tali sollicito fratri iniungat hanc curam, ut omnia horis conpetentibus compleantur. Psalmos autem vel antephonas post abbatem ordine suo, quibus iussum fuerit, inponant. Cantare autem et legere non praesumant[223], nisi qui possunt ipsum officium implere, (108) ut aedificentur audientes, quod cum humilitate et gravitate et tremore fiat et cui iusserit abbas.

ze chundande cit des uuerahches .. *tages* ioh nachtes ruachun .. edo so uuelichemu pihuctikemu kepruader kamahchoe desa ruachun, daz alliu citim[222] kalimfantem kafullit sin . . . .

antreitidu iro . . . . inkinnen . . . .

. . . . daz selba ambahti erfullen, (108) daz sin kizimbrit . . . . theoheit . . fruati . . bibun . . demu kipiutit . . . .

XLVIII. De opera manuum cottidianum.

Otiositas inimica est animae, et ideo certis temporibus occu-[254]pari debent fratres in labore manuum, certis iterum horis in lectione divina. Ideoque ac dispositione credimus utraque tempora ordinare, id est, ut a pascha usque ad kalendas octubris a mane exeuntes a prima hora usque paene quartam laborent, quod necessarium fuerit. Ab hora autem quarta usque ad horam quasi sextam agentem lectione vacent. Post sextam autem surgentes a mensa pausent in lecta sua cum omni silentio, aut forte

uppigi fiantin ist dera selu . . . . kauuissem citim keummua-[254]zon sculun . . . .

. . . . kalaubames pedo citi antreitidom[224] . . . . unzan inkangum . . . . . . *fona* morkane uzkante *fona* eriston citi unzi nah feordun uuerchoen, daz duruft ist. . . . .

. . . . sosama sextun tuantan . . . . muazzoen . . . . . . *fona* miase resten in pettum iro mit eocouuelihheru stilli, edo

---

[222] citi Hs. (l. cit[=i])   [223] premant Hs.   [224] s. Glossar.

qui voluerit legere, sibi sic (109)
legat, ut alterum non inquie-
tat[225], agatur nona temperius
mediante octava hora. Et ideo,
quod faciendum est, operentur
usque ad vesperam. Si autem
necessitas loci aut paupertas
exigerit, ut ad fruges colligendas
per se occupentur, non contristentur, quia tunc veri monachi sunt, si labore manuum
suarum vivunt sicut et patres
nostri et apostoli. Omnia
tamen mensurate fiant propter
pusillanimes. A kalendis autem
[255] octobris usque in caput
quadraginsimae usque ad horam secundam plenam lectioni
vacent, hora secunda agatur
tertia, et usque ad nonam
omnes in opus suum laborent,
quod eis iniungitur. Facto
autem pri(110)mo signo horae
nonae disiungant ab opere suo
singuli et sint parati, dum
secundum signum pulsaverit,
mox ut auditum fuerit signum,
relictis omnibus quaelibet
summa cum festinatione curratur. Post refectionem autem vacent lectionibus suis aut psalmis. In quadraginsimae vero
diebus a mane usque ad tertiam
plenam vacent lectionibus suis,
et usque ad decimam plenam
operentur, quod eis iniungitur,
in quibus diebus quadraginsimae accipiant omnes singulos

oduuila huuaz uuili . . . . (109)
. . daz andaran ni kiunstille,
si kitan . . . . citlihhor
mittilodontera ahtodun citi . .
       . . . . sin kiuurchit
. . . . za abande . . . .
       . . . . armida suachit
. . . . ze uuacharum za sama-
nonne . . . . sin piheftit, nisin
keunfreuuit . . . .

doh   duuidaro   mezhaftiu
sin duruh lutcilmuate . . . .
[255] . . . . in *hau*pit
fastun . . .
citi andreru folla . . . .
muazzoen, *citi andre*ra si kitan
*dritt*a . . . . *unz* niuntun *all*e in
uuerach iro arbeitan, *daz* im
ana ist kamahchot . . . . eri-
stin (110) zaichane citi niuntun
inmahchoen *fona uuer*che iro
einluze . . . . sin caruue, denne
andras zeichan clohhot, sar so
kehorit uuirdit zeichan, farlazzanem *all*em so uuelihhem so
mit dera furistun ilungu si ki-
laufan. After imbizze . . . .
muazzoen *leczom* iro . . salm-
sangum . . . . *fa*stun . . . .
*t*agum . . . .
folla . . . .
. . . . zehantun . . . . uuerchoen, *daz* im ist anakimachot,
in dem *t*agum . . . .
. . . . intfahen *all*e ein*lu*ze

---

[225] inquietet Übl., vgl. Anm. 3.

codices de bibliotheca, quos per
ordinem ex integro legant, qui
codices in caput quadraginsimae dandi sunt. Ante omnia
sane deputentur unus aut duo
seniores, qui circumeant mo-
(111)nasterium horis, quibus
vacant fratres lectioni, et videant, ne forte inveniatur frater
acediosus, qui vacat otio aut
fabulis et non est intentus lectioni et non solum sibi inutilis
est *sed* etiam alios ex[256]tollit.
Hic talis, quod absit, repertus
fuerit, corripiatur semel et
secundo, si non emendaverit,
correctioni regulari subiaceat
taliter, ut ceteri timeant. Neque
frater ad fratrem iungatur horis

inconpetentibus. Dominico item
die lectioni vacent omnes excepto his, qui variis officiis de-
putati sunt. Si quis vero ita
neglegens aut desidiosus fuerit,
ut non vellet aut non possit

meditari aut legere, iniungatur
ei opus, quod faciat, ut non
vacet. (112) Fratribus infirmis
aut delicatis talis opera aut ars
iniungatur, ut nec otiosi sunt
nec violentia laboris opprimantur[230] aut effugentur, quorum
inbecillitas *ab* abbate consideranda est.

puah . . . . dea duruh
antreitida er alongi lesan, dei
puah in *hau*pit . . . .
za kebanne sint. Fora allu
. . sin kizelit einer edo zuene
heroston, dea umbicangen . .
(111) . . . . citim, dem muazzoen . . . . sehen, min odouuila
si fundan . . . . slaffer . . . .
gaugrot upigi . . . . sprah-
chon . . . . nist anauuartenter
leczun . . . . nalles einin imu
umbiderber . . . . ioh auh
[256] andre erheuit. Der solihcher, soso fer si, fundaner si,
kerefsit[226] . . . . ioh andrastunt, ibu nipuazit, d*er*a kirihti
rehtlihchun untarlicke solicha
. . . . andre furihten. Enti noh
*pru*ader . . . . si kimahchot
citim unkalimfantem. Truhtin-
*lihe*mu auur *t*age *l*eczum muazzoen . . . . uzan dem, dea
missalihchem ambahtim keze-
lite[227] sint . . . . *huue*lih daz[228]
. . . . ruachalosonti . . . . un-
stiller ist, daz niuuili . . . . nimac lirnen . . . . lesan, ana si
kimahchot imu uuerah, daz tue,
. . . . nicaugroe. (112) . . . .
unmahtiken . . . . smecharem
solichaz *uue*rahc . . . . list
anakimahchot[229], *daz* nalles
ubige sin . . . . arbeiteo sin
kidrungan edo farflohan[229], dero
unmahti . . zi piscauuuone ist.

[226] sc. si. [227] kezetite Hs.
ita ? Vgl. St. S. 256 A 6. [229] Verb. subst. fehlt. [230] oppmant
Hs., Pass. ist übersetzt.

[228] Übersetzung für vero oder

XLVIIII. De quadraginsimae observatione.

Licet omni tempore vita monachi quadraginsimae debet ob-
servationem habere, tamen quia
paucorum est ista[231] virtus, ideo
suademus istis diebus quadraginsimae omni puritate vitam
suam custodire, omnes pariter
sordes et neglegentias his diebus
sanctis diluere, quod tunc digne
fit, [257] si ab omnibus vitiis
temperemus, oratione cum fleti-
bus lectioni et conpunctio-(113)
ne cordis atque abstinentiae
operam damus. Ergo his diebus

augeamus nobis aliquid solito
pinso servitutis nostrae: ora-
tiones peculiares, ciborum et
potus abstinentiam, ut unusquisque super mensuram sibi
vindicet aliquid propria voluntate cum gaudio sancti
spiritus offerat deo. Id est, sub-
trahat se corpori suo de cibo,
de potu, de somno, de loqua-
citate, de scurilitate, et cum
spiritalis desiderii gaudio sanctum pascha expectet. Hoc ipsut
tamen, quod unusquisque quod
offeret deo, abbati suo suggerat,
et cum eius fiat oratione et voluntate, quia, quod sine patris
spiritalis fit, praesumptione de-
putabitur et vanae glo(114)riae

doh eocouuelihcheru citi lib des
*muni*ches . . . . scal pihaltida
haben, duuidaro *danta* foero
. . . . deisu chraft, pidiu
spanames desem *tag*um . . . .
*alle*ru lutri lip *sina*n kihaltan
. . . . ebano unchuschida . . . .
ruachalosi desem *tag*um . . . .
uuaskan . . . . uuirdike sin[232],
[257] ibu *fona alle*m achustim
pirum kitemprot, kipete mit
uuafum *lecc*iun[233] . . . . stunc-
nissi (113) des *her*zin ioh furi-
purti u*uer*ah kebames . . . .
desem *tag*um auhchomes uns
edesuuas demu kiuuonin . . . .
theonostes un*s*ares: kapet sun-
triclihchiu, muaso . . . . tranh
furipurt, das *e*iner eocouuelicher
ubar mez imu kirihche edesuuaz
eikenes *uui*llin mit mendi . . . .
prinke cote . . . . untraat[234]
seh lihhamin *sine*mu *fona*
muase, *fona* tranche, *fona*
slaffe, *fona* sprahchu, *fona*
scerne . . . . mit deru atum-
lihchun kiridu mendii de*ra*
uuihun ostrun pite. Daz selba
. . . . *daz* einer eocouuelicher
. . . . prinkit cote . . . . sakee
. . . . mit sinu si kipete . . . .
uuillin, danta . . ano des fateres
des atumlihchin si, *fora* urtursti
ist kizelit . . ital ruam (114)

---

[231] ita Hs. Vgl. Anm. 3.   [232] digni fiant ist übersetzt.   [233] *lec*cium Hs.   [234] s. untarzeohan Glossar.

non mercidis, ergo cum voluntate abbatis omnia agenda
sunt.

LIII. De hospitibus suscipiendis.
(117) . . . . Pauperum et pere-
grino[258]rum susceptione cura
sollicite exhibeatur, quia in ipsis magis christus suscipitur.
Nam divitum terror ipse sibi
exigit honorem. Coquina abbatis et hospitum super (118) se
sit et incertis horis super-
veniens hospites, qui numquam
desunt monasterio, non inquie-
tentur fratres. In quam coqui-
nam ad annum ingrediantur
duo fratres, qui ipsum officium
bene impleant, quibus, ut indigent, solatia ministrentur, ut
absque murmuratione serviant.
Et iterum, quando occupa-
tionem minorem habent, exiant,
ubi eis imperatur, in opere. Et
non solum ab ipsis sed in
omnibus officiis monasterii
ista sit consideratio, ut, quando indigent, solatia adcomme-
dentur eis. Et iterum, quando vacant, oboediant im-
perantibus. Idem et cellam
hospitum habeat adsignatam
frater, cuius animam timor dei
possedit, ubi sint lecti strati
sufficienter[239]. (119) Et domus
dei a sapientibus et sapienter

nalles lon, *keuuisso* mit uuillin . . . . alliu za tuanne
sint.

(117) . . . . armero . . . .
ganga[258]raro antfankida
ruacha pihuctlicho . . *danta* in
dem mer . . . . ist intfankan
. . otakero ekiso er selbo imu
ersuachit era[235] . . . .
. . kesteo . . (118) suntrigo . .
. . . . in unchundem[236] . . . .
. . . . neonaldre
uuan sint . . . .
kiunstillen . . . .
. . . . iar
. . . . daz selba ambahti
. . . . so durftti-
goen, helffa sin kiambahtit . .
. . murmolodi . . . .
. . . . pifa-
hit[237] minniron[238]
. . . . si kipotan . . . .
. . . . *fona* im . . . .
. . . . ambahtim . . . .
disu . . . . scauuunka . . . .
. . . . sint far-
lihan . . . .
. . gaugront, horsamoen kapeo-
tantem . . . . sosama chamara
. . . . kazeichanta

. . . . habet . . . . kistreuuitiu
kinuhtlicho. (119) . . . .
. . . . zua si kiambahtit . . . .

---

[235] eru Hs.   [236] das in von incertis doppelt ausgedrückt.
[237] occupat ist übersetzt.   [238] minnirom Hs.   [239] sufficientur Hs.

administretur. Hospitibus autem, cui non praecipitur, nullatenus societur neque conloquatur, sed si obviaverit aut [259]
viderit, salutatis[241] humiliter, ut
diximus, et petita benedictione
pertranseat dicens sibi[242] non
licere conloqui cum hospite.

LIIII. Si debeat monachus
    litteras vel aliquid suscipere.
Nullatenus licet monacho neque
a parentibus suis neque a quoquam hominum nec sibi in-
vicem litteras aut euglogias[245]
vel quaelibet munuscula accipere aut dare sine praeceptum
abbatis. Si etiam a parentibus
ei quicquam directum fuerit,
non praesumat suscipere illud,
nisi prius indicatum (120) fuerit
abbati. Quodsi iusserit suscipi,
in abbatis sit potestate, cui[246]
illud iubeat dare[247], et non contristetur frater, cui forte directum fuerat, ut non detur occasio
diabulo. Qui autem aliter[249]
praesumpserit, disciplinae regu-
lare subiaceat.

LV. De vestiario et calciario
    fratrum.
Vestimenta fratribus secun-
[260]dum locorum qualitatibus,

uuemu . . . . ist kipotan,
nohheinu mezzu si kimahchot
. . . . eban[240] si kisprohchan
. . . . ka[259]ganne . . . .
chuuettan deolihcho, so chua-
tumes . . . . kepetanera uuihi
furifare . . . . imu[243] nier-
lauben kasprohchan[244] uuesan
mit kastu.

nohheinu mezzu erlaubit . . noh
fona catalingun . . . . noh
fona einigan . . . . noh im
untar im puah . . . . runstaba
. . . . so uuelicha so manaheiti
. . . .

    . . . . eouueht kirihtaz ist

. . . . kachundit (120) . . . .
. . . . intfangan uuesan
. . . . kauualtidu, uuemu
daz kepeotan si kigeban[248] . . .
. . . . uuemu . . . .
        . . . . frist

. . . . de*ra* rehtlichun eki
. . . .

kiuuati . . . . [260] . . . .
steteo uuealihnissim

---

  [240] aban Hs.   [241] Dat. Pl. Part. Pass., durch Inf. übersetzt.
[242] ibi Hs.   [243] ibu Hs.   [244] kaspohchan Hs.   [245] Eulogien
sind fromme Gaben, die Übersetzung runstaba paßt nicht dazu,
eher zu litteras als Doppelglosse.   [246] cu Hs.   [247] zu dari korr.
[248] s. St. S. 259 A 6.   [249] alter Hs.

ubi habitant, vel aerum tempori edentur[250], quia in frigidis regionibus amplius indigitur, in calidis vero minus, haec ergo consideratio *penes* abbate*m* est, nos tamen mediocribus locis sufficere credimus monachis per singulos cocullam, (121) in hieme vellosam, in aestate puram aut vetustam, et scapulare propter opera, indumenta pedum pedules et caligas, de quarum rerum omnium colore aut grossitudine non causentur monachi, sed quales invenire[252] possunt in provincia, qua habitant, aut quod vilius conparare[254] possunt[255]. Abbas autem de mensura provideat, ut non sint curta ipsa vestimenta utentibus eas, sed mensurata, accipientes nova vetera semper reddant in praesenti[257] reponenda in vestiario propter pauperes, sufficit enim monacho duos tonicas et duas cocullas habere propter noctes et propter lavare ipsas res. Iam quod supra fuerit, superfluum est, ampu(122)tari debet. Et pedules et quodcumque est vetere, [261] reddant, dum accipiunt novum. Femoralii hii, qui in via diriguntur, de vestiario acci-

. . puant . . lufteo de*ra* mez-lihchii . . . . in chaltem lant-scaffim mer ist kidurufttigot, in uuaramem . . . . min, disu . . . . scauuunc . . . . uuir . . . metamunscaftim[251] . . ke-nuackan . . . . duruh einluzza cucalun, (121) in uuintre ruha, in sumere dunna . . . . alta . . . .

kauuati fuazzeo suueif . . kaliziun, *fona* dero rachono . . . . farauuii . . . . grozzii nisin kichlagot

. . . . lantsceffi, deru puant . . . . smahlichor[253] chaufan

fona mezze forakisehe . . . . . . scurciu dei selbun kauuati analeckentem . . . . mezhaftiu, intfahant[256] niuuuiu altiu . . kebant in antuuarti ze ke-leckanne in uuathuse . . . . kanuakit . . . .

. . . . uuazkan dea selbun rahcha . . . . ubar ist, ubar-fleozzida . . . . abasnidan (122) . . . . so uuas . . . . altiu, [261] . . . . Pruah dea, dea . . . . sint kirihtit . . . . uuathuse

---

[250] aus temperiem dentur verderbt. [251] unscaftim Hs. Vgl. Glossar. [252] inveniri Übl. [253] smahlichot Hs. [254] conparari Übl., Inf. Act. ist übersetzt. [255] possit Übl. [256] statt infahante. [257] non praesenti Hs. Vgl. Anm. 3.

piant, qui revertentes lota ibi
restituant. Cocullae et tonicae
sint aliquanto a solito, quas
habent, a modice meliores,
quas exeuntes in via accipiant
de vestiario et reverentes de
via restituant. Stramenta[259]
autem lectorum sufficiat matta,
saga et lena et capitale. Quae
tamen lecta frequenter[261] ab
abbate scrutanda sunt propter
opus peculiare, ne inveniatur[262],
et si cui inventum[263] fuerit, quod
ab abbate non acciperit, gra-
vissimae disciplinae subiaceat.
Et ut hoc vitium pecu(123)liaris
radicitus amputetur, dentur ab
abbate omnia, quae sunt necessaria, id est: coculla, tunica,
pedules, caligae[264], bracile, cul-
tellus[265], graffium[266], acus[267],
mappula[268], tabulae[269], omnis
auferatur necessitatis ex[262]-
cusatio, a quo tamen ab abbate
semper consideretur illa sententia actuum apostulorum, quia
dabatur singulis, prout cuique
opus erat[271], ita ergo et abbas
considerat infirmitates[272] indigentium, non mala voluntate[273]

intfahen, die uuarbente kauuas-
kano . . . .
. . . . edesmihil *fona* demu
kiuuonin, dei eigun, *fona* luzi-
lemu pezzirun, dei uzkangan-
ti[258] . . . .
. . . . kastreuui
. . . . kanuage . . . .
filz[260], alii digunt recinun[260] . . . . zuzsa . . . . polstar . . . . zarsuahchanne sint
duruh duruft suntriclichii . . .
. . . . uuemu funtan . . . .
. . . . *dera* suuaristun
. . . . untarlicke . . . . so dea
achust des suntric(123)lihchii
uurzhaftor aba si farsnitan
. . . . dei sint
notduruft . . . .
. . . . caliziun, pruahhac . . . .

duuahila . . . . eocouuelih si
eruirrit . . . . antrahcha [262],
fona demu . . . .
. . . . si kescauuuot diu kaqhuit
tateo . . . . das uuarun kikeban einluzze[270], soso eocouuemu
. . . .
piscauuuohe . . . . du-
rufttigontero . . ubilemu . .

---

[258] unfl. Part. Praes. statt Nom. Pl. Masc.   [259] stramta Hs.
[260] s. Glossar.   [261] ausgestrichen nach Sang. 914, der als einzige
Hs. das Wort nicht hat.   [262] inveniatus Hs.   [263] inventus Hs.,
durch unfl. Part. übersetzt.   [264] caligas Hs.   [265] cultello Hs.
[266] graffio Hs.   [267] ac Hs.   [268] mabbula Hs.   [269] tabulas Hs.
[270] dabantur singuli ist übersetzt.   [271] eat Hs.   [272] infirmitatis
Hs.   [273] malum voluntatem Übl., Adj. mit Dat. übersetzt. Vgl.
Anm. 3.

invidentium. In omnibus tamen
iudiciis suis dei retributionem
cogitet.

abanstikero . . . .
suanono[274] . . . . itlon
. . . .

LVI. De mensa abbatis.
Mensa abbatis cum peregrinis
et hospitibus sit semper, quotiens tamen minus sunt hospites, quos vult de fratribus vocare, in ipsius sit (124) potestate[275], seniorem tamen
unum aut duos semper cum
fratribus dimittendum propter
disciplinam.

. . . . kankararum
. . . . so
ofto so . . . . min . . . . kesti
. . . . pruadarum kauuisan,
in sin selbes . . (124) kauualtidu, herorun . . . .

. . . . zi firlazanne . . . .

LVII. De artificibus monasterii.
Artifices, si sunt in monasterio,
cum omni humilitate faciant
ipsas artes, si permiserit abbas.
Quod si aliquis ex eis extollitur
pro scientia artis suae, eo quod
videatur aliquid conferre mo-
[263]nasterio, hic talis evellatur
ab ipsa arte et denuo per eam
non transeat, nisi forte humiliato ei iterum abbas iubeat. Si quid
vero ex operibus artificum ve-
nundandum est, videant ipsi, per
quorum manus transigenda sit,
ne in aliqua fraude praesumant,
memorentur semper Ananiae et
Saffirae, ne forte mortem quam
illi in corpore (125) pertulerunt,
hanc isti vel omnes, qui aliquam fraudem de rebus monasterii fecerint, in anima patian-

listarra . . . . eocouuelicheru
deoheiti . . . . dea selbun listi
. . . . farlazzit . . . . ibu
einic er dem ist arhaban fora
kiuuizidu deru sineru listi,
pidiu ist kaduht edesuuas
eban[263]prinke[276] . . . . deser solihcher si erlohchan *fona*
deru selbun listi . . . . andrera
stunt . . . . ketheomuatemu
. . . . Ibu uuaz . . . . *fona*
*uuer*chun listaro ze farchau-
fanne . . . uuelichero . . . ze
faranne . . . . in einikera ur-
chusti . . . . sin kehukit . . . .

in lihhamin (125) far-
doleton, den dese . . . . einiga
notduruft . . . .

---

[274] Gen. Pl. ist übersetzt.   [275] potestatem Hs., m durchstrichen.   [276] Conj. Praes. statt Inf.

tur. In ipsis autem praecipiis[277] non subripiat avaritiae malum, sed semper aliquantulum vilius detur[278], quam ab aliis saecularibus datur . . . .[279] omnibus glorificetur[280] deus.

LVIII. De disciplina suscipiendorum fratrum.

Noviter veniens quis ad conversionem[281] non ei facilis tribuatur ingressus, sed sicut ait apostolus: ,,Probate spiritus, si ex deo [264] sunt." Ergo si veniens perseveraverit pulsans et inlatas sibi iniurias et difficultatum ingressus post quattuor aut quinque dies visus fuerit patienter portare et persistere petitioni suae, adnuatur ei ingressus (126) et sit in cella hospitum paucis diebus. Postea autem sit in cella novitorum[282], ubi meditet[283] et manducet et dormiat, et senior eis talis deputetur, qui aptus sit ad lucrandas animas, qui super eos omnino curiose intendat, et sollicitus sit, si re vera deum quaerit. Si sollicitus est ad opus dei, ad oboedientiam, ad obprobria, praedicantur ei omnia dura et aspera, quae itur ad deum. Si promiserit de stabili-

sin kedolet. In dem selbon
. . . . untarslihe nefkirii . . . .
. . . . edesmihil smahlichor

uuerultlihchem . . . .
si kitiurit . . . .

niuuiqhuemanemu . . . . za
libe . . . . samfter si kikeban
inganc . . . .
. . . . ,,chorot atume
[264]
. . . . duruhuuisit chlochonti
. . anaprunkano . . uuidarmuati
. . . . unsamftido . . . .
                . . . . keduht
. . kadultlicho tracan . . duruh-
stantan dera sinera dikii, zua-
kipauhnit imu . . (126) in selidun
kesteo fouuem . . . .
        . . . . niuuiquuemanero,
dar lirnee . . . .
. . . . herosto . . . . solih si kizelit . . . . kimahcher . . . . ze
aruuinnanne . . . .
. . . ruahlicho anauuartee . . .
pihuctiger . . ibu rachu uuareru

. . . . horsami . . . . ituuizze

hertiu . . arandiu, daz kigangan
                . . . . statiki

---

[277] pretiis Übl.   [278] dentur Hs., n radiert und durchstrichen. [279] dari potest ut Übl.   [280] glorifice Hs. Vgl. Anm. 3.   [281] conversationem haben die besten Hss.   [282] novitiorum Übl.   [283] meditetur Übl., die Sonderlesart ist übersetzt.

tatis suae perseverantia, post
duorum mensuum circulum legatur ei haec regula per ordinem et dicatur ei: „Ecce lex,
sub qua militare vis. Si potes
obervare, ingredere, si vero non
potes, liber discede." Si adhuc
steterit, tunc ducatur in super-
(127) dictam cellam noviorum[285]
et iterum probetur in omni
patientia. Et post sex mensuum circuitu[286] legatur ei
[265] regula, ut sciat, ad quod
ingreditur. Et si adhuc stat,
post quattuor mensis iterum
legatur ei regula. Et si habita
secum[288] deliberatione promiserit se omnia custodire et
cuncta sibi imperata servare,
tunc suscipiatur in congregatione sciens se e lege regulae
constitutum, quod ei ex illa die
non liceat egredi de monasterio
nec collum excutere desub[289]
iugo regulae, quia sub tam
morosa deliberatione[290] licuit ei
excusare aut suscipere, sus-
cipiendus autem in (128) oraturio coram omnibus promittat
de stabilitate sua et conversatione morum suorum et oboedientia coram deo et sanctis
eius, ut, si aliquando aliter

*sin*eru duruhuuesanti, ...
zueio . . . . umbicanc si kileran . . disiu rehtunga . .
antreiti . . . . ,,. . . . euua,
untar deru chemfan uuili
. . . . mac[284] kihaltan . . . .
. . . . frier kalid.". . . . denne
noh . . . . ubirikiqh*uetana*
(127) . . . .
. . . . si kichorot . . . .

. . . . umbicange auar[287] si
kileran [265] . . . .

. . . . kepotaniu . . . .

. . . . uuizanti *si*h er euu . . . .
kisezzit . . . . dereru . . . .
nierlaube uzkakangan uuesan
. . . . erscuttan untar iohche
. . . . untar so situlícha *fona*
frihalse erlaupta . . . .
entrahhon . . . . intfankaner
(128) . . . .
. . . . kiheize
fona statigi . . . . . . libe
siteo . . . . horsami
. . . . uuihem
. . . . eonaldre andaruuis

---

[284] potest ist übersetzt. [285] novitiorum Übl. [286] circui-
tum Hs., Dat. ist übersetzt. [287] zum späteren iterum gehörig.
[288] habitare cum Hs. [289] desub zusammengesetzte Präp., de
sub Hs., sub iugo ist übersetzt. [290] morosam deliberationem
Hs., m radiert, für die Übersetzung ist de-liberatione getrennt.

fecerit, a deo se damnandum
sciat, quem inridet, de qua
promissione sua faciat petitionem ad nomen sanctorum,
quorum reliquiae ibi sunt, et
abbate praesente. Quam petitionem manu sua scribat aut
certe, si non scit litteras, alter
ab eo rogatus scribat et ille
novius[292] signum faciat et manu
sua eam super altare ponat,
quam[293] dum posuerit, [266] incipiat[294] ille novius[292] hunc versum: „Suscipe me et secundum
eloquium tuum et vivam et
ne[295] confundas me ab expecta-
tione mea." (129) Quem versum
omnis congregatio tertio respondeat[296] adiungentes gloria[297] patri. Tunc ille frater novitius prosternatur singulorum
pedibus, ut orent[298] pro eo, et
iam ex illa die in congregatione
reputetur. Res si quas habet,
aut roget prius pauperibus aut
facta solemniter donatione con-
ferat monasterio nihil sibi re-
servans ex omnibus, quippe ex
illo die nec proprii corporis
potestatem se habere sciat.
Mox ergo in oratorio exuatur
rebus propriis[301], quibus vesti-
tus est, et induatur rebus monasterii. Illa autem vestimenta,

. . . . kanidartan
. . . . pismerot, *fona* dẹra pigihti . . . . digi
za nemin uuihero
. . . . uuihida . . . . ant-
uuartemu[291] . . . .

. . . . puahstaba . . . .
. . . . kapetaner . . . .
niuuichuemo zeichan . . . .
                . . . . lecce,
die denne . . . . [266] . . . .
. . . . desan . . . .

. . . . (129) . . . . eocouuelih
. . . . drittiun stun*t* . . . zua-
auhchonte . . . .
        . . . . niuuichuema-
ner fora si kistrehchit . . . .
fuazzum . . . . pi imu . .
. . *fona* demu *tage* . . si kizelit.
Rahcha   ibu   uuelicho   hebit
. . . . kebe . . . .
ketaniu tultlihchiu kiuualtidu[299]
. . ebanprinke . . . . kehaltanti er allem, kiuuisso . . . .
. . . . des eikinin[300] lihhamin

        . . . . si intuuatot
. . . . eikenem . . . . keuuato-
ter . . . . si kikaruuit . . . .
        . . . . kauuati

---

[291] antuuantemu Hs.   [292] novitius Übl.   [293] quia Hs. Vgl.
Anm. 3.   [294] incipia Hs.   [295] non Hs.   [296] respondeant Hs.
[297] gloriam Hs.   [298] oreent Hs.   [299] dominatione ist übersetzt.
[300] heikinin Hs.   [301] proprihis Hs.

quibus exutus est, reponantur
in vestiario conservanda, ut si
aliquando sua(130)dente[303] diabulo consenserit, ut egrediatur
de monasterio, quod absit, tunc
exutus rebus monasterii proiciatur. Illam tamen petitionem
eius, quam [267] desuper altare
abbas tulit[304], non recipiat, sed
in monasterio reservetur.

LVIIII. De filiis nobilium vel
pauperum

Si quis forte de nobilibus offert
filium suum deo in monasterio,
si ipse puer minore aetate,
parentes eius faciant petitionem, quam supra diximus, et
cum oblatione ipsa petitionem
et manu pueri involvat in palla
altaris, et sic eum offerat. De
rebus autem suis aut in praesenti per petitionem (131) promittat sub iureiurando, quia
numquam per subiectam[305] personam quolibet modo ei aliquando aliquid dant aut tri-
buunt occasionem habendi, vel
certe si hoc facere noluerint et
aliquid offerre voluerint in ely-
mosinam monasterio pro mer-
cede sua, ex rebus, quas [268]
dare volunt monasterio, da-
tionem faciant reservato sibi,
ita[307] voluerint, usum fructum.

. . intuuatoter . . . . si*n* kilegit
in uuathuse[302] ze kehaltanne . .
eonaldre (130) ke*s*panentemu . .
. . . . kihenkit . . . .

entuuatoter rachom . . . .
forakiuuorfan . . . . digi
. . dea [267] *fona* obana . .

. . . . si keporkan.

. . . . *fona* adelem prinkit
chind *s*inas . . . .
daz selba chind demu minnirin
altere, katilinga . . . .
. . . . dea obana . . . .
. . dea selbun dikii . . des
chindes piuuinte in lachane
. . . . kebe . . . .
. . . . in antuuartidu
. . . . digi (131) kiheize untar
rehtteru eidsuuertiu, daz neonaldre duruh untaruuorfanan
heit so uuelichu mezu so . . eonaldre eouueht kebant . . . .
. . . . frist[306] za habenne . . . .

edesuuas pringan . . . .
. . . . fora lone
. . . . er rahchom dea [268]
keban . . . .
. . . . keporkanemu . . . .
. . . . nutzi uuachar.

---

[302] uuahhufe Hs.   [303] auch suadenti kann übersetzt sein.
[304] tullerat Hs.   [305] suffectam Übl., s. Glossar.   [306] frit Hs.
[307] davor si Übl.

Atque ita omnia observantur, ut nulla suspitio remaneat puero, per quam deceptus perire possit, quod absit, quod experimento dedicimus, similiter autem et pauperiores faciant. Qui vero ex toto *nihil* (132) habet, simpliciter petitionem faciat et cum oblatione offerat filium suum coram testibus.

. . . . sin kihaltan
. . nohheiniu urtruida[308] pilibe chinde . . . . pisuuichaner faruuerdan . . . . findungu lirnetomes, sosama
. . . . armirun . . . .
. . . . (132) . . . .
. . . . einmuatlicho . . . .

. . . . urchundom.

LX. De sacerdotibus, qui in monasterio habitare voluerint. Si quis de ordine sacerdotum in monasterio se suscipi rogaverit, non quidem ei citius adsentiatur, tamen si omnino persteterit in hanc supplicationem, sciat se omnem regulae disciplinae servaturum, ne aliquid ei relaxabitur, ut sit, sicut scriptum est: „Amice, ad quod venisti?" Concedatur ei tamen [269] post abbatem stare aut benedicere aut missas tenere, si tamen iusserit ei ↓ abbas, sin aliquid nullatenus aliquam praesumat sciens se regulae subditum, et magis humi*l*itatis exempla (133) omnibus det. Et si forte ordinationis aut alicuius rei causa fuerit in monasterio, illum locum adtendat, quando ingressus est in monasterio, non illum, qui ei reverentia sacer-

. . . . antreitidu euuarto . . . .
. . . . intfangan . . . .
. . . . sniumor zuakihenkit
        . . . . alles duruhstat
. . . . deze deolichas
. . . . rehtlichun ekii
ze haltanne, ... eouuit . . .
si farlazan . . . .
. . „friunt, ziuuiu . . . .
. . . . Si farkeban . . . .
[269] . . . . stan . . . .
uuihan . . . . haben . . . .
. . . . ibu das andar nohheinu mezzu eouueht
erbaldee uuizanti sih . . . .
untardeonotan . . mer deomuati piladi (133) . . . .
. . . . kesezzida . . . .
edezlichera racha . . . .
. . . . stat zuauuartee, denne ingaganganer ist . . . . nalles dea, diu imu pi eruuirdii[309] des

---

[308] untruida Hs.   [309] pro reverentia ist übersetzt, wie Übl., vgl. Anm. 3.

dotii concessus est. Clericorum[310]
autem si quis eodem desiderio
monasterio sociari voluerit[311],
locum mediocri conlocentur, et
ipsi tamen si promittunt de
observatione regulae vel propria
stabilitate.

LXI. De monachis peregrinis qualiter suscipiantur.

Si quis monachus peregrinus de
longinquis provinciis supervenerit, si pro hospite voluerit
habitare in monasterio et contentus consuetudine loci, quem
inve(134)nerit, et ne forte
superfluitate sua perturbat monasterium et simpliciter con-
[270]tentus, quod invenerit,
suscipiatur, quanto tempore
cupit. Si qua sane rationabiliter
et humilitate caritatis repre-
hendit aut ostendit, tractet
abbas prudenter, ne forte pro
hoc ipso eum dominus direxit.
Si vero postea voluerit stabili-
tatem suam firmare, non rennu-
atur talis voluntas, et maxime
quia tempore hospitalitatis po-
tuit eius vita dinosci. Quod si
superfluus aut vitiosus inventus
fuerit *tempore* hospitalitatis,
non solum non debet sociari
corpore monasterii verum etiam
dicatur[314] ei honeste, ut disce-

euuarttuames farkebaniu. . . .
Chliricho . . . . deru selbun
kiridu . . . . kimachon . . . .
deru metamunsceffi sin ki-
statot . . . . dea selbun . . . .
kiheizant . . . . pihaltidu . . . .
eikinera statiki.

. . . . piligrim *fona*
rumen lantscaffim . . . .
. . . . furi cast . . . .

. . . .kauuonaheiti. . . .(134)

ubarfleozida . . kitruabit . .
. . . . einfaltlihcho
[270] . . . . si intfangan so
manakera citi kerot. Ibu uue-
lichiu *keuuisso* redihaftlicho
. . . . deoheiti minna kirefsit
. . . . keaukit, trahtohee
. . . . claulicho . . . . pi
daz selba . . . . kirihtida[312]
. . . . after diu . . . . statiki
. . . festinon . . . si keuuida-
rot solih . . . . allero meist
daz . . . deru castluamii . . .
. . . . kichundit . . . .
ubarfleozanter . . . achustiger
funtaner . . . . kastluamii
. . . . kamachon[313]
lihhamin . . . . sosama
. . . . erlihho . . . . kali-

---

[310] clecorum Hs. [311] voluerint Hs. [312] s. kerihten Glossar.
[313] l. kamachot sc. uuesan. [314] ducatur Hs.

dat, non[315] eius miseria etiam alii (135) vitientur, quod non fuerit talis, qui mereatur proici, non solum si[316] petierit, suscipiatur congregationi sociandus, verum etiam suadeatur[317], ut stet[318], ut eius exemplo alii erudiantur, et quia in omni loco uni domino servitur, uni regi militatur[320]. Quem etiam talem praespexerit esse abbas, liceat in superiore aliquanto[271]lum constituere locum. Non solum autem monachum sed etiam de superscriptis gradibus sacerdotum vel clericorum stabilire potest abbas in maiore, quam ingrediuntur, locum, si eorum talem praespexerit vitam esse, caveat autem abbas, ne aliquando de alio noto monasterio monachum ad habitan(136)dum suscipiat sine consensu abbatis eius aut litteris commendatitias, quia scriptum est: ,,Quod tibi non vis fieri, alteri non feceris.‘‘

LXII. De sacerdotibus monasterii.

Si quis abbas sibi presbiterum *vel* diaconem ordinare petierit, de suis elegat, qui dignus sit, sacerdotum fungi, ordinatus autem caveat elationem aut

de, min siniu uuenekii . . . .
. . (135) sin keachusteot . . . .
. . . si kiarnet faruuorfan
. . . . dikit . . . .
            . . . . ze kemahone,
. . . . si kespanan . . . .
stante . . . . pilade andre
sin kelerit[319] . . . .
einemu *truhti*ne . . einemu chuninge ist kichemfit . . solichan . .
forakisiit . . . . erlaube
in oparorun edesmihil [271]
kesezen . . . .
            . . . . *fona*
obana kascribanem stiagalum
euuarto . . . . stantan
. . . . in merun, denne
in sin kegangan, steti . . . .
solichan forakisiit lib . . . .
piporgee . . . .
eonaldre . . . . chundamu . .
            . . . . za puanne (136)
. . . . kihenkida . . . .
            . . . . puah pifolahanlicho[321]
. . . . uuesan . . . .

. . . . kesezan pitit, *fona si*nem eruuelle,*der* uuirdiger si, euuarttuam kepruhchit uuesan, kisazter . . . . piporkee keilii . . . .

---

[315] ne Übl., vgl. Anm. 3.   [316] sibi Hs.   [317] suadetur Hs.
Vgl. Anm. 3.   [318] instet Hs. Vgl. Anm. 3.   [319] kelekit Hs.
[320] miliatur Hs. Vgl. Anm. 3.   [321] s. Glossar.

superbiam, nec quicquam praesumat, nisi quod ei *ab* abbate praecipitur, sciens se multo magis disciplinae regulari[322] subditum, nec occasionem[323] sacerdotii obliviscatur [272] regulae et oboedientiae disciplinam, sed magis ac magis in deum proficiat. Locum vero illum semper (137) adtendat, quod[324] ingressus est in monasterium, propter[325] officium altaris, et si forte electio congregationis et voluntas abbatis pro vitae merito eum promovere voluerit, qui tamen regulam a decanis vel praepositis se[326] constitutam[327] servare sciat. Quod si aliter praesumpserit, non sacerdos sed rebellio iudicetur, et saepe admonitus si non correxerit, etiam episcopus adhibeatur in testimonium. Quod si nec sic emendaverit clariscentibus culpis, proiciatur de monasterio, si tamen talis fuerit eius contumacia, ut subdi aut oboedire regulae nollit.

. . . . min eouueht . . . .

. . . . uuizanti . . . . michilu mer . . . .
untardeonotan . . . .
euuar*ttua*mes si erkezzan . . . .
[272] . . . . horsamii ekii
. . . . mer enti mer . .
. . . framdihe. . . . Stat . . .
. . . . (137) zuauuartee,
daz inkagankaner . . . .
. . . . ana ambahti
. . . . eruueliti . . . .

pi libes arnungu . . . . foraeruuechan . . . . *fona* zehaningarum . . . . forakisaztem s*i*h kesazta kehaltan
. . . . andaruuis erpaldet, nalles euuart . . uuidaruuigo si kisuanit . . ofto zuakimanoter . . . . kirihtit . . . .
. . . . zua si kitan . . . .

. . . . skinentem sunteom, si faruuorfan . . . .
einstritii, so untardeonot . . . . orren reh*tu*ngu niuuelle.

LXIII. De ordine congregationis.

Ordines suos in monasterio ita (138) conservent, ut con

antreitidom iro . . . . (138) kehalten, *daz* dera kihuuoruan

---

[322] regularis Hs., s durchstrichen. Übl., der Sonderfehler ist übersetzt. [323] occasione Übl. [324] quo Übl., [325] praeter Übl.Vgl. Anm. 3. [326] sibi Übl., der Sonderfehler ist übersetzt. [327] constituam Übl., vgl. Anm. 3.

versionis tempus invenit aut
vitae meritum discernit utque[328]
abbas constituerit, qui abbas
non turbet gregem sibi com-
[273]missum nec quasi liberam
utens potestatem iniuste disponat aliquid, sed cogitet semper, quia de omnibus iudiciis et
operibus suis redditurus est deo
rationem. Ergo secundum ordines, quos[329] constituerit vel
quos habuerint ipsi fratres, sic
accedant ad pacem, ad communionem, ad psalmum inpo-
nendum, in choro standum et in
omnibus omnino locis, aetas
non discernatur ordines nec
praeiudicet, quia Samuel et Da-
niel pueri bresbiteros iudica-
verunt, ergo exceptis his, quos,
ut diximus, altiori con(139)silio
abbas praetullerit vel degra-
daverit certis ex causis, reliqui
omnes ut convertuntur, ita sint,
ut verbi gratia, qui secunda
hora diei venerit in monasterio
iuniorem se noverit illius esse,
qui prima hora venit diei, cuiuslibet aetatis aut dignitatis sit,
pueris per omnia ab omnibus
disciplina conservata. Iuniores[332] igitur priores suos hono-
rent, priores minores suos dili-
gant, in ipsam autem appella-
tionem nominum nulli liceat
alium puro nomine apellare.

nissa cit . . . . des libes arnunc
keskeidit so dei . . . . kesezze,
der . . nalles ketruabpe chortar . .
pifola[273]hanaz . . . . sosama frilihha pruhhanti ke-
uualtida unrehto ke-
sezze eouueht
. . . . suanom . . . .
. . . . erkebanter . . . .
rediun . . . .
antreitim, deo . . . .
. . . . eigun dea selbun . . . .
zuakangen ze fridiu, ze kemeinsamii, ze salmin ze heffanne
. . . . ze stantanne . . . . in
allem alles steti[330], altar
. . keskeidan antreitida . .
forasuanne . . . .
. . . . chind . . . . suan-
ton . . . . uzzana desa, dio[331]
. . . . demu herorin . . . .
(139) . . furipringit . . intsez-
zit er kiuuissem rachom, andre
. . . . so sin kehuuerbit . . . .
so piladi qhuueden, der andrera citi tages . . . .
iungirun . . uuizzi des uuesan,
der erirun citi . . so huuelihes so
des altres . . dera uuirdigi . .
chindum duruh alliu . . . .
eikii kehaltaniu. Iungi-
run inunu herirom[333] iro . . . .

. . in deru selbun . . nama-
haftii namono nohheinemu er-
lauppe andran hlutremu nemin

---

[328] ut quae ist übersetzt.   [329] quis Hs., vgl. Anm. 3.   [330] l.
stetim   [331] l. die   [332] Ieiuniores Hs.   [333] l. heriron.

Sed priores iuniores suos fratrum nomine, iuniores autem
priores suos nonnos vocent[334],
quod intellegitur paterna reverentia. (140) Abbas autem,
quia vices Christi agit, dominus
et abbas [274] vocetur non sua
adsumptione sed honore et
amore Christi. Ipse autem
cogitet et sic se exhibeat, ut dignus sit tali honore. Ubicumque
autem sibi obviant fratres,
iunior a priore benedictione
petat, transeunte maiore minor
surgat et det ei locum sedendi,
nec praesumat iunior consedere,
nisi ei praecipiat senior suus, ut
fiat, quod scriptum est: „Honore invicem praevenientes",
pueri parvi vel adulescentes in
oratorio vel ad mensas cum
disciplina ordines suos conservent, foras autem vel ubi et[336]
ubi custodiam habeant et disciplinam, usque dum ad intelle-
gibilem aetatem (141) perve-
niant.

LXIIII. De ordinando abbate.
In abbatis ordinatione illa
semper consideretur ratio, ut
hic constituatur, quem sibi
omnis concors congregatio secundum timorem dei sive pars
quamvis parva congregationis
saniore consilio elegerit, vitae

nemman . . . .

. . . . nemmen,
daz ist farstantan faterlihhiu
eruuirdii. (140) . . . .
der[335] uuehsal . . tuat . .
. . fater si [274] kinemmit nalles
sinera inthabanii . . eru . .
minnu . . . .
. . . . kecaruuue . . . . uuirdiger . . . . solihhera era. So
huuar so . . imu kagannant . .
iungiro fona herorin uuihii
dicke, furikangantemu merorin
minniro erstante . . ze sizzenne
      . . . . ebankesizzan
. . . . kepiote heriro siner . . . .
si . . . . „eru
untar iu furiqhuuemante",
. . . . chindiske . . . .
. . . . ze muase . . . .
. . . . antreitida iro kehalten, uzzana . . . edo
dar edo dar kihaltida eigin . . .
. . . . unzi denne ze furistant-
lihhaz altar (141) piqhuuemen.

in des abbates kesezzidu diu
. . . si kescauuuot redina . . . .
der si kesezzit, den iru eoco-
huuelih ebankeherzida samanunc . . . . *forah*tun . . . . teil
dohdoh luzzilaz dera samanunga heilicorin kerate eruuelit,

---

[334] vacent Hs.   [335] qui ist übersetzt.   [336] vel oder aut ist
übersetzt.

autem merito et sapientiae et
doctrinae elegatur, qui ordinan-
dus est, etiam si ultimus fuerit
in ordine omnis congregationis.
Quodsi etiam omnis con-
gregatio vitiis suis, [275] quod
quidem absit, consentientem
personam pari consilio ele-
gerint, et vitia ipsa aliquatenus
in notitiam episcopi, ad cuius
diocesim esse pertinet locus ipse,
vel abbatis aut christianis vici-
nis (142) claruerit[337], prohibeant
pravorum praevalere consensum. Sed domus dei dignum con-
stituat dispensatorem scientes
pro hoc se recepturos mercedem
bonam, si illud caste et zelo dei
fiat sicut e diverso peccatum, si
neglegant, ordinatus autem cogitet semper, quale onus suscepit, et cui redditurus est
rationem vilicationis suae.
Sciatque sibi oportere prodesse
magis quam praeesse, oportet
ergo esse eum doctum lege
divina, ut sciat, ut sit, unde
proferat nova et vetera, castum,
subrium, misericordem, et semper superexaltet misericordia
iudicio, ut item ipse consequatur, oderit vitia, diligat fratres.
In ipsa autem (143) correp-
tionem prudenter agat et ne
quid nimis, ne, dum nimis cupit
eradere eruginem, frangatur

des libes .. arnunc. dera spahii .
dera leru si eruuelit .. ze kesezzanne . . . . iungisto ist
in antreitidu . . . . samanunc

. . . . achustim sinem, [275] . .
keuuisso . . . . kehenkantan
heit ebanemu keratte eruuellant
. . achusti selbun eddesmihhil
in chundida . . . . ze des
farru uuesan kekat stat diu selba
. . . . christanum kepu-
rum (142) skinit piuuerigen[338]
abahero furimagan kehen-
gida . . . .
. . . . spentari . . . .
. . . . intfahente . . . .
. . . . hreino . . . . minnu . .
. . . . soso uuidar diu . . . .
ruachaloson[339], kesazter . . . .
denche . . . . huuelihha purdi
. . . . erkebanter . . . .
rediun ambahtes sines.

                         . . . . kerisit
. . kelertan . .
cotchundera . . uuizzi . . . .
frampringe niuuuiu . . altiu,
hreinnan, chuscan . . . .
. . . . heffe . . . .

. . . . (143) . . . . tue . . . .
min huuaz unmez, min, denne
. . . . kerot skerran rosomon,

---

[337] verderbt aus ad abbates christianos vicinos claruerint.
[338] piuuerigem Hs.   [339] ruachalosom Hs.

vas, [276] suaque fragilitate
semper suspectus sit, memine-
ritque calamum quassatum non
conterendum. In quibus non
dicimus, ut permittat nutrire
vitia, sed prudenter et cum caritate ea amputet, ut viderit uni-
cuique expetire, sicut diximus,
et studeat plus amari quam ti-
meri. Non sit turbolentus et
anxius, non sit nimius *et* abstinatus[340], non sit zelotivus et
nimius suspitiosus, quia numquam requies et[341] in ipsis
imperiis suis sit providus et
consideratus et sive secundum
sic secundum saeculum sit.
Opera, quae[342] iniungit, discernat et temperet (144) cogi-
tans discretionem sancti jacobi
dicentis[343]: „Si greges meos in
ambulando fecero laborare, moriuntur cuncti una die", haec
ergo aliaque una testimonia dis-
cretionis, matris virtutum, su-
mens sicut [277] omnia temperet et ut fortes sint[344], quod
cupiant, et infirmi non re-
fugiant. Et praecipue et praesentem regulam in omnibus
conservet, ut dum bene ministraverit, audiat a domino,
quod servus bonus, qui erogavit
triticum servis suis in tempore
suo: „Amen, dico vobis", ait,

si ke[276]prohhan faz, inti
sina prodii . . . . sorchafter si,
inti kehucke rorriun kescutita
nalles farmulita. . . . .
          . . . . farlazze zeohan
achusti . . . minnu
. . abasnide . . einemu eoco-
uuelihemu piderban . . . .
. . zilee . . keminnot uuesan . .
. . . . truabaler . . . .
angustonter . . dratter . . einstriter . . . . einsneller . . . .
unmez urtriuuer . . . . neo-
naltre resti . . in dem selbon
kipotum . . forakisehaner . .
skauuonter . . . .

. . . . anakimahhot, kiskeide
. . . . kemezlihhee (144) den-
chenti urteilida . . . . „ibu
chortar miniu in kankanne
tuam arabeittan, ersterbant alliu einemu tage", dei . . . . enti
andreru eina keuuizzida dera
urteilida, dera muater chrefteo,
[277] nemanti . . . . kemezlihhee . . . . daz starche . . daz
keront . . . . nierfleo-
hen . . allero meist . . ant-
uuartun . . . .

ambahtit, horre . . . .
          . . . . . kap
huueizzi . . . .

---

[340] über dem ersten a ein o Hs.   [341] requies mit resti übersetzt, verderbt aus requiescit.   [342] quam Hs.   [343] dicentes Hs.
[344] ut fortes übersetzt, verderbt aus ut sit et fortes.

„super omnia bona sua constituit eum".

LXV. De praeposito.

Saepius quidem contigit, ut per
ordinationem praepositi scandala gravia (145) monasterii
oriantur, dum sint[345] aliqui
maligno spiritu superbi[346] in-
flati et exaestimantes se secun-
dos abbates esse adsumentes
sibi tyrannidis scandala nu-
triunt et dissensiones in congregatione faciunt et maxime in
illis locis, ubi ab eodem sacer-
dote vel ab his [278] abbatibus,
qui abbatem ordinant, ab ipsis
etiam et praepositus ordinatur,
quod quamvis absurdum facile
advertitur, quia ab ipso initio
ordinationis materia ei datur
superbiendi, dum ei suggeritur
a cogitationibus suis exutum
eum esse a potestate abbatis
suis, quia ab ipsis (146) est
ordinatus[348], a quibus et abbas.
Hinc suscitantur invidiae, rixae,
detractiones, aemulationes, dis-
censiones[350] animas[351] perecli-
tari et hi, qui sub ipsis sunt,
dum[352] adolantur partibus, eunt

ofto keuuisso kepurit, daz
duruh kesezzida des forakisaztin zuruuarida suuarro . . . (145)
sint ufkekangan . . . .
eddeslihhe erfluahhanemu . . . .
keplate . . . . uuannente sih
andere . . . . uuesan zuane-
mante im rihhidom unreht ri-
chisod zuruuarida zeohant
. . . . unstillida . . . . in
dem stetim, dar fona
demu selbin . . . . [278] . . . .
sezzant. . . . ioh auh furi-
kisazter ist kesezzit, daz dohdoh ungalimflih[347] samfto ist
farstantan . . . . fona demu
selbin anakinne kesezzida ke-
zimbri frist keziuc . . . . ist
kekeban ze ubarmuatonne . . . .
ist kespanan . . . . intuua-
totan . . . . fona keuualtidu
. . . . (146) . . kesazter . .
Danan sint eruuehchit abansti,
secho, pisprahho, ellinodes[349],
fiantskeffi . . . . ke-
freisot uuesan . . . dea untar . .
denne sint keflehit . . . . kant

---

[345] sit Hs.   [346] superbiae Übl.   [347] unten am Rand vom
deutschen Schreiber: absurdum ungilih unreht ungiristlih.
[348] ordinatur Hs. Vgl. Anm. 3.   [349] es durch Lat. hervorgeru-
fen.   [350] discensionis Hs., Acc. Pl. ist übersetzt.   [351] danach
am Rand mit Verweisung die ausgelassene Stelle: exordinationes,
ut dum contraria sibi abbas praepositusque sentiunt, et ipsorum
necesse est sub hac dissensione . . . .   [352] qui Hs. Vgl. Anm. 3.

in perditionem[353]. Cuius periculi malum illos respicit, in capite quia talibus in ordinatione se fecerint[354] auctores. Ideo nos praeiudicamus expetire propter pacis caritatisque custodiam in abbatis pendere arbitrio ordinationem monasterii sui, et si potest fieri, per decanis ordine [279]-tur, ut ante disposuimus, omnes utilitatis[356] monasterii prout abbas (147) disposuerit, ut, dum pluribus committitur, unus *non* superbiat. Quod si aut locus expetit aut congregatio petierit rationabiliter cum humilitate, et abbas iudicaverit expetire, quemcumque elegerit abbas, cum consilio fratrum timentium deum ordinet ipse sibi praepositum. Qui tamen praepositus illa agat cum reverentia, quae ab abbate suo ei iniuncta fuerint. Nihil contra abbatis voluntatem aut ordinationem faciens quia quantum praelatus ceteris ita eum oportet sollicite observare praecepta regulae. Qui praepositus si repertus fuerit vitiosus aut elatione deceptus superbiae[359], aut contemptor sanctae regulae fuerit (148) conprobatus, admoneatur verbis usque quater.

in florinii . . . . zala
. . . . sihit . . . .
danta solihhem in kesezzidu
. . . . ortfromon . . . .
forakisuannemes piderban . .
. . . . kihaltida . . . .
. . hangen selpsuanu . . . .

. . . . zehaningarro[355] . . . .
[279] . . . . kisaztomes . . . .
piderbi . . . . (147)
. . . . kisezzit . . . .
. . . . managem ist pifolahan,
. . . . ubarmuatoe[357] . . . .
. . . . suahhit . . . .
. . . . redihaftlihho . . . .

piderban, so huuelihhan . . . .

forahtero[358] . . kisezze . .
. . . . forakisaztan . . . .
. . . . dei tue . . . .

. . . . anakimahhot . . . .
uuidar . . . .
. . . . so filu so
forakipreitter . . . .
. . kihuctlihho kihaltan . .
. . . .

ubarmuatii . . . .
. . . . farmano[360] . . . .
. . (148) kechoroter, . .
kemanot . . . . . . feorstunt

---

[353] perdictionem Hs.   [354] verderbt aus qui talius inordinationis se fecerunt . . . . Die falsche Lesart ist übersetzt.   [355] zehaningarra ?   [356] statt omnis utilitas.   [357] ubarmuateo Hs.   [358] forahtantero ?   [359] aus superbire verderbt.   [360] farmanu Hs.

Si non emendaverit, adhibeatur
disciplinae regularis. Quod si
neque sic correxerit, tunc deiciatur de ordine praepositurae et
alium[361], qui dignus est, in loco
eius subrogetur. Quod si et
postea in congregatione quietus
et oboediens non fuerit, etiam
de monasterio expellatur. Cogitet tamen [280] abbas se de
omnibus iudiciis suis deo reddere rationem, ne forte zeli aut
invidiae flamma[362] urat animam.

LXVI. De ostiariis monasterii.
Ad portam monasterii ponatur
senex sapiens, qui sciat accipere
responsum et reddere, cuius
maturitas eum non sinat (149)
vagari[363]. Qui portarius cellam
debet habere iuxta portam, ut
venientes semper praesentem
inveniant, a quo responsum
accipiant. Et mox ut aliquis
pulsaverit aut pauper clama-
verit, „deo gratias" respondeat
aut „benedicat". Cum omni
mansuetudine timoris dei reddat
responsum festinanter cum fervore caritatis. Qui portarius[365]
si indiget solatium, iuniorem
fratrem accipiat. Monasterium
autem si possit fieri, ita debet
constitui, ut omnia necessaria,

. . . . si ketan

. . . . kerihtit . . . . si faruuorfan fona kisezzidu . . . .

. . . . untar si ketan . . . .
              . . . . stiller

. . . . si fartriban . . . . [280]
. . . .

. . . . des antin . . . .
. . . . lauga prenne . . . .

. . . . kesezzit

antuurti . . . . keban, ...
riiffii . . . . nilazzit (149)
caugrot . . . .

. . . . antuuartan

        . . . . eddeslihhera[364]
chlocchot . . . .

mitiuuari . . . .
. . . . illantlihho . . . .
uualme . . . .
. . duruftigoe helfa, iungirun . .

              . . . . scal
kesezzit[366] . . . .

---

[361] aliud Hs.   [362] flammae Hs.   [363] vacare Hs. Übersetzt
ist wohl Pass. mit *ke*caugrot sc. uuesan.   [364] s. Glossar.   [365] per-
tarius Hs.   [366] sc. uuesan.

94 (149/150) [280/281]

id est aqua, molendino, pistrino,
horto vel artes diversas in
monas[281]terio[367] exerceantur,
ut non sit necessitas monachis
vagandi[368] foras, quia omnino
non expedit animabus eorum.
Hanc autem re(150)gulam saepius volumus in congregatione
legi, ne quis fratrum se de ignorantia excusit[369].

. . . . listi missilihho . . . .
[281] . . . . sin kefrumit

kecaugrot uuesan uzze . . . .
. . . . piderbit . . . .
. . . . (150) . . . . ofto
. . . . *samanungu*
. . . . unuuizzidu
intrahhoe.

**LXVII. De fratribus in viam
directis[370].**
Dirigendi fratres in via omnium
fratrum vel abbati se orationi
commendent. Et semper ad
orationem ultimam operis *dei*
commemoratio omnium absen-
tium fiat, revertentes autem de
via fratres ipso die, *quo* redeunt

ze sentenne . . . .
. . . . kepete
pifelahen . . . .
ze kepete iungistin
kehucti . . . . ab-
uuartero . . . . huuerbente . . .
. . . . huuerbant

---

[367] manasterio Hs.   [368] vacandi Hs., Inf. ist übersetzt.
[369] Schluß der 1. Redaktion, folgende Kapitel Nachtrag. Die letz-
ten Kapitel der Regel (– LXXIII) blieben unglossiert.   [370] di
. . . . Hs.

Glossar zur althochdeutschen
Benediktinerregel
des Codex Sangallensis 916.

VORBEMERKUNG

Das Glossar ist hergestellt nach der Ausgabe der althochdeutschen
Benediktinerregel in E. v. Steinmeyers Kleineren Althochdeutschen
Sprachdenkmälern, Berlin 1916, S. 190ff. Die Zitierung der Stellen
in der althochdeutschen Abteilung richtet sich aber nach den
Seiten des Codex, da die Angabe sich dadurch wesentlich verein-
fachte. Wo es angebracht schien, sind Steinmeyers Anmerkungen
erwähnt (St.). Auch meine Dissertation, Studien zur althoch-
deutschen Ben.-Reg., Verlag M. Niemeyer, Hermaea XXIV,
Halle 1929, ist gelegentlich herangezogen (Diss. Daab), ebenso an
verderbten Stellen des lateinischen Textes die Überlieferung der
,,reinen" Handschriften (Übl.), entsprechend der Abhandlung von
L. Traube, Textgesch. der Regula S. Benedicti, Bayr. Akad. der
Wissensch., philos -philol. und hist. Kl., 25. Bd. München 1910.
Dazu wurden die Ausgaben der Regula von C. Butler, Triburgi
1912 und B. Linderbauer, Metten 1922 mit ihren Glossaren und
Erklärungen benutzt. Für die neuhochdeutsche Übersetzung
habe ich P. Basilius Steidle, Die Regel St. Benedikts, Beuron 1952,
sehr viel zu verdanken. Selbstverständlich wurden häufig die
Grammatiken, hauptsächlich die von W. Braune, und G. Bae-
seckes Einführung in das Althochdeutsche befragt. Herrn Professor
Wißmann, München, bin ich für Mitarbeit bei der Korrektur und
weitgehende Beratung aus seiner tiefgründigen Kenntnis zu
großem Dank verpflichtet. Herangezogen wurde auch die Arbeit
von W. Betz, Deutsch und Lateinisch, Bonn 1949.
Zur Anordnung des althochdeutschen Glossars ist folgendes zu be-
merken. Die alemannischen p und k sind unter b und g, th ist unter
d, qhu unter kw aufgeführt. Die Komposita stehen hinter den
Simplicia. Nur die Substantive, bei denen Vor- und Stammsilbe
eine feste Verbindung eingingen, sind unter der Vorsilbe zu suchen,
die mit ka-, ki-, ke- als Vorsilbe aber sämtlich beim Stamm. Für
das Doppel- u des Codex ist allgemein w geschrieben, häufig auch
für einfaches u, wo w gemeint ist. c ist gleich k und dort zu suchen.
Um eine Norm herzustellen, sind im Glossar die Vorsilben ke-, ze-,
int-, er- und zur Bezeichnung der gutturalen Affrikata und Frika-
tiva, im Codex als hh, ch, hch erscheinend, ist hh durchgeführt,
außer dort, wo nur eine Belegstelle anzugeben war.
Rastatt, im September 1957.   *Dr. Ursula Daab*

Althochdeutsches Glossar

A.

abah Adj. — verkehrt, böse, verworfen; pravus, perversus

    (32) fona..abaheru sprâhu — a..pravo eloquio
    (42) abahe (kedanchâ) — perversas (cogitationes)
    (142) abahero — pravorum

âband st. M. — Abend, Abendfeier; vespera

    (98) ze âbande — ad vesperam
    (98) dëm (l. dën) sëlbon âband — ipsa vespera (abl.)
    (99) âbande — vespera (abl.)
    (109) za âbande — ad vesperam

âbandcauma st. F. — Abendmahlzeit; cena

    (94) âbantcauma — cenae (g.)

âbandlîh Adj. — zur Abendfeier gehörig; vespertinus

    (67) âbandlîhchero — vespertinorum

âbandlob st. N. — Abendfeier, vespertina, vespera

    (59) âbantlob — vespertina
    (67) in âbantlobum — in vespera

âbandmuas st. N. — Abendmahlzeit; cena

    (98) âbandmuase — cenae (g.)
    (98) fona âbandmuase — a cena

âbandmuasôn sw. V. — zu Nacht speisen; cenare
âbandmuasen(-ên?) sw. V.

    (94) âbandmuasôntêm — cenandis
    (97) âbandmuasên — cenent

abanst st. F. — Neid; invidia

    (33) abanst — invidiam
    (146) abansti — invidiae (n. pl.)

abanstîg Adj. — mißgünstig; invidens

    (123) abanstîkero — invidentium

abbas st. M. — Abt; abbas

    (28) mit abbate — cum abbate
    (81) (82) (141) dës abbates — abbatis
    (82) abbas — abbas

abcrunt st. N. — Abgrund; profundum

7*

(43) unzi ze abcrunte	usque ad profundum
âbulkî sw. F.	Zorn; ira, iracundia
(30) âbulkii	iram
(30) dëra âbulkii	iracundiae
abwart Adj.	abwesend; absens
(150) abwartero	absentium
adelêr Adj.	Vornehmer; nobilis
(130) fona adelêm	de nobilibus
aftaro Adj. Komp.	der spätere; posterior
(61) mit afttrôrôm	cum posterioribus
*sal*môn	psalmis
after Präp. mit Dat. und Instr.	nach; post, secundum, iuxta
	gemäß
afttrôro s. aftaro	
âkëzzalî sw. F.	das Vergessen; oblivio
(40) âkëzzalii	oblivionem
aha st. F.	Fluß; flumen
(16) ahâ	flumina
ahsala st. F.	Achsel; umerus
(78) ahsalôm	umeris
ahtodo Num.	der achte; octavus
(49) *ahto*do..	octavus (gradus)
(52) ahtodûn wîlu	octava hora
(109) ahtodûn cîti	octava hora (abl.)
ahtozogôsto Num.	der achtzigste, octogesimus
	(59) (59)
âhtunga st. F.	Verfolgung; persecutio
(31 (47) aahtunga	persecutionem
achar st. M.	Acker; ager
(50) in achre	in agro
(97) achro	agrorum
(97) in achrum	in agris
(97) in achrum	in agris
achiwizfirinâri st. M.	Zöllner; publicanus (50)
âchust st. F.	Schlechtigkeit, Laster, Fehler;
	vitium
(9) âchustio	vitiorum
(18) (143) âchusti	vitia (a. pl.)
(27) (51)fona âchustim	a vitiis

(41) fona..âchusti	a..vitiis
(60) fona..âchusti	a..vitio
(84) dea âhchust	hoc vitium
(102) âchusti	vitio
(112) fona..âchustim	ab..vitiis
(122) âchust	vitium (n.)
141) âchustim	vitiis
(141) âchusti	vitia (n. pl.)
âchusteôn sw. V.	verderben; vitiare
(135) sîn keâchusteôt	vitientur
âchustîg Adj.	lasterhaft; vitiosus
(134) âchustîgêr	vitiosus
al Adj.	all, ganz jeder, alles, das Ganze, unbeschädigt; omnis, cunctus, totus, universus
allaswanân Adv.	irdendwoher; aliunde (92)
allêm	ganz und gar, ganz; omnino (95) (95)
allero meist Adv.	meistens, besonders; praecipue, magnopere, maxime, (maximus) (68) (77) (84) (89) (90) (98) (134) (144)
alles Adv.	durchaus, auf alle Weise, sehr; omnino (40) (57) (132) (138)
alliu Adj. fl.	unbeschädigt, ganz; sana
(77) alliu	sanas
(87) alliu	sana
along Adj.	ganz, ungekürzt; integer
(68) alonger (-era?) ruaba	integro numero
(69) wëhcha alonkiu	septimana integra
Hs. anolkiu	(abl.)
alongî sw. F.	Ganzheit; integritas
(110) er alongi	ex integro
alt Adj.	alt; vetus, vetustus, Subst.: senex
(10) dëra altûn êwa	testamenti veteris
(54) dëra altûn êwa	veteris testamenti
(55) dëru altûn êwu	veteri testamento
(90) altero	senum

(121) alta	vetustam
(121) (142) altiu	vetera (a. pl. n.)
(122) altiu	vetere > *vetus*
altar st. N.	Alter, Pl.: Altersstufen; aetas
(80) (138) altar	aetas
(90) altrum	aetatibus
(94) minnirin aldre	minore aetate
(130) altere	aetate
(139) dës altres	aetatis
(140) ze..altar	ad..aetatem
altâri st. M.	Altar; altare
(82) altârres	altaris
altinôn sw. V.	übersehen; dissimulare
(24) nialtinôe	neque dissimulet
(26) altinônti	dissimulans
ambaht st. M.	Diener; minister (10)
ambaht st. N.	Dienst, Amt (Werkstätten),
ambahti st. N.	Verwaltung; officium, (officina),
	vilicatio
(17) (83) (107) (137) ambahti	officium
(34) ambahti	officina
(62) ambaht	officia
(86) ambahte	officio (abl.)
(100) ambahtes	officii
(111) (118) ambahtim	officiis
(118) daz sëlba ambahti	ipsum officium
(142) ambahtes	vilicationis
ambahten sw. V.	Dienst versehen, (Gehilfen) be-
	sorgen, verwalten; ministrare
(81) (144) ambahtit	ministraverit
(118) sîn kiambahtit	ministrentur
untarambahten sw. V.	Nachbildung nach submini-
(27) untarambahte	subministrat [strare
zuaambahten sw. V.	verwalten; administrare
(119) zua sî kiambahtit	administretur
âna s. âno	
anakin st. M.	Anfang; initium
(24) in anakin	in initio
(145) fona..anakinne	ab..initio

andar Num.
der Zweite, der andere, Fremde, die übrigen; secundus, alius, alter, ceteri, reliqui

andarwîs Adv.
anders, sonst; aliter (32) (68) (128) (137)

andrastunt, andera Adv.
zum zweiten Male, abermals; denuo, secundo (80) (103) (111) (124)

angustôntêr Adj. Part.
ängstlich; anxius (143)

âno und âna Präp. mit Acc., selten mit Dat., einmal mit Gen.
ohne, außer, wegen; sine, certo, praeter, propter, absque

anolkiu s. along

anst st. F.
Gnade, Lohn, Dank; gratia

   (8) dëra ensti
   gratiae

   (15) (37) anst
   gratiam

   (70) ensti
   gratiae

   (86) anst
   gratias

antfangida st. F.
Aufnahme, Empfang, Erhörung, Ansehen (der Person); acceptio, perceptio, susceptio

   (23) antfangida
   acceptio

   (75) antfankida
   perceptionem

   (85) antſenkida
   acceptio

   (117) antfankida
   susceptione

antfangîgaz Adj. fl.
wohlgefällig; acceptum (37)

antfanclîh Adj.
wohlgefällig; acceptabilis (36)

antfrâhida st. F.
Frage, das Fragen; interrogatio

   (14) antfrâhidu
   interrogationem

   (49) unzi zanfrâhidu
   usque ad interrogationem

*antipho*na sw. F.
Antiphon; antephona

   (53) (58).. *antipho*nûn
   (cum) antepona

   (58) âno *antipho*nûn
   sine antephona

   (60) *antipho*nûn
   antephonae (n. pl.)

antlâz st. M.
Wartefrist, Vergebung; inducia, venia

   (16) ze antlâzzâ
   ad inducias

   (107) antlâz
   veniam

ant-, anlengan sw. V.

(14) truhtînan antlengantan
(16) anlengan
(57) antlenkên
(60) sî kiantlenkit
anto sw. M.
(33) anton
(148) dës antin
antrahcha st. F.

antreitî sw. F.

(10) antreitii
(93) (126) antreitî
(138)..antreitîm
antreitida st. F.

(56) duruh antreitida
(56) fona antreitidu
(56) (59) (104) (137) antreitidu
(57) diu antreitida
(62) (110) antreitida
(63) antreitida
(101) (141) in antreitidu
(137) antreitidôm

(138) (140) antreitidâ
antreitidôn
(108) antreitidom
antwarti Adj.
antwurti Adj.
(39) dës antwurtan lîbes
(41) antwurtan
(69) cotchundî antwarta
(103) antwurti
(128) antwartemu
(144) antwartûn..

antworten, entsprechen; respondere
dominum respondentem
respondere
respondeant
respondeatur
Eifer, Eifersucht; zelus
zelum
zeli
Entschuldigung; excusatio
(123)
Ordnung, Rangordnung im
Kloster, Reihenfolge; ordo
ordo
ordinem
(secundum) ordines
Ordnung, Stand, Rangordnung
im Kloster, Reihe, der Reihe
nach, in der Ordnung; ordo
per ordinem
ex ordine
ordine

qui ordo
ordinem
ordine
in ordine
ordines *vgl. St. S. 272 A 7*
ordines
ordnen; ordinare
ordinare *vgl. St. S. 245 A 1*
gegenwärtig, zugegen, vorlie-
gend, anwesend; praesens
praesentis vitae
praesentem
divinam (esse) praesentiam
praesens
praesente
praesentem (regulam)

(149) antwartan	praesentem
in antwarti Adv.	sofort
(121) in antwarti	non praesenti *Übl.: in; vgl.* *Diss. Daab S. 20*
antwartida st. F.	praesentia
(130) in antwartidu..	in praesenti (petitione)
antwurta st. F. s. antwurti	
antwurten sw. V.	antworten; respondere
(13) antwurti	respondeas
antwurti st. N.	Widerrede, Antwort, Bescheid; responsum, responsio
(36) mit antwurtu	cum responso
(82) dës antwurtes	responsionis
(148) antwurti	responsum
antwurti Adj. s. antwarti	
arabeit s. arbeit	
aram st. M. s. arm	
aram Adj. s. arm	
arandi Adj.	rauh; asper
(126) arandiu	aspera
arbeit, arabeit st. F.	Mühsal, Arbeit, Drangsal; labor, tribulatio
(10) arabeit	laborem
(30) in arabeiti	in tribulatione
(46) arabeit	tribulationes
(51) ânoo arbeiti	absque labore
(94) arbeit	labor
(112) arbeiteo	laboris
arbeitan sw. V.	arbeiten, sich überanstrengen; laborare
(109) arbeitan	laborent
(144) arabeittan	laborare
arm st. M.	Arm; brachium
(18) arame	brachio
arm, aram Adj.	arm; pauper
(30) arame	pauperes
(81) armero	pauperum
(117) armero	pauperem > *um*
(131) armirun	pauperiores

armeinsamî sw. F. — Ausschließung; excommunicatio

  (73) armeinsamî — excommunicationi

armeinsamôn sw. V. — ausschließen; excommunicare

  (78) armeinsamôtêr — excommunicatus

  (104) sint armeinsamôt — excommunicantur

armida st. F. — Armut; paupertas (109)

armihërzida st. F. — Barmherzigkeit, Erbarmen; misericordia

  (33) fona..armihërzidu — de..misericordia

  (47) armihërzida — misericordia

kearnên sw. V. — verdienen, würdig sein, erlangen, gewürdigt werden; mereri

  (9) (14) kearneem — mereamur

  (83) sî kearneet — mereatur

  (135) sî kiarnêt — mereatur

arnunga st. F. — Verdienst; meritum

arnunc st. F.

  (137) pi..arnungu — pro..merito

  (138) arnunc — meritum

  (141) arnunc — merito

âtum st. M. — Atem, Geist; spiritus

  (20) âtum — spiritum

  (51) âtume — spiritu

  (125) âtume — spiritus (a. pl.)

âtumlîh Adj. — geistlich; spiritalis

  (31) aatumlîhhûn — spiritali

  (32) hêririn âtumlîhhemu — seniori spiritali

  (33) dëra listi âtumlîhhûn — artis spiritalis

  (107) âtumlîhchêm — spiritalibus

  (113) âtumlîhchûn — spiritalis (g.)

  (113) dës âtumlîhchin — spiritalis (g.)

auga sw. N. — Auge; oculus

  (12) intlohhaneem augôm — apertis oculis

  (13) (39) augun — oculi (n. pl.)

  (22) in augin — in oculo

  (31) (40) fora augoom — ante oculos

  (34) auga — oculus

(41) augôno	oculorum
(43) auga	oculi (n. pl.)
(51) kistactêm *augôm*	fixis oculis
(51) *augun*	oculos
augan sw. V.	(sich) zeigen, hinweisen auf etw., veranschaulichen, Pass.: erscheinen; ostendere, demonstrare, apparere, monstrare
(14) truhtînan augantan	dominum ostendentem
(21) (24) (46) keaucke	ostendat
(21) (51) keaucken	demonstrare
(37) (39) (41) keaugit	ostendit
(40) keaugit ward	apparuit
(40) keaugit wurtun	monstrabantur
(41) keauckenti	demonstrans
(45) keauckenti	ostendens
(68) kaaugant	ostendunt
(86) kaauge	appareat
(134) keaukit	ostendit
auh Konj.	auch, und; etiam, et (37) (47) (60)
auhhôn sw. V.	hinzugeben, hinzufügen, mehren; adicere, addere, augere
(26) sint keauhhôt	adicientur
(27) keauhhôti = -*iu* ?	addita
(94) auchôn	augere
(113) auhchômês	augeamus
zuaauhhôn sw. V.	hinzufügen; adiungere
(129) zuaauhchônte	adiungentes
auhhunga st. F.	Wachstum; augmentatio
(26) in auhhungu	in augmentatione
avur, avar Konj., Adv.	wiederum, also, ebenso; iterum, item, igitur, bei Verb. re-
âwëraf st. M.	Abschaum; abiectio (48)
az in adv. Verbindungen	zu (11) (21) (26) (29) (53) (58) (64) (78)
azpim	ich bin da; adsum (13)

B. P.

pad st. N.	Bad; balneae
(90) pado	balnear(i)um
erpaldên sw. V.	sich herausnehmen, sich er- kühnen, vorwegnehmen; prae- sumere
(28) erpaldeen	praesumant
(28) erpaldee	praesumat
(29) erpaldeet	praesumpserit
(82) (105) nierpaldee	non praesumat
(103) erpaldên	praesumere
(132) erbaldee	praesumat
(137) erpaldêt	praesumpserit
parn st. N.	Kind; filius
(43) parn manno	filios hominum
zuakipauhnen sw. V.	gewähren; adnuere
(125) zuakipauhnit	adnuatur
pêde Num.	beide; uterque, ambae
(10) ioh pêdero (g.)	utroque
(20) indi peidero	utrarumque
(35) pêdo	ambae
(108) pêdo	utraque
peiten sw. V.	fordern, erfordern; poscere, ex- poscere
(95) peitit	poposcerit
(96) peitit	exposcit
peitôn sw. V.	erwarten; expectare
(16) (44) peitoot unsih	expectat nos
kepeotan st. V.	gebieten, heißen, auftragen, er- lauben, auffordern, (wollen); iubere, imperare, praecipere, mandare
(10) kepôt	mandavit
(20) kepeotan	iubere
(34) kipotan	imperatum
(34) sî kepotan	imperetur
(35) kepiotantes	iubentis
(36) ist kepotan	iubetur

(41) kipoot	praecepit
(43) kepiutit	praecepit
(81) kepotan sîn	iubentur
(104) kapotanêr	iussus
(108) kipiutit	iusserit
(118) sî kipotan	imperatur
(118) kapeotantêm	imperantibus
(119) ist kipotan	praecipitur
(120) kepeotan sî kigëban	iubeat dare > -*i*
(127) kepotaniu	imperata
(140) kepiote	praecipiat
farpëran st. V.	sich enthalten; abstinere
(95) sî farporan	abstineatur
përeg st. M.	Berg; mons
(14) in përege	in monte
kepërkan st. V.	verbergen, aufbewahren, vor-behalten; abscondere, reservare
(21) kiparac	abscondi
(130) sî keporkan	reservetur
(131) keporkanemu	reservato
kepët st. N.	Gebet, Bitte; oratio, preces, supplicatio
(11) kepëte	oratione
(13) ze kepëtum	ad preces
(32) (150) kipëte	orationi
(32) (42) in kepëte	in oratione
(54) deolîhas kipët	supplicatio
(59) kepët	oratio
(60) pëtes	orationis
(60) kepëtes	orationis
(63) kabët	oratio
(112) kipëte	oratione > -*i*
(113) kapët	orationes
(113) mit..kipëte	cum..oratione
(150) ze kepëte	ad orationem
pëtôn sw. V.	beten; orare (33)
petti st. N.	Bett; lectum
(108) in pettum	in lecta > *lectulis*
pezziro Komp.	besser; melior, melius

(19) (28) pezzira ist	melius est
(22) pezzirun	meliorem
(23) pezzirun	meliores
(24) in pezzira	melius
(44) in pezzira	in melius
(68) paz	melius
(122) pezzirun *neutr.*	meliores
pezzirôn sw. V.	bessern; meliorare
(90) kepezzirôte	meliorati
pezzisto Superl.	der beste; optimus
(82) ubar këba pezzistuun	super datum optimum
pi Präp. mit Dat. und Acc.	um - willen, anstelle, bei, für neben; pro, secus (31) (33) (42) (43) (77) (78) (82) (86) (101) (102) (104) (105) (106) (129) (133) (134) 137)

pidiu s. diu	
pi wuruhti s. wuruht	
biba sw. F.	Furcht; tremor
(108) bibûn	tremore
pibot st. N.	Gebot, Vorschrift, Auftrag; mandatum, praeceptum
(8) piboto	praeceptorum
(10) (21) (33) pibot	praecepta
(20) ûzzana pibote	extra praeceptum
(21) pibot	mandata
(32) pibo*tum*	praeceptis
(32) (32) (32) pibot	praeceptum
*piderba F. s. piderbî	
piderban sw. V.	dienlich sein, nützen, frommen; expedire
(8) piderbit	expediat
(38) (149) piderbit	expedit
(94) piderbe	expediat
(143) (146) (147) piderban	expedire
piderbî sw. F.	Nutzen; utilitas, usus
bidarbî sw. F.	
*piderba F.	
(20) piderbii	utilitatis

(86) dëru bidarbî   utilitatis
(87) piderboom   utilitatibus
(90) piderbî   usus
(146) piderbî   utilita(ti)s
piderbi Adj.   nützlich, seinem Beruf treu entsprechend, ,,gut"; utilis

(28) piderbôrin   utilius
(42) piderbeer   utilis
(83) dëra piderbûn   utile
(99) piderbi   utile
unbiderbi s. un-
piderbida st. F.   Pl.: Angelegenheiten (des Klosters); utilitas

(29) piderbidoom   utilitatibus
pigiht st. F.   Bekenntnis, Versprechen; confessio, promissio, sponsio

(47) pigiht   confessionem
(60) duruh..pigihti   per..sponsione
(128) fona dëra pigihti   de qua promissione
pilîban st. V.   bleiben; remanere
(101) pilîbên   remaneant
(131) pilîbe   remaneat
kepiliden sw. V.   sich anpassen (anschmiegen); conformare

(25) kepilide sih   conformet se
pilidi st. N.   Form, Gestalt, Beispiel, Anweisung; forma, exemplum, uniformis, verbi gratia (=z. B.)

(23) pilidi   formam
(49) (132) piladi   exempla
(66) eines pilades   uniformem
(74) piladi qhuëdan   verbi gratia
(135) pilade   exemplo
(139) piladi qhwëden   verbi gratia
piloh st. N.   Klausur, abgeschlossener Klosterbezirk; claustra (Pl.), clausura

(34) pilohhir   claustra
(38) êwîgiu piloh   aeterna clausura (abl.)

112

pinamo sw. M.	Beiname; pronomen
(20) pinemin	pronomine
duruhanpintan st. V.	vollbringen, „leisten"; persolvere
(62) duruhanpintamês	persolvamus
(69) duruhinpintamês	persolvamus
inpintan st. V.	freisprechen; absolvere
(21) inpuntaner	absolutus
pismërôn sw. V.	verspotten; irridere
(128) pismërôt	inridet
pismiz st. M.	Fehl; macula
(14) âno pismiz	sine macula
pisprâhha st. F.	Verleumdung; detractio
(146) pisprâhho	detractiones
pisprëhho sw. M.	Verleumder; detractor
(31) pisprëhhon	detractorem
pîtan st. V.	erwarten; expectare
(113) pîte	expectet
pittan st. V.	wünschen, (Gott)bitten; rogare, deposcere, supplicare, postulare, petere
(8) pittamês	rogemus
(11) pittês	deposcas
(42) pittamês	rogamus
(70) za pittanne ist	supplicandum est
(81) pitit	postulat
(81) pittantemu	petenti
(83) kepetan..	petantur
(83) ze pittanne sint	petenda sunt
(92) pittan	petere
(119) kepetanera wîhî	petita benedictione
(128) kapetanêr	rogatus
(136) pitit	petierit
plâen sw. V.	blasen, Part.: aufgeblasen (vor Stolz); flare, inflare
(16) plâtoon	flaverunt
(71) kaplâtêr	inflatus
(145) keplâte	inflati
anaplâsan st. V.	Gerund.: Eingebung; inspiratio

(70) dës anaplâsannes	inspirationis
plat st. N.	Blatt; folium
(99) pletirun	foliis
plîo st. N.	Blei; plumbum
(18) plîwes	plumbi
pliuwan st. V.	Pass.: Schläge bekommen; va-pulare
(106) sîn kaplûan	vapulent
kepoganêr	gebeugt; incurvatus (51)
erpolganêr	erzürnt; iratus (11)
kiporagan(iu)	verborgen; absconse (47)
	vgl. St. S. 215 A 3
porgên sw. V.	sich kümmern um etw., sich
piporgên sw. V.	vorsehen, hüten vor etw.;
	cavere
(27) porakee	cavet
(39) piporageen	cavere
(42) (43) piporakêmês	cavemus
(43) ze piporgênne ist	cavendum est
(44) ze porgeenne ist	cavendum est
(57) sî kiporkêt	caveatur
(135) piporgee	caveat
(136) piporkee	caveat
kepot st. N.	Gebot, Befehl, Auftrag, Vor-schrift, Geheiß; mandatum, praeceptum, iussio, imperium
(9) kepoto	mandatorum
(17) (46) kipot	praeceptum
(20) (35) (81) (82) kipot	iussio
(36) kepote	imperio
(37) kipot	iussionem
(49) kepot	mandata
(105) ze kepote	ad iussionem
(143) kipotum	imperiis
poto sw. M.	Bote; apostolus
(15) (45) poto	apostolus
(16) (20) qhëdentemu potin	dicente apostolo
(47) potin	apostolo
(54) (59) dës potin	apostoli

8

potolîh Adj.	Apostel-, Apostelwort; apostolicus, apostolicum
(23) potolîha pilidi	apostolicam formam
(81) potolîhha	apostolicum
keprauhôtêr (ze neowiehti)	zu nichts geworden; redactus (ad nihilum) (48)
prëhhan st. V.	Pass. intr. zerbrechen; frangi
(143) sî keprohhan	frangatur
farprëhhan st. V.	zerbrechen; frangere
(106) farprihchit	fregerit
zeprëhhan st. V.	Pass.: verderbt sein; corrumpi
(43) zeprohhan sint	corrupti sunt
preitêr Adj.	hochfahrend; elatus (81)
preitan sw. V.	weiten; dilatare
(9) kepreittemu hërzin	dilatuto corde
forakipreittêr Adj. Part.	vorgesetzt; praelatus (147) *vgl. St. S. 279 A 4*
preitî sw. F.	Überheblichkeit; elatio
(91) preitii	elationis
preitida st. F.	Überheblichkeit; elatio
(33) preitida	elationem
prennen sw. V.	brennen; urere
(148) prenne	urat
keprët st. N.	Balken; trabes
(22) keprët	trabem
pringan st. V.	gewähren, bringen, hervorbringen, darbieten, (Gott) darbringen; offerre
(83) pringe	offerat
(90) sî prungan	offeratur
(103) ist prungan	offertur
(113) prinke	offerat
(113) prinkit	offeret -*i*-
(130) prinkit	offert
(131) pringan	offerre
anapringan st. V.	zufügen; inferre, inrogare
(45) anaprunganeem widarmuatum	inrogatis iniuriis
(125) anaprunkano	inlatas

ëbanpringan st. V.	nützen, vermachen; conferre
(124) ëbanprinke	conferre
(129) ëbanprinke	conferat
frampringan st. V.	hervorbringen, hervorholen; proferre
(30) frampringan	proferre
(142) frampringe	proferat
furipringan st. V.	höher stellen (in der Rang-ordnung); praeferre
(139) furipringit	praetulerit
prôdî sw. F.	Gebrechlichkeit; fragilitas
(143) prôdii	fragilitate(m)
prôt st. N.	Brot; panis
(94) dës prôtes	panis
pruader st. M.	Bruder; frater
(13) (14) pruadra	fratres (voc.)
(22) pruader	fratris
(27) pruadro	fratrum
(27) fona tuenne pruadero	de adhibendis fratribus
(27) pruadero	fratrum
(47) (52) pruader	fratres
(52) fona pruadrum	a fratribus
(53) ..pruadrun	(a) fratribus
(82) pruadrum	fratribus
(111) pruader	frater
(123) pruadarum	fratribus
kepruader st. M.	Bruder; frater
(107) kepruader	fratri
pruaderlîh Adj.	brüderlich; fraternus
(17)/(18) pruaderlîhhera ur-suahhidu	fraterno examine vgl. Diss. Daab S. 25
pruah F.	Beinkleider; femoralia (122)
pruahhac st. M.	Gürtel; bracile (123)
prûhhan st. sw. V.	gebrauchen, handeln, verwal-ten; uti, fungi
(29) prûhhe	utatur
(76) prûhchan	uti
(79) sî prûhhanti	utatur
(136) keprûhchit wësan	fungi

(138) prûhhanti	utens
prunst st. F.	Hitze; ardor (95)
puah st. F. N.	Buch, Schrift, Heilige Schrift; volumen, codex, litterae
(10) puah	volumen
(53) in *puache*	in codice
(54) (110) (110) puah	codices
(55) in puache	in codice
(56) ..*puache*	in codice
(84) (91) puah	codicem
(119) puah	litteras
(136) puah pifolahanlîcho	litteris commendatitias *Übl. literas; vgl. Diss. Daab S. 20*
puahstab st. M.	Buchstabe; littera
(128) puahstabâ	litteras
pûan sw. V.	wohnen, dauernd bleiben; habitare, Part. habitator
(14) pûan	habitare
(14) pûit	habitabit
(16) dës pûentin	habitandi
(17) dës pûentin	habitatoris
(120) (121) pûant	habitant
(135) (136) za pûanne	ad habitandum
pûar, pûr st. M.	Bewohner, Nachbar; habitator, vicinus
(17) fona pûarre	de habitore *Übl. habitatore*
(141) kepûrum	vicinis
puazza st. F.	Besserung, Buße, Strafe; emendatio
(9) (16) (27) puazza	emendationem
(103) (103) ze puazzu	usque ad emendationem
(107) puazzu	emendatione
puazzan sw. V.	(sich) bessern, büßen, sühnen; emendare
(27) kepuazteer	emendatus
(32) puazzan	emendare
(37) puazzit	emendaverit
(101) (102) puazzên	emendent

(103) (111) nipuazzit	non emendaverit
pûr s. pûar	
purdî sw. F.	Bürde; onus
(142) hwelîhha purdî	quale onus
kepuren sw. V.	sich ereignen, geschehen; contingere
(57) kipurit	contigerit
(144) kepurit	conti(n)git

D.

danân Adv.	daher, woher, weshalb; unde, inde, deinde, hinc (16) (17) (29) (35) (39) (43) (53) (57) (58) (59) (63) (64) (146)
kedanc st. M.	das Denken, Gedanke; cogitatus, cogitatio
(15) kidanc	cogitatus
(18) (41) kidanchâ = -o	cogitationum
(32) (42) (42) (47) kedanchâ	cogitationes
(41) in kedanchum	in cogitationibus
(42) kedanchâ	cogitatio *vgl. St. S. 211 A 8*
(42) kidanchâ	cogitationes
danta	weil; quia (16) (16) (23) (26) (28) (36) (36) (38) (42) (43) (44) (49) (49) (49) (62) (67) (67) (68) (81) (82) (112) (113) (117) (146)
dâr Adv. Konj.	wo, sobald als; ubi (34) (56) (126) (140) (145)
dara Adv.	dorthin; illuc (14)
daz Konj.	daß, weil, wenn aber; quod, quia, quod si (13) (20) (22) (25) (26) (27) (29) (57) (80) (85) (96) (100) (123) (131) (134) (137) (139)
daz Konj.	daß, jedesmal wenn, wie, daß wenn, damit nicht; ut, ne, ita
deismo sw. M.	Sauerteig; fermentum
(20) deismin	fermentum

pidecken sw. V.	verdecken; operire
(47) pidachta	operui
intdecchan sw. V.	aufdecken; detegere (107)
denen sw. V.	ausdehnen, bemessen; protendere, extendere
(70) fora sî kidenit	protendatur
(74) kadeni -t..	extendi
denchen sw. V.	denken, erwägen, bedenken; cogitare
(26) (142) denche	cogitet
(95) denchente	cogitantes
(144) denchenti	cogitans
denne Konj. Adv.	solange, wenn, als, da, weil, sobald, sofern, während, damals, wann, dann; dum, cum, quam, quando, tunc
deoheit st. F.	Demut; humilitas
(28) deoheit	humilitatis
(30 (40) (40) (45) (51) dëra deoheiti	humilitatis
(39) deoheiti	humilitatis
(39) duruh deoheit	per humilitatem
(40) deoheit	humilitate
(50) (82) theoheit	humilitatem
(106) theoheiti	humilitate
(108) theoheit	humilitate
(124) (134) deoheiti	humilitate
deolîh Adj.	demütig
(54) deolîhas kipët	supplicatio
(132) deolîchas	supplicationem *vgl. St. S. 268 A 4*
deolîhho Adv.	demütig; humiliter (39) (119)
deomuaten sw. V.	demütig werden, sich verdemütigen, (sich) erniedrigen; humiliare
(37) kedeomuatit pim	humiliatus sum
(39) sih kedeomuatit	se humiliat
(40) deomuatit	humiliat > -o
(124) ketheomuatemu	humiliato

deomuatî st. F. — Demut; humilitas
  (44) dëra deomuatî — humilitatis
  (80) theomuatî — humilitas
  (81) mit deomuatî — cum humilitate
  (132) deomuatî — humilitatis
deomuati Adj. — demütig; humilis
  (23) diomuate — humiles
deomuatlîh Adj. — demütig; humilis
  (47) deomuatlîhha — humilem
deomuatlîhho Adv. — demütig; humiliter
  (50) theomuatlîho — humiliter
deonôn sw. V. — dienen, erniedrigen, Pass. sich demütigen; servire, humiliare

  (18) (19) (89) deonônte — servientes
  (25) deonoon — servire
  (39) wirdit kedeonoot — humiliabitur
  (48) theonônte = -i — humilians
  (48) (51) kedeonôtêr — humiliatus
  (48) kedeonôtôs — humiliasti
  (86) sî kitheonôt — humilietur
  (105)/(106) katheonôtêr wirdit — humiliatus fuerit
anadeonôn sw. V. — verwenden auf etw.; inservire
  (52) ze lirnêne anadeonôên — meditatione inserviantur
untardeonôn sw. V. — unterwerfen, Pass. intr. sich –; subdere

  (132) (136) untardeonôtan — subditum
  (137) untardeonôt.. — subdi
deonôst st. N. — Dienst; servitus, servitium
  (23) deonôstes — servitutis
  (34) deonôst — servitium
  (62) (113) theonôstes — servitutis
  (68) deonôstes — servitio
deonôstî sw. F. — Dienst, dienender Stand; servitium

  (8) deonôstî — servitii
  (22) er deonôstî — ex servitio
deonôstman st. M. — Diener; servitor
  (90) deonoostman — servitor

(90) deonôst*mann*un	servitoribus
(93) mit..deonôstmannum	cum..servitoribus
deota st. F.	Volk; plebs
(48) âwëraf deota	abiectio plebis
dër, diu, daz	Artikel der, die, das; ille, hic
dër, diu, daz	Relativum der, die, das, welcher, welche, welches; qui, quae, quod
dër, diu, daz	Demonstrativum; hic, is, ipse, ille
dësêr, dësiu, diz	Demonstrativum; hic, is, iste
vgl. unfardewitî	
kidewite	verdaut habend; degesti (52)
digen sw. V.	bitten; petere
(135) dikit	petierit
(140) dicke	peta(n)t
digî sw. F.	Bitte, Bittgesuch, Eingabe, Profeßurkunde, (Predigt); petitio, (praedicatio = *praecatio*)
(15) digii	praedicatione
(125) dikii	petitioni
(128) (130) (130) digî	petitionem
(130) dikii	petitionem
framdîhan st. V.	voranschreiten; proficere
(136) framdîhe	proficiat
dictan sw. V.	erfordern; dictare
(9) dictentemu	dictante
dikit, dicke s. digen	
dictôn sw. V.	gebieten; dictare
(22) rëht dictôntemu	iustitia dictante
dîn Pron.	dein; tuus (10) (13) (13) (14) (14) (15) (21) (21) (21) (22) (22) (22) (25) (42) (43) (45) (47) (49)
diomuati s. deo-	
disco sw. M.	Schüler; discipulus
(20) (20) discôno	discipulorum
(21) (21) (22) (28) (38) discôm	discipulis
(35) diskin	discipuli

(36) discoom	discipulis
(36) (90) fona discoom	a discipulis
(38) discin (kelimfit)	discipulum (convenit)
(38) discun	discipulum
after diu	danach; postea (80) (103) (134)
pidiu Instr. zu dër	deshalb, daher, also; ideo, quoniam, eo quod (16) (20) (28) (35) (38) (43) (47) (47) (67) (80) (95) (112) (124)
er diu	hierdurch; exinde (86)
fona diu	darauf, danach; deinde (53) (104)
widar diu s. widar	
diubil st. M.	Teufel; diabolus
(15) diubil	diabolum
(17) widar diubil	contra diabolum
diufa st. F.	Diebstahl; furtum (30)
doh Konj.	dennoch, obgleich; licet (96) (112)
doh Adv.	erst, nur, wenigstens; tantum, saltim, -libet, tamen (56) (61) (96) (100) (109)
dohdoh Konj.	wie gar sehr; quamvis (37) (141) (145)
dolên sw. V.	erleiden, erdulden, zulassen, ertragen; pati, sustinere
(26) nisî kedoleet	non patiatur
(31) (93) doleen	sustinere
(34) kedoleet wësan	pati
(89) (125) sî kedoleet	patiantur
ëbandolên sw. V.	Mitleid haben; conpati
(78) ëbendolênti	conpassus
fardolên sw. V.	aushalten, ertragen, erdulden; sustinere, perferre
(45) fardolênti	sustinens
(46) fardoleen	sustinere
(47) (47) fardoleent	sustinent
(125) fardolêtôn	pertulerunt
dolunga F.	Leiden (Christi); passio

(9) dolungôno (teil nëman) passionibus (participare)

dorn st. M. Dorn; spina

  (60) dorna = -â spinas

drâti Adj. groß, maßlos; nimius (97) (143)

drâto Adv. allzu; nimis (68)

drewen sw. V. rügen; arguere

  (24) drewi argue

  (24) drauwen arguere

drî Num. drei, je drei; tres, terni (53)
  (53) (54) (55) (56) (63) (63) (65)

dringan st. V. erdrücken; opprimere

  (112) sîn kidrungan opprimantur
  vgl. St. S. 256 A 10

drînissa st. F. Dreieinigkeit; trinitas

  (54) dëra wîhûn drînisssu sanctae trinitatis

driske zu dritt, je drei; terni (18) (19)

dritto Num. der dritte; tertius; tertia feria
  Dienstag (18) (45) (53) (53) (55)
  (59) (93) (94) (109) (129)

drîzugôsto Num. der dreißigste; tricesimus (59)

drowa sw. F. Drohung; comminatio (77)

du Pron. du; tu (11) (13) (16) (22) (42)
  (43) (46) (47) (47) (48) (57) (61)
  (88)

kedult st. F. Geduld, Langmut; patientia

  (9) kedult patientiam

  (16) kidult patientia

dulten sw. V. erdulden; pati

  (103) sî kedultit patiatur

dultîg Adj. geduldig; patiens (24)

kedultlîhho Adv. geduldig; patienter (31) (89)

  kadultlîcho (125)

dunken sw. V. (Pass.) dünken, scheinen; videri

  (23) (28) kedûht ist visum fuerit

  (38) sî kedûht videatur

  (42) sint kedûht videntur

  (124) ist kadûht videatur

  (125) kedûht visus

dunni Adj. dünn; purus

(121) dunna   puram

duruft st. F.   es ist nötig, notwendig, Sondergut; opus (peculiare), necessarium

(76) .. duruft   (est) opus

(108) duruft   necessarium

(122) duruh duruft suntrîclîchii   propter opus peculiare

duruftîgôn sw. V.   brauchen, nötig haben, Part.

(kurzes i ?)   der Bedürftige, Pass. man bedarf; indigere

(52) duruftîgônt   indigent

(85) duruftîgôt   indiget

(92) duruftîgôhe   indigeat

(98) niduruftîgôên   non indigeant

(118) duruftîgôên   indigent

(120) ist kiduruftîgôt   indigitur

(123) duruftîgôntero   indigentium

(149) duruftîgôe   indiget

duruh Präp.   durch, wegen, für, in Rücksicht auf, um—willen; per, propter, pro

duruhnoht Adj.   vollkommen; perfectus

(38) duruhnohteem discoom   perfectis discipulis

duruhnohto Adv.   vollkommen; perfectus Adj.

(51) ze minno -u .. duruhnohto   ad caritatem .. perfecta

duruhtân Adj. Part.   vollendet; perfectus

(35) duruhtâniu wërach   perfecta opera

dwahila sw. F.   Abwischtuch; mappula (123)

dwidaro Adv.   dennoch, jedoch; tamen

(10) (29) (37) (57) (100) (100) (109) (112)

dwingan st. V.   zügeln, zurechtweisen, strafen, züchtigen; corripere, coercere

(24) (25) kedwinge   corripiat

(24) kedwinge   coerceat

(80) siin kedwungan   coercitantur

(84) sî kidwungan   corripiatur

kedwunganôr Komp.   strenger; restrictius (9)

E.

ëban Adj.

gleich, gleichmäßig, gerecht, einstimmig; aequus, aequalis, par, con-

  (23) ëban   aequalis

  (29) dëmu ëbanôstin sua-   aequissimo iudici
          nârre

  (83) ëbanemu muate   aequo animo

  (119) ëban sî kisprohchan   conloquatur

  (141) ëbanemu kerâtte   pari consilio

ëbankehërzida st. F.   Einmütigkeit (einmütig), con-cors (141)

ëbanhl- s. ëbanl-

ëbanlîhho Adv.   gleichartig; aequalis Adj.

  (23) ëbanlîhho.. chamfheit   aequalem.. militiam

ëbanlôzzo sw. M.   Gefährte; consors

  (9) ëbanlôzzon   consortes

ëbano Adv.   in gleicher Weise, gleichmäßig, zugleich, gemeinsam; aequali-ter, pariter (57) (67) (70) (112)

ëddeshwelîh s. ëddeswelîh

ëddeslîh Pron.   jemand, irgend einer; aliquis, aliqui (27) (70) (71) (81) (95) (100) (106) (133) (145) (149)

ëddesmihhil Adv.   etwas, irgendwie; aliquantulum, aliquanto, aliquatenus (122) (125) (135) (141)

ëddeswaz Pron.   etwas; aliquid (15) (31) (57) (92) (92) (100) (113) (113) (124) (131)

ëddeswelîh, –hw– Pron.   jemand; irgend einer; aliquis, aliqui (15) (21) (44)

ëddeswenne Adv.   irgend einmal; aliquando (11) (12)

ëdo Konj.   oder; vel, aut, sive, seu, an

ekî sw. F.   Zucht, klösterliche Ordnung, Strafe, Verfahren (bei der Auf-nahme); disciplina

(22) egii	disciplinam
(23) (29) (40) (132) ekii	disciplinae
(120) dëra rëhtlîchûn ekî	disciplinae regulare > -*i*
(136) ekii	disciplinam
(139) eikii	disciplina (n.)
ekislîh Adj.	furchtbar; terribilis
(75) ekislîhhûn	terribilem
ekiso sw. M.	Härte, Schrecken; terror
(24) ekisôm	terroribus
(117) ekiso	terror
êht st. F.	Vermögen, Besitz, Hab und Gut; substantia
(26) fona êhti	de substantia
(82) êht	substantiam
(82) êht	substantiae
(82) êht	substantia (n.)
eidswart oder -ti st. F.	Eid; iusiurandum
(131) untar rëhtteru eidswertiu	sub iureiurando
eigan Prät.-Präs.	besitzen, haben; habere, tenere
(12) eigi	habet
(13) eigiit ir	habetis
(23) eigîn	teneant
(82) eigi	habeat
(97) eigîn	habuerint
(122) eigun	habent
(138) eigun	habuerint
(140) eigîn	habeant
eikan Adj.	eigen; proprius (11) (19) (23) (28) (32) (35) (42) (44) (80) (84) (84) (95) (95) (113) (129) (129) (133)
eikinî sw. F.	Eigenheit
(41) willeôno dëra eikinii	voluntatis propriae
ein Num.	ein, allein; unus, solus, solummodo, uniformis
einfaltlîh Adj.	einfach; simplex
(21) einfaltlîhhero	simplicioribus
einfaltlîhcho Adv.	einfach; simpliciter (134)

einîg Pron.

irgend ein; quisquam, ullus. aliquis, aliqui

(28) fona einîgeru	a quoquam
(28) einiic	quisquam
(51) einîkeru arbeiti	ullo labore
(75) fona einîgamu	a quoquam
(77) einîkas	aliquam
(83) âna einîkemo lîhhisôde	sine aliquo tyfo
(85) (100) einîc	quisquam
(86) in einîkemu..	in aliquo (verbo)
(89) einîgiu	aliqua
(119) fona einîgan	a quoquam
(124) einîc	aliquis
(124) in einîkera urchusti	in aliqua fraude

einin Adv.

nur; solum

(11) nalles einin – uzzan	non solum – sed
(26) nalles einin – wâr kewisso	non solum – verum etiam
(36) (37) (48) (50) nalles einin – ûzzan sôsama	non solum – sed etiam
(111) nalles einin – ioh auh	non solum – sed etiam

einchoranêr

Anachoret; anachorita

(17) einchoranero	anachoritarum

einlîh – einlîh

der eine – der andere; alius – alius (25)

einluzlîh Adj.

einzeln; singularis, singillatim, singuli

(18) ze einluzlîhheru fëhtûn	ad singularem pugnam
(62) einluzlîhhe	singillatim
(85) einluzlîhchêm	singulis

einluzzi Adj.

allein, einzeln; singuli

(18) (71) einluzze	singuli
(65) einluzze	singulos
(71) duruh einluziun..	per singula (lecta)
(83) einluzziu	singula
(88) einluzziu	singulos
(110) einluze	singuli
(110) einluze	singulos
(120) duruh einluzza	per singulos

(123) einluzze   singulis *vgl. St. S. 262 A 1*

einmuatlîhho Adv.   einfach; simpliciter (132)

einsnëllêr Adj.   eifersüchtig; zelotipus (143)

einstrîtî sw. F.   Widerspenstigkeit; contumacia (137)

einstrîti Adj.   widerspenstig, hartnäckig; contumax, obstinatus

   (73) einstrîtêr   contumax

   (143) einstrîtêr   abstinatus *o-*

ellinôd st. M.   Pl.: Eifersüchteleien; aemulatio

   (146) ellinôdes   aemulationes

emezzîco Adv.   oft; frequenter (78)

emizzigôn sw. V.   einhalten; continuere

   (97) zi emizzigônne   continuenda

engi Adj.   eng, schmal; angustus

   (9) enkemu sinde   angusto itinere

   (35) engan wëc   angustam viam

   (35) engêr wëc   angusta via

engil st. M.   Engel; angelus

   (43) fona engilum   ab angelis

enk s. engi

enti   Ende; finis (43) (45)

entôn sw. V.   beenden, vollziehen; finire, consummare

   (54) kientôt sîn   finiantur

   (88) keentôteem   finitis

   (97) sîn keentôt   consummentur

eogowëri s. eocohwëri

eocowelîh Pron.   jeder; omnis, quisque, unusquisque

eoco(h)wër Pron.   jeder; quisque

   (123) eocowëmu   cuique

eoco(h)wëri Adv.   ganz und gar, überall; ubique, usquequoque

   (51) eogowëri   usquequoque

   (69) eocowëri   ubique

eonaldre Adv.   irgend einmal, jemals; aliquando (11) (59) (128) (129) (131) (135)

eoweht Pron.	etwas; aliquid, quicquam, quis-quam, aliquam, quippiam (34) (34) (52) (84) (85) (85) (85) (92) (92) (94) (103) (103) (106) (119) (131) (132) (132) (136) (138)
ër Pron.	er; is, ille, ipse
êr Adv.	früher, eher; prius, ante (33) (33) (51) (96) (103)
êr denne Konj.	bevor, eher als; antequam (13) (33)
er Präp. mit Dat. und Instr.	aus; ex
er diu s. diu	
êra sw. F.	Krone, Verehrung, Ehre, Ruhm, Ansehen, Ehrerbietung; honor, corona
(45) êra	coronam
(54) kagan êro	ob honorem
(57) mit êru	cum honore
(117) êru > -a	honorem
(140) (140) êru	honore
(140) êra	honore
erbo sw. M.	der Erbe; heres
(17) eribun	heredes
ërda st. F.	Erde; terra
(8) ërda	terrae
(49) uber ërda	super terram
(50) (51) in ërda	in terram
ërdlîh Adj.	irdisch; terrenus
(26) fora rahhoom..ërd-lîhheem	de rebus..terrenis
êrên sw. V.	ehren; honorare, venerare (30) (33)
êrhaft Adj.	ehrwürdig, gütig, liebevoll, barmherzig; pius
(10) dës êrhaftin fateres	pii patris
(16) (44) êrhaftêr	pius
(77) êrhaftaz	pium (exemplum)
(91) êrhaftiu	pia (consideratio)
êrhaftî sw. F.	Güte; pius Adj.

(24) êrhaftii	pium
êrhaftôst Adv.	geziemend; honestissime (100)
êriro Komp.	erster; primus
(139) êrirûn cîti	prima hora (abl.)
êrist s. az êrist, êristo	
êristo Superl.	erster; primus
(17) (chunni) êrista	(genus) primum
(24) êristûn zuamanungu	prima admonitione
(34) êrista = -o (stiagil)	primus gradus
(40) êristo (stiagilsprozzo)	primus gradus
(62) êrista wîla	prima hora
(108) fona êriston cîti	a prima hora
(109) êristin	primo
êrlîhho Adv.	höflich; honeste (134)
êrlôsida st. F.	Bosheit; impietas
(48) êrlôsida	impietatem
êrlôso Adv.	mit tuanfür impegerunt in: auf-gefaßt als impie egerunt
(16) êrlôso tâtun	impegerunt
erwelitî sw. F.	Wahl; electio (137)
êrwirdî sw. F.	Ehrfurcht, Ehrwürdigkeit; re-verentia
(38) mit..êrwirdii	cum..reverentia
(54) êrwirdî	reverentiam
(133) pi êrwirdii	*Übl. pro* reverentia
(139) êrwirdii	reverentia
êrwirdîg Adj.	edel; honestus
(24) eerwirdîgôron	honestiores
êrwurtî sw. F.	Ehrfurcht; reverentia
(56) mit êrwurtî	cum reverentia
êwa st. F.	Testament, Gesetz, Vorschrift; testamentum, lex
(10) (54) êwa	testamenti
(18) fora êwu	pro lege
(22) êwa	testamentum
(55) (56) fona..êwu	de..testamento
(102) (127) êwu	lege
(126) êwa	lex
êwart st. M.	Priester, „Wächter des Ge-

êwarto sw. M. — setzes"; sacerdos

    (24) dës êwartin (sw.) — sacerdotis

    (132) (135) êwarto (g. pl. st.) — sacerdotum

    (137) êwart — sacerdos

êwarttuam st. N. — Priesteramt, Priesterwürde; sacerdotium

    (133) dës êwarttuames — sacerdotii

    (136) êwarttuam keprûhchit wësan — sacerdotum > -*io* fungi

    (136) êwar*ttua*mes — sacerdotii

êwîg Adj. — beständig, ewig; perpetuus, aeternus

    (8) ze lîbe êwîkemu — ad vitam perpetuam

    (12) êwîc ze wîzze — perpetuam ad poenam

    (13) êwîgan liib — perpetuam vitam

    (31) (41) lîb êwîgan — vitam aeternam

    (34) dës êwîgin lîbes — vitae aeternae

    (35) ze lîbe êwîgemu — ad vitam aeternam

    (38) êwîgiu piloh — aeterna clausura

êwîn Adj. — ewig, für ewig; perpetuus, aeternus

    (8) in êwîn — in perpetuum

    (10) in êwîn — in aeternum

ewist st. M. — Schafhürde; ovile

    (18) iro pilohhaneem ewistun — suis inclusi ovilibus

ëzza st. F. — Genuß; comestio (95)

ëzzan st. N. — das Essen; esus (90)

ëzzan st. V. — essen; edere

    (91) ëzzantero — edentium

    (93) ëzzan — edere

F.

fâhan st. V. — fassen, empfangen, beginnen, wiederholen; incipere, repetere, reprehendere

    (65) sîn kifangan — incipiatur

    (66) sîn kivangan — repetantur

(67) avur..kifangan	repetantur
(68) avur sî kifangan	reprehendatur
pifâhan st. V.	ergreifen, (Beschäftigung); comprehendere,occupare (-atio)
(13) pifâhe	comprehendat Übl. -ant
(118) pifâhit	occupationem vgl. St. S. 258 A 2
intfâhan st. V.	empfangen, annehmen, aufnehmen, unternehmen, erhalten; excipere, accipere, suscipere, recipere
(10) intfah	excipe
(15) ni entfianc	non accepit
(20) entfiangut	accepistis
(21) intfâhit	suscepit
(25) infianc	suscepit
(26) (26) intfianc	suscepit
(80) sî entfangan	recipiatur
(89) intfanganeru..	accepta (benedictione)
(92) entfanganeru..	accepta (benedictione)
(110) (122) intfâhên	accipiant
(117) ist intfankan	suscipitur
(120) intfangan wësan	suscipi
(121) intfâhant -te	accipientes
(127) intfankanêr	suscipiendus
(132). intfangan..	suscipi
(134) sî intfangan	suscipietur
(142) intfâhente	recepturos
faldan st. V.	Pass. sich abwickeln; explicare
(35) siin kefaldan	explicantur
forapifaldan st. V.	niederfallen, die Knie beugen; provolvere
(88) fora sî pifaldan	provolvantur
(104) fora sî pifaldan	provolvatur
(104) forapivalde sih	provolvat se
infaldan st. V.	erwägen; revolvere
(41) invalde	revolvat
zuapifaldan st. V.	zuschreiben; adplicare
(31) zuapifalde	adplicet

fallan st. V.	fallen; cadere
(16) fial	cecidit
faran st. V.	voranschreiten, vermitteln (ein Geschäft abschließen); gradi, transigere
(35) ze faranne	gradiendi
(124) ze faranne	transigenda
furifaran st. V.	übergehen, vorübergehen; transire, pertransire
(59) nifurifare	non transeat
(75) furifarantemu	transeunte
(119) furifare	pertranseat
zefarantlîh Adj.	vergänglich; transitorius
(26) fona rahhoom zefarantlîhheem	de rebus transitoriis
farawî sw. F.	Farbe; color
(121) fona..farawii	de..colore
farchoranêr s. kiosan	
farmano sw. M.	Verächter; contemptor (73) (147)
farnufst F.	Erkenntnisstufe; intellectus (80)
farra st. F.	Sprengel; diocesis
(141) ze dës farru	ad cuius diocesim
farwurti st. F.	Verderben; interitus
(75) in farwurti	in interitum
fasta sw. F.	Fasten, Fastenzeit; ieiunium, quadraginsima
(30) fastûn	ieiunium
(61) (98) dëra fastûn	quadraginsimae
(61) ûzana fastûn	extra quadraginsimam
(98) fona fastûn	a quadraginsima
(99) dëra fastûn	ieiunii
(109) (110) *fastûn*	quadraginsimae
fater st. M.	Vater, Abt; pater, abbas
(10) (24) (113) dës fateres	patris
(10) (81) fater	pater
(17) untar dëmu fatere	sub abbate
(20) faterlîh fater	abba pater
(20) fater hîwiskes	pater familias

(36) fateres	patris
(45) fatere	patri
(54) *fatar*un	patribus
(68) fatare = -*â*	patres
(140) fater	abbas
faterlîh Adj.	väterlich; paternus
(20) faterlîh fater	abba pater
(139) faterlîhhiu	paterna (n. sg. f.)
faz st. N.	Gefäß; vas
(82) (82) faz	vasa
(143) faz	vas
fëhta sw. F.	Kampf; pugna
(18) ze..fëhtûn	ad..pugnam
fëhtan st. V.	kämpfen; pugnare (17) (18)
feizt Adj.	fett; crassus
(77) feiztas	crassum
pifëlhan st. V.	anvertrauen, auftragen, emp-fehlen; committere, credere, commendare
(25) (147) ist pifolahan	committitur
(26) chortres pifolahanes	gregis commissi
(26) sêlono pifolahanero	animarum commissarum
(27) fona pifolahaneem scâffum	de creditis ovibus
(31) pifëlahan	committere
(77) pifolahaneem	creditis
(83) ambahti pifolahanaz	officium commissum
(99) in..pifolahanemu	in..commisso
(138) pifolahanaz	commissum
(150) pifëlahên	commendent
feor Num.	vier; quattuor (17) (56) (56) (99)
feordo Num.	der vierte; quartus; quarta feria Mittwoch (19) (45) (53) (55) (56) (56) (59) (97) (108)
feorfuazzi	der Vierfüßer; quadrupes
(95) feorfuazzeo	quadrupedium
feoriske Num.	je vier; quaterni (19)
feorstunt Num.	viermal; quater (148)

feorzugôsto Num.

fër wësan
   (20) (32) (57) daz fër sî
   (111) sôsô fër sî
festinôn sw. V.
fîant st. M.
   (31) fîant
   (33) pi fîanta
fîantin st. F.
fîantscaf st. F.
   (146) fîantskeffi
fîên sw. V.
   (22) fîêtôs
   (32) (33) fîên
filla sw. F.
   (25) filloom
   (78) fillôno
   (80) filloom
filu unfl. Adj.

filuëzzal Adj.
   (31) filuëzzalan
   (81) filuëzzaleer
filusprâhhî sw. F., -sprâhha
st. F.
   (38) in filusprâhhu
   (49) in filusprâhhî
filz st. M.

fimf Num.
fimfchusti F.
   (97) fona fimfchustim
findan st. V.

   (20) findan

---

der vierzigste; quadragesimus (59)

fern sein, nicht zutreffen; abesse
   quod absit
   quod absit
festigen; firmare (134)
Feind; inimicus
   inimicos
   pro inimicis
Feindin; inimica (108)
Zwietracht; dissensio
   discensionem > -*es*
hassen; odisse
   odisti
   odire
Geißelung; verber
   verberum
   verberum
   verberibus
vieles, viel, wieviel, soviel, so sehr; quantum, multum, (in) tantum (27) (32) (32) (78) (99) (104) (107) (147)
eßgierig; edax
   edacem
   multum edax
das Vielreden; multiloquium

   in multiloquio
   in multiloquio
grobes Tuch; sagum, alii dicunt recinun (122)

fünf; quinque (99)
Pfingsten; Pentecoste
   a pentecoste(n)
finden, Pass. sich finden, betroffen werden; invenire, reperire, inveniri
   invenire

(22) (111) sî fundan	inveniatur
(22) finde	invenerit
(23) pirum funtan	inveniamur
(67) sint funtan	inveniuntur
(100) fundanêr ist	inventus fuerit
(100) finde	inveniat
(111) fundanêr sî	repertus fuerit
(122) funtan	inventus
(134) funtanêr	inventus
findunga st. F.	Beispiel; experimentum
(131) findungu	experimento (abl.)
pifindunga st. F.	Erfahrung; experientia
(18) pifindungu	experientia (abl.)
finfto Num.	der fünfte; quintus (47) (59)
finfzugôsto Num.	der fünfzigste; quinquagesimus (58) (58) (59)
finstrî sw. F.	Finsternis; tenebrae (13)
fiordo s. feordo	
erfirren sw. V.	wegnehmen, beheben; auferre
(47) erfirtero	auferenti
(123) ervirrit	auferatur
erflauctêr	erschreckt; perterritus
(9) forahtûn erflauctêr	pavore perterritus
flêhan sw. V.	Pass schmeicheln; adulari
(146) sint keflêhit	adolantur -u-
fleisk st. N.	Fleisch; caro
(18) (41) (43) dës fleiskes	carnis
(32) fleiskes	carnis
(90) (95) fleisko	carnium
(90) fona fleiskum	a carnibus
fleohan st. V.	fliehen, zurückscheuen; fugere
(8) fliohente	fugientes
(9) fleohês	fugias
(33) fleohan	fugire
(40) fleohe	fugiat
erfleohan st. V.	entfliehen, entgehen, vor etw. fliehen (etw. fürchten); effugere, refugere
(38) nierfliuhis	non effugis

(49) nist erflohan	non effugitur
(144) nierfleohên	non refugiant
farfleohan st. V.	Pass. zum Fortgehen veranlaßt werden; effugere
(112) ..farflohan	effugentur
ubarfleozantêr Part.	anspruchsvoll; superfluus (134)
flîz st. M.	Streit; contentio
(33) fliiz	contentionem
flîzzan st. V.	streiten; contendere (29)
florinii s. ferlornî	
erfluahhan Adj. Part.	böse; malignus
(145) erfluahhanemu..	maligno (spiritu)
farfluahhan Adj. Part. Subst.	der Böse, böse; malignus
(15) farfluahhanan diubil	malignum diabolum
(102) dëmu farfluahhanin	maligno
widarfluahhan st. V.	wieder schmähen; remaledicere (31)
fluahhôn sw. V.	schmähen; maledicere
(31) fluahhôntc	maledicentes
fô Adj.	wenig; paucus
(50) fôiu wort	pauca verba
(50) fôêm wortum	paucis verbis
(112) fôero..	paucorum (est)
(126) fôwêm..	paucis (diebus)
fol Adj.	voll; plenus
(109) (110) folla	plenam
pifolahan s. pifëlhan	
pifolahanlîh Adj.	commendatitius
(136) puah pifolahanlîcho	litteris commendatitias
	vgl. Diss. Daab S. 20
folgên sw. V.	folgen, befolgen, mit acc. erhalten; sequi, consequi, persequi
(12) inan folgên	eum sequi
(13) kefolge	persequere
(28) sîn kefolgeet	sequantur
(28) (30) sî kefolgeet	sequatur
(35) sî kefolgêt	sequantur
(37) ist kefolgeet	consequitur

(54) (56) sîn kifolgêt	sequantur
(54) sî kifolgêt	sequatur
(59) sîn kafolgêt	sequuntur
(62) fona folgêntêm cîtim	de sequentibus horis
untarfolgên sw. V.	fortfahren (mit der Rede), nachfolgen; subsequi
(46) untiri sîn kefolgêt	subsecuntur
(46) untari ist kefolgeet	subsequitur
(52) untar sîn kafolgêt	subsequantur
(53) untar sî kifolgêt	subsequatur
(55) sî untarfolgêt	subsequatur
(57) sî unterfolgêt	subsequatur
(88) untarfolkênti	subsequens
folnissi st. N.	Schlußfeier, Beendigung, Er-
folnissa st. F.	füllung; completurius, expletio
(61) folnissi	conpletturii
(63) after folnissu	post expletionem
(64) folnissi	completurius
(67) za folnisse	ad completurium
(99) fona folnissu	a completuriis
fona Präp. mit Dat.	von; a, ab, de
fora Präp. mit Dat. und Acc.	anstelle, für, vor; pro, ante, (coram), (ex)
forapërahtida st. F.	Glanz; praeclara (Adj.) (11)
forahta sw. F.	Furcht; timor, pavor, metus, tremor, formido
(9) erflauctêr forahtûn	pavore perterritus
(12) (40) (51) forahtûn	timorem
(29) mit forahtûn	cum timore
(34) duruh forahtûn	propter timorem
(35) forahtûn	timoris
(51) âno forahtûn	sine formidine
(51) forahtûn	timore
(57) forahtûn	tremore
(89) forahtûn	re vera *vgl. St. S. 242 A 1*
(141) *foraht*ûn	timorem
forahtan sw. V.	fürchten, Pass. Furcht erwek-
furihtan sw. V.	ken, Part. gottesfürchtig; ti-
furahtan sw. V.	mere, metuere

(12) forahtantêr	metuendus
(15) furahtante	timentes
(26) furahtanteem	timentibus
(27) (81) forahtanti	timens
(31) furihtan	timere
(41) forahtantêr = -êm	timentibus
(111) furihtên	timeant
(147) forahtero = -tantero..	timentium (deum)
erforahtan sw. V.	fürchten; expaviscere (31)
forahtlîh Adj.	furchtbar; tremendus (20) (50)
forasako sw. M.	Prophet; propheta (14) (15)
forasago sw. M.	
fordrôro Komp.	vorausgehend; anterior (56)
frafallîhho Adv.	frech; proterve (29)
frâhên sw. V.	fragen; interrogare
(14) frâhêmees	interrogemus
intfrâhên sw. V.	fragen; interrogare
(17) intfrâhêtômês	interrogassemus
framkanc st. M.	das Fortschreiten; processus
(9) framkanc	processu
framhalde Adv.	vornüber; pronus (104)
frammêrt Adv.	hinfort, im übrigen, in Zukunft; de cetero, reliqua, de reliquo (32) (55) (102)
freidîg Adj.	mit tuan: zum Abfall bringen; apostatare facere
(96) freidîge tuat	apostatare facit
kefreisôt wësan	in Gefahr bringen; periclitari (146)
fremidi Adj.	fremd; alienus
(27) fremidi	alienus
(36) fremideru suanu	alieno iudicio
frî Adj.	frei; ingenuus, liber
(22) frîgêr	ingenuus
(23) (126) frîêr	liber
fridu st. M.	Frieden, Friedenskuß; pax
(13) (30) fridu	pacem
(14) fridoo	pacis
(33) in fridu hwarban	in pace redire

(86) in fridu	in pace
(138) ze fridiu	ad pacem
frîhals st. M.	(Befreiung)
(127) fona frîhalse	deliberatione(m) (gefaßt als de liberatione)
	vgl. St. S. 265 A 1
frîlîh Adj.	frei; liber
(138) frîlîhha	liberam
frist st. F.	Zeit, Gelegenheit (Ängstlichkeit); occasio, materia, scrupolositas
(92) (102) (120) frist	occasio
(95) fristeo	scrupolositate *vgl. St. S. 246 A 1*
(131) frist	occasionem
(145) frist	materia
friunt st. M.	Freund; amicus
(132) friunt	amice
fruatî sw. F.	Ernst, Würde; gravitas
(38) duruh fruatii	propter gravitatem
(50) (100) (100) mit fruatî	cum gravitate
(72) ..fruatî	cum..gravitate
(108) fruatî	gravitate
frummen sw. V.	verrichten; exercere
(149) sîn kefrumit	exerceantur
fuaz st. M.	Fuß; pes
(14) kescuahte..fuazzum	calciatis..pedibus
(35) nâhemu fuazze	vicino pede
(41) fuazzio	pedum
(104 (129) fuazzum	pedibus
(121) fuazzeo	pedum
fuir st. N.	Feuer; ignis
(46) (46) fuire	igne
fullen sw. V.	„am Schluß", vollziehen; complere
(101) kefultemu	completo
(107) kafullit sîn	compleantur
duruhfullen sw. V.	beenden; percomplere
(105) ist duruhfullit	percompletur

erfullen sw. V.	erfüllen, vollenden, schließen, ausführen, die Schlußfeier halten; complere, implere, adimplere
(8) ervullan	implere
(10) erfulli	comple
(16) erfullenti	complens
(17) erfullemês	compleamus
(19) (44) erfullan	implere
(33) erfullen	adimplere
(37) erfullit	impleat
(55) erfullit sîn	impleantur
(58) erfullit ist	completum est
(61) erfullit..	implebitur
(67) sî erfullit	impleatur
(68) erfullen	implesse
(83) erfulle	impleat
(99) sîn erfullit	compleantur
(107) erfullen	implere
zuaerfullen sw. V.	(Instrumente) handhaben; adimplere
(33) zuaerfultiu	adimpleta
fullî sw. F.	Übersättigung; satietas (96)
funs Adj.	bereit; promptus
(49) funsêr	promptus
funt st. N.	Pfund; libra (94)
furahtan s. forahtan	
furi Präp. mit Acc.	als; pro
(133) furi cast	pro hospite
furiburt st. F.	Enthaltsamkeit, Mäßigung; abstinentia
(95) furiburti	abstinentiae
(113) furipurti	abstinentiae
(113) furipurt	abstinentiam
furihtan s. forahtan	
furisto Superl.	der erste, höchste; summus
(38) mit dëra furistûn êrwirdî	cum summa reverentia
(39) dëra furistûn deoheiti	summae humilitatis

(92) furista swîgalî	summum silenlium
(100) mit dëra furistûn fruatii	cum summa gravitate
(100) (110) mit dëra furistûn îlungu	summa cum festinatione

G. K.

kagan Präp. mit Dat.	wegen; ob
(54) kagan êro	ob honorem
kaganan sw. V.	begegnen; obviare
(119) kaganne	obviaverit
(140) kagannant	obviant
kaganhôrida st. F.	das erste Hören; obauditus
(35) kaganhôridu	obauditu
kakanwart Adj.	gegenwärtig; praesens
(43) (ke)kakanwartan	praesentem
kakanwartan sw. V.	vor (das Gericht) stellen, repraesentare
(50) avur kakanwarti	repraesentari
l. (ke)kakanwartit	vgl. Diss. Daab S. 76
calm st. M.	Ton; sonitus
(92) calme..zeichanes	sonitu..signi
kân, kekân st. V.	gehen, unpers. hat Beziehung zu, gehört zu; ire, pertinet
(141) kekât	pertinet
(146) kânt	eunt
anakân, -gân st. V.	hineingehen, nachfolgen, mit wëhsalum: sich ablösen; incedere, succedere
(41) anakânt	incedunt
(71) anagât	succedat
(84) anakaant	succedunt
inkân st. V.	wandeln; ingredi
(14) inkaat	ingreditur
ûzkân st. V.	herauskommen; exire
(108) ûzkânte	exeuntes
kangan st. V.	gehen, wandeln, sich ergehen, nachgehen, in mit Gerund.: unterwegs; ambulare, ire, vadere, pergere

(14) kangamês	pergamus
(36) kangante	ambulantes
(39) noh nikeanc	neque ambulavi
(43) nikangees	non eas
(47) kangant	vadunt
(50) kanganti	ambulans
(126) kigangan..	itur
(144) in kankanne	in ambulando
kekangan st. V.	gehen, eintreten, Part. gehörend zu, passend; pertinere, intrare
(60) (sî) kekankan *l.-te*	pertinentes
(87) kekanganêr	intraturus
framkangan st. V.	hergehen, vorwärtsschreiten, vorgehen gegen jem.; procedere, proficere
(9) framkange	processerit
(24) framkangeen	proficiant
(78) framkangên	procedant
furikangan st. V.	vorübergehen; transire
(140) furikangantemu mê-rôrin	transeunte maiore
inkangan, -gan- st. V. -gankan	eintreten, hineingehen; ingredi, intrare
(87) ingangantemu	intranti
(102) inkekangane	ingrediantur
(133) ingaganganêr	ingressus
(135) in sîn kegangan	ingrediuntur
(137) inkagankanêr	ingressus
ûfkangan st. V.	Pass. intr. entstehen; oriri
(145) sint ûfkekangan	oriantur
umbikangan st. V.	herumgehen; circumire
(110) umbicangên	circumeant
ûzkangan st. V. -kankan	hinausgehen, herauskommen, auskommen mit etw., verreisen, austreten (aus dem Kloster); exire, egredi
(52) ûzkankên	exeant
(87) ûzkikanganêr	egressurus

(99) ûzkankantêm	exeuntes
(104) ûzkankantero	exeuntium
(122) ûzkanganti	exeuntes
(127) ûzkakangan wësan	egredi
zuakangan st. V.	herangehen an, zu Tisch gehen, hinzutreten; accedere
(99) (102) (138) zuakangên	accedant
gangarâri st. M.	Pilger; peregrinus
kankarâri	Betz S. 111 f.
(117) gangarâro	peregrinorum
(123) kankarârum	peregrinis
karawen sw. V.	bereiten, sich rüsten, herbeischaffen, sich bereit halten, sich verhalten; praeparare, parere, induere, exhibere
(8) ze karawenne	praeparanda
(11) ze karawenne	parendum *parêre*!
(26) karawe (sih)	parit (se) *Übl. paret*
(34) karata	praeparavit
(41) kekaratêr ist	praeparata est
(45) karawit	parit
(129) sî kikarwit	induatur
(140) kecaruuve	exhibeat
garawida st. F.	Bereitung; praeparatio
(14) in garawidu	in praeparatione *OSV, fehlt den reinen Hss.*
garo Adj.	bereit; paratus
(110) carwe	parati
gart st. M.	Chor; chorus
(102) carte	choro
garto sw. M.	Garten; hortus
(50) in cartin	in (h)orto
carwe s. garo	
garwen, garwida s. karawen, garawida	
kast st. M.	Gast; hospes
(81) (100) (117) (126) kesteo	hospitum
(119) mit kastu	cum hospite
(123) kesti	hospites
(133) furi cast	pro hospite

castluamen sw. V.	zu Gast sein; hospitari
(19) sint kecastluamit	hospitantur
castluamî sw. F.	Gastaufenthalt; hospitalitas
(134) dëru castluamii	hospitalitatis
(134) kastluamii	hospitalitatis
kataling st. M.	Pl. Eltern; parentes
(119) fona catalingun	a parentibus
(130) katilingâ	parentes
gaugrôn, caugrôn sw. V.	umherschweifen; vagari *(102)*
	(111) (111) (118) verwechselt
	mit vacare müßig gehen
(102) caugrôt	vacat
(111) gaugrôt	vacat
(111) nicaugrôe	non vacet
(118) gaugrônt	vacant
(149) caugrôt..	vagare $> $-$i$
(149) kecaugrôt wësan	vagandi
cauma st. F.	Mahlzeit; prandium
(94) dëro cauma	prandii
(97) cauma	prandii
(98) dëra cauma	prandii
forakaumen sw. V.	besorgen; procurare
(87) fora sî kekaumit	procurentur (solatia)
(hëlfa)	
caumôn sw. V.	Mahlzeit einnehmen; prandere
(97) caumôên	prandeant
këba st. F.	Gabe; datum, donum
(82) ubar këba	super datum
(95) këba	donum
këban st. V.	geben, anbieten, gewähren,
	handhaben, Gehorsam leisten,
	darreichen, zurückgeben, dar-
	bringen; dare, reddere, prae-
	bere, tribuere, offerre, rogare,
	erogare
(10) (15) kip	da
(15) këbant	reddunt
(23) sî kekëban	praebeatur
(28) këbeen	dent

(29) këbantan	redditurum
(30) nikëban	non dare
(36) ist kekëban	praebetur
(36) këban	praebere
(47) këbeen	praebent
(57) kakëbaneru wîhî	date benedictione
(82) këbe	tribuatur
(83) sî kekëban	dentur
(83) kekëban sîn	dentur
(83) ze këbannc sint	danda sunt
(92) sî kikëban	detur
(102) (145) ist kekëban	datur
(110) za këbanne sint	dandi sunt
(113) *werah* këbamês	operam darc
(120) kepeotan sî kigëban	iubeat dare
(121) këbant	reddant
(123) wârun kikëban	dabatur
(125) sî kikëban	tribuatur
(129) këbe	rogat
(130) këbe	offerat
(131) këbant	dant
(131) këban	dare
(144) kap	erogavit
(148) këban	reddere
erkëban st. V.	Rechenschaft ablegen, geben, Pass. werden; reddere
(26) erkëbantêr ist	redditurus est
(26) ze rediûn ze arkëbanne	ad rationem reddendam
(27) ist erkëbantêr	erit redditurus
(27) erkibit	redditus *Übl.-tur*
(82) erkëbaneer *l.-têr*	redditurus
(94) ze erkëbanne	reddenda
(138) (142) erkëbantêr	redditurus
farkëban st. V.	geben, zugestehen, erlauben; concedere
(38) farkëban ist	concedatur
(90) (132) sî farkëban	concedatur
(133) farkëbaniu (stat)	concessus (locus)
untarkëban st. V.	unterwerfen; subdere

10

(86) sî untarkëban	subdatur
zuakëban st. V.	hinzufügen; addere
(93) zua sî kikëban	addatur
këbo sw. M.	Geber; dator
(36) këbon	datorem
gëhan s. jëhan	
keil Adj.	überheblich, hocherhoben; elatus
(15) keile	elatos
(39) keiliu..augun	elati..oculi
keilî sw. F.	Überhebung; elatio
(136) keilii	elationem
keist st. M.	Geist; spiritus (12)
këltan st. V.	vergelten; reddere
(31) nikëltan	non reddere
kërnî sw. F.	Sorgfalt; diligentia (21)
kërnnissa	Andacht; devotio
(68) dëra kërnnissa	devotionis
(70) kërnnissu	devotione
kërnlîhho	willig, gewissenhaft; libenter, diligenter (10) (32) (34)
kërôn sw. V.	wünschen, begehren; cupere, desiderare, concupiscere
(10) kërôs	cupis
(13) këroot	cupit
(30) nikërôês	non concupiscere
(31) këroon	desiderare
(36) këroont	desiderant
(103) kërôt	desideravit
(134) (143) kërôt	cupit
(144) kërônt	cupiant
kerta st. F.	Rute, Strafe; virga, vindicta
(25) kertu	virga
(78) kertu	vindictam
(79) kertu	virgae
erkëzzan st. V.	vergessen; oblivisci
(136) sî erkëzzan	obliviscatur
pikinnan st. V.	beginnen, anfangen; incipere, inchoare, capere

(9) ze pekinnanne	incipienda
(11) pikinnês	inchoas
(24) pikinneen	ceperint
(51) (56) pikinne	incipiat
(52) pikinnantemu leohte	incipiente luce
(54) (56) pikinnit	incipit
(57) pikinnên	incipiant
(66) sî pigunnan	incipiatur
(91) imu pikinnantemu	ipso incipiente
inkinnan st. V.	anstimmen; imponere
(107) inkinnên	inponant
kirida st. F.	Begierde, Sehnsucht, Verlangen; desiderium, concupiscentia
(18) kiridôno	desideriorum
(31) eocowelîhhera kirida	omni concupiscentia
(32) (41) (44) kiridâ	desideria
(36) kiridôn	desideriis
(43) in kiridoom	in desideriis
(43) (43) kirida	desiderium
(43) after kiridoom	post concupiscentias
(113) kiridu	desiderii
(133) kiridu	desiderio
giu Adv.	schon, nunmehr, von jetzt ab; iam (11) (12) (17) (18) (37) (50) (51) (51) (62) (80)
clatamuati Adj.	froh; hilaris
(36) clatamuatan këbon	hilarem datorem
claulîcho Adv.	klug; prudenter (134)
gnâda st. F.	Gnade; pietas
(14) dëra gnâda	pietate
cold st. N.	Gold; aurum (18)
comman st. M.	Mann; vir
(16) commane	viro
(49) comman	vir
cot st. M.	Gott; deus
(9) (13) (16) (18) (20) (22) (26) (29) (29) (31) (31) (32) (33) (34) (36) (41)	

10*

(41) (44) cot	deus
(18) cote hëlfantemu	deo auxiliante
(23) mit cotan	apud deum
(31) (41) (41) (41) (42) (43)	
(43) (81) cotan	deum
(35) (40) (45) (51) (72) (83)	
(101) (102) cotes	dei
(36) (37) (57) cote	deo
(41) fona cote	a deo
(95) fona cote	ex deo
cotchund Adj.	göttlich; divinus, deificus
(10) (20) (21) (38) (40) cot- chund	divinus
(12) ze cotchundemu leohte	ad deificum lumen
(54) cotchundûn ortfrumu	divinae auctoritatis
(69) .. cotchundaz	(opus) divinum
(70) dëra cotchundiûn ensti	divinae gratiae
(78) cotchundera	divinarum
(83) dëra cotchunduun sprâhha	divini eloquii
(100) dës cotchundin ambahtes	divini officii
(142) cotchundera (d. sg. f.)	divina (abl.)
cotchundî sw. F.	Göttlichkeit; divinitas, divinus
(41) cotchundii	divinitatis
(46) dëra cotchundî	divinae
(69) cotchundî.. antwarta	divinam (esse) praesentiam *vgl. St. S. 229 A 7*
cotchundida st. F.	Göttlichkeit; divinus (12)
cotchundlîhho Adv.	von Gott her; divinitus (34)
picraban st. V.	begraben; sepelire (30)
kecremitêr Adj. Part.	ergrimmt; inritatus (12)
kecrîffan st. V.	in die Hand bekommen, mit wëc: einen Weg einschlagen; arripere
(35) kecriiffant	arripiunt
(91) kechrîffe	arripuerit
crimî sw. F.	Grimm; dirum (24)
grôzzî sw. F.	Dicke; grossitudo

(121) (fona) grôzzii	(de) grossitudine
cuat Adj.	gut; bonus
(11) cuates	bonum
(11) fona cuatum	de bonis
(13) tagâ cuate	dies bonos
(13) (31) (48) cuat	bonum
(14) cuatero tâtio	bonorum actuum
(14) (22) cuateem tâtim	bonis actibus
(15) fona cuateem kihalti-dôm	de bona observantia
(15) diu sëlbun cuatiu	ipsa bona
(21) alliu cuatiu	omnia bona
(23) in wërchum cuateem	in operibus bonis
(26) dës cuatin chortres	boni gregis
(36) mit cuatu = -emu muatu	cum bono animo
(37) fona cuateem	a bonis
(37) (37) fona cuateem sprâhhôm	a (de) bonis eloquiis
(43) cuatiu	bonos
(47) cuatêr	bonus
(51) wonaheite dei sëlbûn cuatiu	consuetudine ipsa bona
(70) dëra cuatûn kiwiszida	boni testimonii
(77) dës cuatin	boni
(81) stiagil cuatan	gradum bonum
(82) (82) cuataz (wort)	bonus (sermo)
cuatchund (-o sw. M. ?)	Evangelium; evangelium
(14) cuatchundin	evangelii *evangelici ist übs.* *Vgl. St. S. 194 A 1*
cuatchundenti Adj. Part.	evangelisch; evangelicus
(51) cuatchundento	evangelicus
cuatchundida st. F.	Evangelium; evangelium
(57) fona cuatchundidu	de evangelia
(63) fona cuatchundidu	de evangelio
cuatlîhhên sw. V.	verherrlicht werden, sich rühmen; gloriari
(16) cuatlîhhêt	gloriatur
(16) cuatlîhhee	glorietur

picurten sw. V.   umgürten; cingere, succingere
   (14) picurte..lanchôm   succintis..lumbis
   (72) picurte   cincti
curtila F.   Leibgurt; cingulum
   (72) curtilôm   cingulis

H.

erhabanî sw. F.   Selbsterhöhung, Erhöhung; ex-
    altatio
   (39) eocowelîhha erhabanii   omnem exaltationem
   (39) ze dëru erhabanii   ad exaltationem
   (40) erhabanii   exaltatione
inthabanî sw. F.   Anmaßung; adsumptio
   (140) sînera inthabanii   sua adsumptione
habên sw. V.   haben, besitzen, erfassen, hal-
    ten, beibehalten, bewahren,
    Gerund.: Besitz; habere, tenere,
    possidere
   (8) (45) (95) (129) hebit   habet
   (13) (27) (31) (33) (112)
    habên   habere
   (15) kihebita   tenuit
   (30) nihabeen   non tenere
   (49) *habênti*   habens
   (55) (55) (57) (60) sî ki- (ke-)
    habêt   teneatur
   (80) habeen   habere
   (82) habee   habeat
   (95) habênti   habituros
   (118) habêt   possedit
   (131) za habênne   habendi
   (132) habên   tenere
kehabên sw. V.   sich enthalten; abstinere
   (90) kehabeen   abstineant
kehabêntêr Adj. Part.   zufrieden; contentus (48)
inthabên sw. V.   warten, aushalten; sustinere
   (45) inthabee   sustine
   (88) inthabeen   sustineant
pihaft Adj.   beschäftigt; occupatus

(35) pihafteem hantum	ex occupatis manibus
(86) (99) pihaftêr	occupatus
halm st. M.	Splitter; festuca
(22) halm	festucam
hals st. M.	Hals; collum
(9) halsâ	colla
pihalsen, ki- sw. V.	hegen, umfassen; amplecti
(30) kihalsit wësan	amplecti
(45) pihalsit sî	amplectatur
haltan st. V.	einhalten, bewahren, behüten, (sich) hüten, retten, vorbehalten, aufbewahren; servare, custodire, con-, re-, observare, salvare
(10) (23) (30) haltan	servare
(31) (32) haltan	custodire
(37) ih kehalte	custodiam
(41) kehaltanti	custodiens
(51) kehaltan	custodire
(66) kihaltan	servatam
(81) (81) kehalte	custodiat
(94) sî kihaltan	reservetur
(94) sî kihaltan	servetur
(95) kehaltan	servata
(97) kihaltan sîn	salventur
(112) kihaltan	custodire
(126) (147) kihaltan	observare
(129) ze kehaltanne	conservanda
(129) kehaltanti	reservans
(131) sîn kihaltan	observantur
(132) ze haltanne	servaturum
(137) kehaltan	servare
(138) (140) kehaltên	conservent
(139) kehaltaniu	conservata
pihaltan st. V.	bewahren, einhalten; observare
(42) pihaltu	observavero
(51) piheialt	observabat
pihaltida st. F.	Beachtung, Beobachtung; observatio

(29) (133) pihaltidu	observatione
(112) pihaltida	observationem
kehaltanêr Adj. Part.	gerettet; salvus (45)
kehaltida st. F.	Übung der guten Werke, Wache, Beaufsichtigung, Bewahrung; observantia, custodia
(14) kihaltidu	observantia (abl.)
(15) fona.. kihaltidôm	de observantia
(37) kehaltida	custodiam
(140) (146) kihaltida	custodiam
hangên sw. V.	hängen, abhängen; pendere
(28) hangeet	pendat
(146) hangên	pendere
hant st. F.	Hand; manus
(18) einera henti	sola manu
(35) pihafteem hantum	ex occupatis manibus
(38) (100) in hantum	in manibus
(41) henteo	manuum
harên sw. V.	rufen, zurufen; clamare
(13) harêt	clamet
(20) harêmees	clamamus
(38) harêt	clamat
hart Adj.	hart; durus (s. herti)
(24) hartôr	durius
haubit st. N.	Haupt, Beginn, Anfang; caput
(46) ubar haubit	super capite
(50) kehneictemu haubite	inclinato capite
(61) (98) in haubit	in capud
(68) fona haubite	a capite
(104) kesaztemu.. capite (!)	posito.. capite
(109) (110) in *hau*pit	in capud
heffan s. hevan	
piheften sw. V.	Pass. sich beschäftigen; occupare
(87) sîn piheftit	occupantur
(109) sîn piheftit	occupentur
heil Adj.	gerettet; salvus
(75) heilêr	salvus
heilantî sw. F.	Heil; salutare (21)

heilî sw. F.	Heil; salus
(9) dëra heilii	salutis
(26) heilii	salutem
heilîg Adj.	gesund; sanus
(141) heilîcôrin (kerâte)	saniore (consilio)
heillîh Adj.	heilsam; saluber
(28) heillîhhoor	salubrius
heit st. M.	Person; persona
(22) heit	persona
(23) (85) heiteo	personarum
(46) fora *fona?* heitio	ex persona
(131) duruh..heit	per..personam
(141) heit	personam
keheizzan st. V.	versprechen, geloben; promittere, spondere
(79) keheizze	spondeat
(128) (131) kiheize	promittat
(133) kiheizant	promittunt
forakiheizzan st. V.	verheißen; promittere
(34) forakihiaz	promisit
farhëlan st. V.	verheimlichen; celare
(47) nifarhële	non celaverit
hëlfa st. F.	Hilfe, Helfer, Pl. Hilfskräfte, Gehilfen; solatium, adiutorium, consolatio
(8) hëlfa	adiutorium
(17) hëlfu	solatio
(18) âno hëlfa	sine consolatione
(83) (87) hëlfa	solatia
(118) hëlffa	solatia
(149) hëlfa	solatium
hëlfan st. V.	helfen; adiuvare, auxiliari, subvenire
(18) cote hëlfantemu	deo auxiliante
(30) hëlfan	subvenire
(83) keholfaneer	adiutus
(88) du hulfi	adiuvasti
zuahëlfan st. V.	helfen; adiuvare
(19) zuahëlfantemu truhtîne	adiuvante domino

hella st. F. — Hölle; gehenna, infernum
   (8) (34) dëra hella — gehennae
   (31) hellâ — gehennam
   (41) in hella — in gehennam
   (43) dëra hella — inferni
   (51) dëra hella — gehennae
kehenkan sw. V. — gestatten, beistimmen, über-einstimmen; consentire
   (96) kehenkamês — consentiamus
   (130) kihenkit — consenserit
   (141) kehenkantan — consentientem
zuahenkan sw. V. — bewilligen; adsentire
   (132) zuakihenkit.. — adsentiatur
kehenkida st. F. — Zustimmung, Einverständnis; consensus
   (136) kihenkida — consensu
   (142) kehengida — consensum
hêriro Adj. Komp. — der Ältere, der Obere, der Abt;
hêrôro — senior, prior, altior
   (32) hêririn — seniori
   (38) fona hêririn — a priore
   (46) untar hêririn — sub priore
   (60) (140) fona hêrôrin — a priore
   (72) mit hêrirôm — cum senioribus
   (73) hêrirôno — seniorum
   (92) hêrôro — prior
   (107) hêrôrôm — senioribus
   (124) hêrôrun — seniorem
   (138) dëmu hêrôrin — altiori
   (139) hêrirom -on? — priores
   (140) hêriro — senior
hêrôsto Adj. Superl. — der Ältere, der Abt; senior, prior
   (29) hêrôstôno — seniorum
   (33) (110) hêrôston — seniores
   (95) dës hêrôstin — prioris
   (126) hêrôsto — senior
hërta st. F. — Wechsel, d. pl. wechselweise
   (53) hërtôm — vicissim

furihertan sw. V.	verhärten; obdurare (12)
herti Adj.	hart; durus (hartor s. hart)
(21) herteem (hërzin)	duris (corde) „den im Herzen Harten"
(24) herteem (kedwinge)	duros (coerceat)
(45) herteem rahhôm	duris rebus
(126) hertiu	dura
hërza sw. N.	Herz; cor
(8) hërzun	corda (n. pl.)
(9) kepreittemu hërzin	dilatuto corde
(10) dës hërzin	cordis
(12) hërza	corda (a. pl.)
(15) (21) (30) (37) (42) (50) in hërzin	in corde
(15) (28) (48) hërzin	cordis
(21) (40) (50) hërzin	corde
(30) er hërzin	ex corde
(32) (47) hërzin	cordi
(34) in hërza	in cor
(37) hërza	cor (a. sg.)
(39) (45) hërza	cor (n. sg.)
(41) hërzun	corda (a. pl.)
(94) hërzun	corda (n. pl.)
(113) dës hërzin	cordis
heffan, hevan st. V.	heben, erheben, anstimmen, vortragen, höher stellen; exaltare, levare, superexaltare, imponere
(49) hevit	exaltat
(51) heffan	levare
(74) niheffe	non imponat
(105) heffan	imponere
(138) ze heffanne	inponendum
(142) heffe	superexaltet
erhevan, -ff- st. V.	erheben, erhöhen, stören, Pass. erhöht werden, sich überheben, sich erhöhen; exaltare, extollere, tollere
(38) arhevit	exaltat

(39)	ist erhaban	exaltabitur
(39)	nist erhaban	non est exaltatum
(39)	erhuab	exaltavi
(48)	erhapenêr	exaltatus
(86)	sî erhaban	extollatur
(111)	erhevit	tollit
(124)	ist erhaban	extollitur

ûferhevan st. V. — aufsteigen; ascendere
    (39) ist ûferhaban — ascenditur
hiar Adv. — hier; hic (10) (37)
himil st. M. — Himmel; caelum
    (40) (51) ze himile — ad caelnm
    (41) fona himilum — de caelis
    (43) fona himile — de caelo
himilisc Adj. — himmlisch; caelestis (39)
himilrîhhi st. N. — Himmelreich; regnum caelorum
    (17) himilrîhhes — regni caelorum
hirti st. M. — Hirte; pastor
    (18) âno hirti — sine pastore
    (20) (20) hirtes — pastoris
    (21) hirti — pastor
    (27) dës hirtes — pastoris
kahirzan sw. V. — im Einklang stehen; concordare
    (69) kahirze — concordet
hiutu Adv. — heute; hodie (12)
hîwiski st. N. — Familie; familia
    (20) fater hîwiskes — pater familias
hlahtar st. N. — Lachen, Gelächter; risus
    (32) hlahtre — risui
    (32) (38) hlahtar — risum
    (49) (49) in lahtere — in risu
    (50) âno hlahtar — sine risu
hlanca st. F. — Lende; lumba
    (14) picurte..lanchôm — succinctis lumbis
hlaufan st. V. — laufen, herbeikommen; currere, occurrere
    (8) ze hlauffanne — currendum
    (9) sî kehlaufan — curritur
    (12) hlauffat — currite

(14) (100) sî kehlauffan	curratur
(102) kehlauffit	occurrerit
(110) sî kilaufan	curratur
anahlaufan st. V.	einer Strafe verfallen; incurrere
(37) wîzzi anahlauffit	poenam incurrit
kakanhlaufan st. V.	zugegen sein, zusammenlaufen, -kommen; occurrere
(58) kakanlaufên	occurrant
(99) allêm in ein kakan-hlauffantêm	omnibus in unum occurrentibus
(101) kakanlaufit	occurrerit
hleitar st. F.	Leiter; scala
(39) hleitar sëlbiu	scala illa
(40) hleitar	scala
(40) dëra hleitra	scalae
hleitarpaum st. M.	Leitersprosse; latus
(40) hleitarpaum	latera (a. pl.)
(40) in hleitarpaumum	in latera
erhleozzan st. V.	erlosen; sortiri
(76) sî erlozzan	sortiatur
hlîban st. V.	schonen, verteilen; parcere, partire *verwechselt*!
(44) lîppanti	parcendo
(67) lîbanto	parciendo = -*t*-
(71) lîbbe	parceat *Übl. partiat*
hlîbantî sw. F.	Sparsamkeit; parcitas
(95) lîbantî	parcitate
anahlinên sw. V.	obliegen, eifrig betreiben, mit sunta: zur Last fallen; incumbere
(20) anahlinênti	incumbere *vgl. St. S. 187 A 8*
(32) anahlineen	incumbere
(35) anahlineet	incumbit
framerhlôt s. fram-er-leotan	
hlosên sw. V.	herhören; auscultare
(10) hlose	ausculta
zua(h)lûstrenti Part. Adj.	aufmerksam (betäubt)
(12) zualuustrenteem (oorôm)	adtonitis (auribus)

hlûtar Adj.	rein, bloß; purus
(70) lûttras..	pura (oratio)
(139) hlûtremu	puro
hlûtreisti Adj.	lärmend; clamosus
(50) hlûtreistêr	clamosus
hlûtrî sw. F.	Reinheit; puritas
(70) lûttrî	puritatis
(112) lûtrî	puritate
kehneigen sw. V.	neigen, abweichen; inclinare, declinare
(10) kehneigi	inclina
(28) sî kehneigit	declinetur
(44) kehneickente	declinantes
(50) kehneictemu..haubite	inclinato..capite
honec	Honig; mel
(10) honec	mella (a.)
hôran sw. V.	hören, gehorchen; audire, oboedire
(12) hôrramês	audiamus
(12) hooreet	audieritis
(12) hôrendo	audiendi
(12) hoore	audiat
(12) hoorrat	audite
(13) hoorês	audiens
(14) hoorremees	audiamus
(16) (36) (36) hoorit	audit
(17) kehôrtômês	audivimus
(27) hoorrenti	audiens
(28) imu hooreen	ei oboediant
(32) (38) hôrran	audire
(32) hôrran	oboedire
(34) hoorta	audivit
(35) (35) hôrit	audivit
(36) hoorit	oboedit
(60) kehôrrantêm	audientibus
(99) hôrrente	audientes
(100) kihôrtaz wirdit	auditum fuerit
(110) kehôrit wirdit	auditum fuerit
(137) ôrren	oboedire

(144) hôrre — audiat

kaganhôran sw. V. — gehorchen; oboedire

(35) kaganhoorta — oboedivit

hôrsam Adj. — gehorsam; oboediens

(24) hôrsamêm (piswerran) — oboedientes (obsecrare)

hôrsamî sw. F. — Gehorsam; oboedientia

(8) (11) (20) dëra hôrsamii — oboedientiae

(10) duruh hôrsamii — per oboedientiae

vgl. St. S. 191 A 8

(22) in..hôrsamii — in..oboedientia

(34) fona hôrsamii — de oboedientia

(34) (36) (36) hoorsamii — oboedientia (n.)

(35) dëra hoorsamii — oboedientiae

(45) (45) hoorsamii — oboedientia (abl.)

(126) ..hôrsamî — (ad) oboedientiam

(128) ..hôrsamî — (de)..oboedientia

(136) hôrsamii — oboedientiae

hôrsamôn sw. V. — gehorchen; oboedire

(36) hoorsamônte — oboedientes

(45) hôrsamoonti — oboediens

(118) hôrsamôên — oboediant

horskî sw. F. — Fleiß; industria

(77) horskî — industria (abl.)

(79) horskii — industriam

hradalîhho Adv. — eifrig; strenue

(68) radalîhcho — strenue

hreinan sw. V. — reinigen; castigare (aufgefaßt als castum facere), purgare

(30) hreinnan — castigare

(60) reinên — purgent

hreinî sw. F. — Keuschheit; castitas

(33) hreinii — castitatem

hreini Adj. — rein, sauber, uneigennützig; castus, mundus

(10) hreinisto (lîb) — castissima (vita)

(51) hreinan — mundum

(87) hreiniu — munda (vasa a.)

(142) hreinnan — castum

hreinida st. F. — Pl. Reinigung; munditia

(87) hreinidâ	munditias
hreino Adv.	uneigennützig; caste (142)
hriuwa sw. F.	Buße; poenitentia
(16) ze hriuwûn	ad poenitentiam
hriuwôn sw. V.	bereuen, Buße tun; paenitere
(29) nihrivôês	non peniteberis
(101) hriwôe	paeniteat
hruam st. M.	Ruhmsucht; gloria
(113)/(114) îtal ruam	vanae gloriae (n. pl.)
hrucki st. M.	Rücken; dorsum
(46) in hrucki	in dorso
huarôn sw. V.	ehebrechen; adulterare (30)
kehuckan sw. V.	gedenken, sich erinnern, daran denken; meminere, memor, memorari
(19) (25) kehuckan	meminere
(24) (32) (81) (83) kehucke	memor sc.: sit
(25) daz ist kehuckenti	quod est meminere
(26) (143) kehucke	meminerit
(124) sîn kehukit	memorentur
farhuckan sw. V.	verschmähen; spernere
(21) farhoctôn	spreverunt
pihuctî sw. F.	Gewissenhaftigkeit; sollicitudo
(82) mit pihuctî	cum sollicitudine
kehuctî sw. F.	Gedanken, auswendig; memoriae = memoriter, commemoratio
(55) dëra kihuctî	memoriae
(150) kehuctî	commemoratio
inhuctî sw. F.	Bewußtsein; conscientia (45)
pihuctida st. F.	Sorge (tragen); sollicitudo
(70)/(71) pihuctida	sollicitudinem
pihuctîg Adj.	sorgfältig, besorgt, pünktlich; sollicitus
(27) (42) pihuctîgeer	sollicitus
(107) pihuctîkemu	sollicito (d.)
(126) pihuctîgêr	sollicitus
kehuctîg Adj.	eingedenk; memor
(20) kehuctîc sii	memor sit

(40) sî kehuctîc   sit memor
pihuctlîcho Adv.   gewissenhaft; sollicite (117)
kihuctlîhho Adv.   auswendig, aus dem Gedächt-
nis, sorgfältig; memoriter, ex
corde, sollicite (54) (58) (59)
(147)

hûs st. N.   Haus Gottes, Haus des Men-
schen, Gotteshaus (Kloster);
tabernaculum, domus
(14) in hûse   in tabernaculo
(14) (17) hûses   tabernaculi
(16) hûs   domum
(83) in hûse cotes   in domo dei
hwanân Konj.   weshalb; unde (27)
hwanta Konj.   weshalb; quare (22)
hwâr Pron.   irgendwo, überall; ubicumque
(50) (140)

hwarban < *hwarbjan,*
hwaraban, warben sw. V.   zurückkehren; redire, reverti
(10/(11) hwarabês   redeas
(33) hwarban   redire
(122) warbente   revertentes
pihwarban sw. V.   fernhalten; avertere
(91) pihwarbe   avertat
erhwarban sw. V.   sich abwenden; avertere
(42) erhwarabi   averte
kehwarban sw. V.   sich abwenden, ins Kloster ein-
kehwerban   treten; converti, divertere
(13) kihwerebi   diverte
(22) kehwarbantemu   convertenti
(60) kiwerbit wësan   converti
(139) sîn kehwerbit   convertuntur
*hwas Adj.   scharf; acer
(78) wassira   acrior
hwaslîhho Adv.   genau; efficaciter (10)
hwassî sw. F.   Scharfsinn; sagacitas
(77) hwassî   sagacitate
hwaz Pron.   etwas indef., relat., was interr.,
was auch immer; quid, quod,

11

hweizzi st. M.

hwelîh, welîh Pron.

(h)wel(l)îhho Adv.

hwenne Adv.
wenne
hweo, weo Adv.

*hweolîhhî w. F. s
  (25) hwialîhhii
*hweolîhnissi st. N.
  (120) wealîhnissim
*hweomihhilî sw. F.
  (55) weamihilî
  (55) weomichilî
hwër Pron.

sô hwër sô Pron.
hwërban st. V.
hwëraban
hwëravan
  (17) kehwërave
  (44) kehwëraban
  (79) kihworban wësan
  (150) hwërbente
  (150) hwërbant
hwialîhhî s. hweo-
kihworvannissa st. F.

  (138) dëra kihworvanissa

qui, quicquid, quicumque (9)
(11) (12)(13) (18) (20) (36) (90)
(105)(106)(108)(122)(124)(143)
Weizen; triticum (144)
welch, wer, irgend einer; qui-
libet, aliquis, quis, qui, quicumque, talis, qualis, qualis-
cumque
hartnäckig; procaciter (28)
*vgl. St. S. 203 A 1; Diss. Daab
S. 89*
einst, irgendwann; quando (22)
(68)
wie, wieviel, quam, quanto,
qualiter (25) (37) (41) (70) (97)
Eigenart; qualitas
  qualitatem
Beschaffenheit; qualitas
  qualitatibus
Größe, Menge; quantitas
  quantitas
  quantitate
wer interr., irgendwer indef.;
quis (13) (13) (14) (119) (120)
(120) (122)
wer auch immer; quisquis (11)
umkehren, zurückkehren, wieder ins Kloster eintreten, sich
bekehren; con-, reverti, redire
  convertatur
  converti
  reverti
  revertentes
  redeunt

klösterlicher Wandel; convers-
s(at)io
conversionis *die besten Hs.: con-*
versationis

I.

ibu Konj. — wenn; si

ih Pron. — ich; ego (11) (12) (13) (13) (21) (35) (35) (36) (36) (37) (39) (42) (44) (44) (47) (47) (48) (48) (49) (51) (88) (88)

îlen sw. V. — eilen; festinare
    (41) iille — festinet

îllantlîhho Adv. — eilig; festinanter (149)

îlunga st. F. — Eile; festinatio
    (100) (110) mit..îlungu — cum..festinatione

im Pron. — sich; sibi (Pl.) (34) (89) (119) (145)

imbîz, st. N. — Stärkung, Essen, Mahlzeit; refectio

    (74) imbîz — refectionem
    (88) (98) dës inbîzzes — refectionis
    (93) za imbîzze — ad refectionem
    (94) imbîz — refectio
    (110) after imbîzze — post refectionem

imbîzzan, in- st. V. — essen, Mahlzeit einnehmen, Pass. sich stärken; reficere

    (93) sî inbîzzan — reficiatur
    (97) imbîzzên — reficiant
    (98) imbîzzante — reficientes

imu Pron. — sich, selbst; sibi (Sg.), ipse (15) (23) (26) (26) (30) (30) (31) (31) (36 falsch) (40) (48) (48) (50) (80) (81) (83) (91 se) (99) (102) (111) (113) (117) (119 Übl. sibi) (140)

in Präp. mit Dat., Acc., Instr. — in

inbîz, inbîzzan s. im-

indi Konj. — und; et, atque, ac, -que, asci

inti

enti

inkanc st. M. — Eingang, Eintritt, der Erste des Monats; introitus, kalendae, ingressus

(43) pii inkange	secus introitus
(108) unzan inkangum	usque ad kalendas
(125) inganc	ingressus
innana Adv.	innerhalb; infra, intus (29) (102)
innaro Komp.	der unterste; inferior
(48) innarôrun	inferiorem
inu Interj.	siehe; ecce (33)
inunu Konj.	deshalb, also; itaque, igitur (34) (40) (139)
inwarta sw. F.	das Innerste; intimum
(48) dëra inwartûn (hërzin)	intimo (cordis)
ioh Konj.	auch, oder; vel, aut, -que, et, atque, ac (10) (12) (47) (47) (101) (103) (106) (107) (111) (113)
ioh auh Konj.	und, aber auch, zugleich auch, sondern auch; et, sed et, simul et, etiam et (9) (16) (28) (41) (46) (75) (100) (145)
ir Pron.	ihr; vos (12) (13) (13) (13) (26) (35) (36) (77) (140)
iro Pron.	suus, eorum, earum (15) (18) (19) (21) (21) (35) (35) (36) (43) (54) (54) (54) (56) (84) (89) (101) (107) (108) (109) (110) (110) (137) (139) (140)
îsarn st. N.	Eisen; ferrum
(79) îsarne	ferro (abl.)
îsarnazzasi st. N.	Pl. eiserne Gerätschaften; ferramentum
(83) in îsarnazzasum	in ferramentis
îtal Adj.	eitel; vanus
(32) îtaliu	vana (a. pl. n.)
(113) îtal ruam	vanae gloriae
itlôn st. N. (M.)	Vergeltung; retributio
(39) itloon	retributio
(46) dës itloones	retributionis
(123) itlôn	retributionem
itniuwî sw. F.	Kräftigung; reparatio

(90) fora itniuwiu *vgl. St.* pro repatione *Übl. repara-*
  S. 242 A 4   *tione, vgl. Diss. S. 19*
itwîz st. M.   Schimpf, Spott, Demütigung;
         opprobrium

(15) itwîz   opprobrium (a.)
(48) itwîz   opprobrium (n.)
(126) ..itwîzze   (ad) opprobria
iuwêr Pron.   euer; vester (12) (13) (94)

J.

iâr st. N.   Jahr; annus
(118) ..iâr   (ad) annum
gëhan st. V.   bekennen, sich bekennen, beich-
         ten, geloben, preisen; confiteri,
         profiteri

(32) gëhan   confiteri
(34) kegëhane sint professi sunt
(42) gihit   confitebitur
(47) gëhat   confitemini
(62) za gëhane   ad confitendum
ioh st. N.   Joch; iugum
(9) iohhe   iugo (d.)
(127) untar iohche sub iugo
iung Adj.   jung; iuvenis
(90) iungêm   iuvenibus
iungiro Komp.   jünger, der Jüngere; iunior
(28) iungirin   iuniori
(33) iungiron   iuniores
(139) (149) iungirun iuniorem
(139) iungirun   iuniores
(140) iungiro   iunior
iungisto Superl.   letzter, mit in: am Schluß; ul-
         timus

(59) in iungastin in ultimo
(60) iungista teil ultima pars
(80) in dëru iungistûn steti in ultimo gradu
(101) (141) iungisto ultimus

(101) in iunkistûn steti	ultimo loco
(150) ze kepëte iungistin	ad orationem ultimam
az iungist Adv.	zuletzt, endlich; demum, ad ultimum (21) (78)

K, CH, C, KW, (Q).

kalizia sw. F.	Stiefel; caliga
(121) (123) kaliziûn	caligas
chalt Adj.	kalt; frigidus
(120) in chaltêm lantscaffim	in frigidis regionibus
chamara st. F.	Zelle; cella
(118) chamara	cellam
chamfan, chemfan sw. V.	kämpfen, Kriegsdienste leisten; militare
(8) ze chamfanne	militanda
(11) chamfantêr	militaturus
(17) chamfanti	militans
(126) chemfan	militare
(135) ist kichemfit	miliatur *Übl.* *militatur, vgl.* *Diss. S. 20*
chamfheit st. F.	Kampf; militia
(23) chamfheit	militiam
cantico sw. M.	Gesang; canticum
(56) dea canticun	quae cantica
chaufan sw. V.	kaufen; conparare (121)
farchaufan sw. V.	verkaufen; venundari
(124) ze farchaufanne	venundandum
chëla sw. F.	Kehle; gula
(19) chëluun	gulae
chemfan s. chamfan	
erchennen sw. V.	âno zwîfal: überzeugt sein, vortragen *vgl. St. S. 224 A 2;* agnoscere, **recitare**
(27) erchenne	agnoscat
(59) ze erchennenne	recitanda
keosan st. V.	verneint: nicht wollen; nolle
(12) ir nichvriit	nolite

(33) nichurît	nolite
farchoranêr Part.	verworfen; reprobus (22)
erchêren sw. V.	fernhalten; removere
(94) erchêrtiu..ubarâzalii	remota..crapula
chind st. N.	Kind, Knabe, Zögling; puer, filius, infans, alumnus
(10) chindum	alumnis
(10) chind	fili (voc.)
(11) (20) chindo	filiorum
(11)/(12) chind	filios
(25) (130) chind	filium
(81) chindo	infantum
(94) (139) chindum	pueris
(106) chind	infantes
(130) chind	puer
(130) dës chindes	pueri
(131) chinde	puero
(138) chind	pueri
chindisk Adj.	jugendlich; adulescens
(140) chindiske	adulescentes
chinnibahho sw. M.	Wange; maxilla
(46) (in) chinnibahhon	in maxillam
chirihha sw. F.	Ort des Gebetes; oratorium
(57) (91) in chirichûn	in oratorio
(101) ûzzana chirihhûn	foras oratorio
(104) dëra chirihchûn	oraturii
chlagôn sw. V.	sich mit etw. entschuldigen, sich Sorge machen; causari
(26) chlagôe	causetur
(121) nisîn kichlagôt	non causentur
chlirih st. M.	Kleriker; clericus
(133) chliricho	clericorum
chlohhôn sw. V.	schlagen, klopfen; pulsare
(110) clohhôt	pulsaverit
(125) chlochônti	pulsans
(149) chlocchôt	pulsaverit
chneo st. N.	Knie; genu
(88) chneum	genibus
chnuat st. F.	Natur; natura

(8) (90) chnuat	natura
(18) in..chnuati	in..natura
(52) dëra cnuati	naturae
chnuatlîcho Adv.	natürlich; naturaliter (51)
chnussan sw. V.	zerschellen; allidere (32)
zuakechnussen sw. V.	anstoßen; allidere
(15) zuakechnusita	adlisit
farchoranêr s. zu keosan	
chorôn sw. V.	prüfen, versuchen, erproben, sich erweisen; probare, con-, adprobare
(18) kechorôte	adprobati
(80) sî kechoroot	conprobetur
(125) chorôt	probate
(127) sî kichorôt	probetur
(148) kechorôtêr	conprobatus
chortar st. N.	Herde; grex
(20) chortar	gregi
(26) (26) dës chortres	gregis
(78) za chortare	ad gregem
(138) chortar	gregem
(144) chortar	greges (a.)
chorunga st. F.	Bewährung; probatio
(17) chorungu	probatione
chraft st. F.	Tugend, Kraft; virtus
(51) hcreftio	virtutum
(112) chraft	virtus
(144) chrefteo	virtutum
christ st. M.	Christus
(9) christes	christi
(11) criste	Christo
(15) (32) ze christe	ad christum
(19) (33) cristes	christi
(34) fona christe	a christo
christâni Adj.	christlich, der Christ; christianus
(94) christânemu	christiano
(141) christânum	christianis
chuhhina sw. F.	Küche; coquina

(93) dëru chuhchinûn coquinae (g.)

cucala sw. F. Kukulle; cuculla

(120) cucalûn cocullam -u-

chund Adj. bekannt; cognitus, notus, mani-
festus (17) (47) (107) (135)

chunden sw. V. verkünden, hinweisen, melden,
aussagen, ankündigen, kennen
lernen; indicare, nuntiare, re-
nuntiare, innotiscere, dinoscere

(22) (50) chundit indicet

(39) kechundit indicat

(41) kechundan.. renuntiari

(44) sint kechundit nuntiantur

(50) kechundit innotiscit

(107) ze chundande nuntianda

(119) kachundit indicatum

(134) kichundit.. dinosci

forachunden sw. V. kundtun, bezeichnen, vor-
tragen; pronuntiare

(47) (ih) forakechundu pronuntiabo

(48) forakichunde pronuntiet

(105) forakichundit pronuntiat

zuachunden sw. V. verkünden; adnuntiare

(53) zuachundit adnuntiabit

chundida st. F. Kenntnis; notitia

(9) fona..chundidu ab..notitia

(141) in chundida in notitiam

chuning st. M. König; rex

(11) (135) chuninge regi

chunni st. N. Geschlecht, Art; genus

(17) fona chunnum de generibus

(17) chunni genera

(18) (19) (39) chunni genus

(19) ze chunne ad genus

nichurît, nichvriit 2. Conj. Praet. zu keosan (s. d.)

curs st. M. mit vespertina: Abendfeier;
sinaxis (63)

chûski Adj. nüchtern; sobrius

(81) chûskcer subrius

(142) chûskan	subrium
qhuëdan st. V.	sagen, sprechen, „singen", nennen, verkünden, grüßen; dicere, clamare, ait, salutare *von (12)* bis *(119) auf fast jeder Seite des Codex mehrere Male gebraucht, i. g. 105 Formen*
duruhqhuëdan st. V.	zu Ende singen; perdicere
(57) dëmu duruhchuët*anemu*	quo perdicto
foraqhuëdan st. V.	aussprechen; praedicere
(35) forakeqhwëtaniu (kipot)	praedicta (iussio)
ubiriqhë*tana*	oben erwähnt; superdictam (126)/(127)
wëlaqhuëdan st. V.	segnen; benedicere
(47) wëlaqhëdant	benedicunt
qhuëman st. V.	kommen, sich zutragen; venire, evenire
(12) qhuëmat	venite
(16) qhuâmun	venerunt
(19) qhëmemees	veniamus
(36) qhwam	veni
(44) niqhwam	non veni
(57) chuimit	evenerit *vgl. St. S. 222 A 6*
(67) qhuëmant	veniunt
piqhuëman st. V.	herbeikommen, gelangen, vorkommen; per-, provenire
(51) pichvëmme	perveniet
(57) pichuëme	proveniat
(140) piqhëmên	perveniant
duruhqhuëman st. V.	gelangen; pervenire
(8) (39) duruhqhwëman	pervenire
(14) duruhqhuëman..	pervenietur
furiqhuëman st. V.	vorher etw. bekommen, zuvorkommen; praevenire
(91) furichwëman	praeveniant
(140) furiqhwëmante	praevenientes
ubarqhuëman st. V.	dazukommen; supervenire
(100) ubarqhuimit	supervenerit

ûfqhuëman st. V. — entstehen; oriri (24) (60)
zuaqhuëman st. V. — herankommen, kommen zu; advenire
  (32) zuaqhëmente — advenientes
  (47) zuaqhuëmante — advenientes
erqhuichan sw. V. — erquicken; recreare (30)
keqhuit st. F. — Spruch, Ausspruch; sententia
  (36) die..keqhwit — illam..sententiam
  (75) kiqhuit — sententiam
  (123) kaqhuit — sententia

L.

ladôn, keladôn sw. V. — einladen, berufen; vocare, invitare
  (13) keladôntes (truhtînes) — invitantis (domini)
  (14) ladoot — vocavit
ladunga st. F. — Anruf; evocatio
  (40) ladungu — evocatio
lahhan st. N. — Mantel, Tuch, Altartuch; pallium, linteum, palla (47) (87) (130)
lâhhida st. F. — Arznei; medicamen
  (78) lâhchidâ — medicamina
lahtar s. hlahtar
lang Adj. — umfangreich; proxilus
  (68) lengirun — proxiliores
lango Adv. — lange; diu (104)
lancha s. hlanca
lancsam Adj. — langdauernd; diuturnus
  (17) chorungu lancsameru — probatione diuturna
lantscaf st. F. — Landschaft, Bezirk, Gegend; provincia, regio
  (19) duruh..lantscaffi — per..provincias
  (120) in..lantscaffim — in..regionibus
  (121) ..lantsceffi — (in) provincia
  (133) fona..lantscaffim — de..provinciis
lastarlîh Adj. — tadelnswert; reprehensibilis (71)
kelauba st. F. — Glaube; fides

(9) dëra kilauba	fidei
(14) dëra kilauba	fide
(18) kelaubu	fide
kelauban sw. V.	glauben; credere
(20) ist kelaubit	creditur
(43) kelaubpamees	credamus
(48) kelaube	credat
(69) kilaubamês	credimus
(108) kalaubamês	credimus
erlauban sw. V.	erlauben, unpers. es ist erlaubt; licere
(19) erlaubpan	licere
(84) arlaubit	licet
(85) arlaube	liceat
(119) nierlauben	non licere
(119) erlaubit	licet
(127) nierlaube	non liceat
(127) erlaupta	licuit
(135) erlaube	liceat
(139) erlauppe	liceat
kelaubîg Adj.	getreu; fidelis
(45) kelaubîgan	fidelem
laufan s. hlaufan	
lauga F.	Flamme; flamma
(148) lauga (prenne)	flamme $> $-$a$ (urat)
lâzzan st. V.	zulassen; sinere
(72) nilâzze	non sinet
(148) nilâzzit	non sinat
farlâzzan st. V.	übergehen, erlauben, verschulden, erleichtern, vergeben, lassen, er-, über-, verlassen; permittere, di-, o-, remittere, relinquere, delinquere, derelinquere, deserere, relaxare
(19) dësêm farlâzzanêm	his omissis
(30) nifarlâzzan	non derelinquere
(35) (35) farlâzzante	relinquentes
(35) farlaazzante	deserentes

(38) nifarlâzzamees	non permittimus
(47) farlaazzeen	dimittunt
(48) farliazzi	remisisti
(60) farlâz	dimitte
(60) farlâzzamês	dimittimus
(85) farleazzi	permiserit
(90) farlaazzan ist	delinquitur
(99) farlâzzit	permittit
(100) (110) farlâzzanêm	relictis
(103) nisî farlâzzan	non permittatur
(124) zi firlâzanne	dimittendum
(124) farlâzzit	permiserit
(132) sî farlâzan	relaxabitur
(143) farlâzze	permittat
farlâzzanî sw. F.	Vergebung; permissio
(102) farlâzzanî	permissione
lëbên sw. V.	leben; vivere, degere
(17) lëbee	vivat
(36) lëbênte	viventes
(36) lëbênte	degentes
lëfs st. M.	Lippe; labium
(13) lëfsâ dîna	labia tua
leckan sw. V.	legen; ponere
(128) lecce	ponat
analeckan sw. V.	legen auf, gebrauchen; imponere, uti
(78) analeckan	inponere
(121) analeckentêm	utentibus
keleckan sw. V.	zurücklegen; reponere
(121) ze keleckanne	reponenda
(129) sî kilegit	reponantur
untarleckan sw. V.	beugen unter; submittere
(9)/(10) untarleccan	submittere
leiba st. F.	Überbleibsel; mit wësan: restare, residuus
(52) za leibu ist	restat
(65) za leibu sint	residuae sunt
leidsam Adj.	abscheulich; abhominabilis
(43) leidsame	abhominabiles

leisinan, leisanôn sw. V.	nachahmen, sich richten nach; imitari
(36) sint keleisinit	imitantur
(44) sî keleisinit	imitetur
(45) leisanônti	imitans
(77) keleisanit..	imitetur
leitan, keleitan sw. V.	führen, glauben; ducere, deducere
(15) keleitta	deduxit
(35) leitit	ducit
(82) leitte	ducat
analeitan sw. V.	hineinführen; inducere
(46) analeittôs	induxisti
zualeitan sw. V.	führen; adducere
(16) zualeitit	adducit
lëctur st. N.	Lesepult; analogium
(53) ubar lëcture	super anolegio
lëcza, sw. F.	Lesung; lectio, capitula (-um)
lëctia, lëczia, lëczea	(32) (52) (53) (54) (54) (55) (56) (56) (57) (57) (58) (59) (60) (64) (64) (64) (65) (65) (99) (110) (111) (111) (112)
lengen sw. V.	verlängern; relaxare
(16) sint kelengit	relaxantur
lentî sw. F.	Nieren; renes (41)
leoht st. N.	Licht, Kerze; lux, lumen, candela, lucerna
(8) leoht	lucis
(12) ze leohte	ad lumen
(12) (13) (98) leoht	lumen (a.)
(52) pikinnantemu leohte	incipiente luce
(72) leoht	candela
(98) dës leohtes	lucernae
(98) leoht	luce
(98) mit leohte	cum luce
far-leosan st. V.	verlieren, zu Grunde richten; perdere
(102) farleosant (al)	perdant (totum)
(106) farliusit	perdiderit

framerleotan	herauswachsen (mißverstanden). Vgl. St. S. 191 A 2.
(10) framerhlôt mit falschem h	propagavit
lêra st. F.	Lehre, Werkzeug (Instrument) ; doctrina, instrumentum
(9) (23) in lêru	in doctrina
(20) lêra	doctrina (n.)
(20) dëra sînera lêra	doctrinae suae
(21) lêra	doctrina (abl.)
(33) leerâ	instrumenta
(141) dëra lêru	doctrinae
lêrâri st. M.	Lehrer; doctor
(35) lêrârum	doctoribus
(54) lêrârum!	doctorum
lêren sw. V.	lehren,belehren,crziehen,Part.: geschult, ausgebildet, bewandert; docere, instruere, erudire
(12) lêru	docebo
(17) kileerte	docti, instructi
(20) (38) lêrran	docere
(22) lêrit	docuerit
(42) pirum kelêrit	docemur
(135) sîn kelêrit	erudiantur
(142) kelêrtan	doctum
lësan st. V.	lesen, ,,singen", vorlesen; legere, recitare
(53) (56) (56) sîn kalëran	legantur
(54) sint kalësan	legantur
(55) sîn kelëran	legantur
(55) sî kalëran	legatur
(57) lëse	legat
(63) sî kilëran	recitetur
(68) (96) lësamês	legamus
(91) (111) lësan	legere
(91) lësantêr	lecturus
(99) kelëranêm	lectis
(110) lësan!	legant
(126) (127) sî kilëran	legatur

avur kelësan st. V.

    (84) avur zi kilësanne

duruhlësan st. V.

    (57) diu duruhlëraniu

lîb st. M.

wieder einsammeln; recolligere
    recolligenda

zu Ende lesen; perlegere
    qua perlecta

Wandel, Lebensweise, Kloster-
leben; vita, conversatio (8) (9)
(9) (13) (13) (14) (16) (17) (19)
(19) (31) (31) (34) (35) (35) (38)
(39) (40) (41) (70) (71) (112)
(112) (125) (128) (135) (137)
(138) (141)

lîbantî s. hlîbantî

lîbanto, lîbbe s. hlîban

lîbleita st. F.

    (83) (88) liibleita
    (91) in lîbleitôm

lîbleitî sw. F.

    (95) lîbleitî

lid st. M.

    (86) alle lidi

kelîdan st. V.

    (11) keliti
    (45) (79) kelîde
    (79) kelîdit
    (126) kalîd
    (134) kalîde

ûzlîdan st. V.

    (106) ûzkelîte
    (106) ûzkelîdit

ûzlit st. M.

    (106) fora ûzlite

kelitan Part. Adj.

    (32) ubiliu kelitaniu

lickan st. V.

Lebensunterhalt, Nahrung; an-
nona, alimentum
    annonam
    in alimentis

Nahrung; victus
    victus (g. sg.)

Glied; membrum
    omnia membra

fahren, gehen, abweichen, weg-
laufen, von dannen gehen; dis-,
recedere

    recesseras
    discedat
    discedit
    discede
    discedat

etwas falsch, einen Fehler
machen; excedere

    excessisse
    excesserit

Fehler; excessus
    pro excessu(m)
    vgl. St. S. 252 A 4

vergangen; praeteritus
    mala praeterita

liegen; iacere

(104) licke	iaceat
untarlickan st. V.	intr. sich unterwerfen, unter-liegen; subiacere
(29) (84) (100) (107)	
(111) (122) untarlicke	subiaceat
(106) untarlicce	subiaceat
kalîh Adj.	gleich; similis
(76) kalîhchera..	similis (excommunicationis)
farlîhan st. V.	beigeben; adcommodare
(118) sint farlihan	adcommodentur
lîhhamlîh Adj.	körperlich; corporalis
(73) ..lîhchamlîhera	(vindicta) corporali
lîhhamo sw. M.	Leib, Körper; corpus
(8) lîhhamun	corpora (a.)
(25) (129) dëo lîhhamin	corporis
(30) (40) lîhhamun	corpus (a.)
(50) lîhamin	corpore
(84) lîhchamon	corpora (a.)
(113) lîhhamin	corpori
(124) in lîhhamin	in corpore
(134) lîhhamin	corpore -i
pilîhhên sw. V.	mißfallen; displicere
(68) pilîhchêt	displicuerit
lîhhisâri st. M.	Sarabait, sarabaita
(18) lîhhisârro	sarabaitarum
(19) wirsirun lîhhisârum	deteriores sarabaitis
lîhhisôd st. M.	Dünkel; typhus
(83) âna..lîhhisôde	sine..tyfo
kelîhhisôn sw. V.	vergleichen; similare
(16) kelîhhisôn	similabo
kelimfan st. V.	geziemen, entsprechen, zuge-stehen, Part. gehörig; conpe-tere (competens), convenire, condecet (concedet)
(28) kelimfit (imu)	concedet (ipsum) *Übl. condecte*
(38) kelimfit	convenit
(75) kalimfan	conpetere
(83) (107) cîtim kalimfan-teem	horis competentibus

kelimflîh Adj.

 (74) za canuhtsameru tâti kalimflîhchan

 (103) ze puazzu kelimflîhera

vgl. ungalimflîh

pilinnan st. V.

lîppanti, lîbanto, lîbbe s. hlîban

lirnên sw. V.

 (9) lirnênte
 (17) lirnêtôn
 (49) lirnêm
 (52) ze lirnêne
 (111) lirnên
 (126) lirnee
 (131) lirnêtômôs

list st. F.

 (33) dëra listi
 (106) in listi
 (112) list
 (124) (149) listi
 (124) dëru sîneru listi
 (124) fona..listi

listâri st. M.
 (124) listârrâ
 (124) listâro

liugan st. V.

 (18) liugan
 (105) liukantêr ist

erliuhhan st. V.
 (124) sî erlohchan

liuti st. M. (Pl.)
 (13) liuteo

lob st. N.

angemessen, entsprechend; congruus

 dum satisfactione congrua

 usque ad emendationem congruam

ablassen von etw., unterlassen; cessari (37)

lernen, üben; discere, meditari, meditatio

 discentes
 didicerunt
 discam
 meditatione
 meditari
 meditet $>$ -etur
 dedicimus -i

Handwerk; ars
 artis
 in arte
 ars
 artes (a.)
 artis suae
 ab..arte

Handwerker; artifex
 artifices
 artificum

lügen, einen Fehler machen; mentiri, fallere

 mentiri
 fallitus fuerit

entfernen; evellere
 evellatur

Volk; populus
 populi

Lob (Ps. 148–150), laus, hymnus (57) (57) (58) (59) (62)

lôn st. N.

Lohn; merces (10) (33) (86) (89) (95) (114) (131)

ferlornî sw. F.

Verderben; perditio

  (146) florinii

  perdictionem

lôsen, erlôsen sw. V.

befreien, erlösen; liberare

  (25) erloosis

  liberabis

  (60) lôsi

  libera

erlozzan s. er- hleozzan

luft st. F.

Luft; aer

  (120) lufteo

  aerum

lucki Adj.

lügnerisch, falsch; falsus

  (30) lucki

  falsum (a. n.)

  (30) luckan (fridu)

  falsam (pax)

  (47) lucke pruader

  falsos fratres

pilûhhan st. V.

einschließen; includere

  (18) pilohhaneem

  inclusi

intlûhhan st. V.

öffnen; aperire

  (12) intlohhaneem augôm

  apertis oculis

  (38) intlûhhan

  aperire

lustida st. F.

Lust, Freude; delectatio

  (43) dëra lustida

  delectationis

  (51) dëra lustida

  dilectatione

lustidôn sw. V.

Neigung zu etw. haben, sich an etw. ergötzen; delectari

  (44) nist kelustidoot

  non delectetur

  (85) kilustidôt..

  delectari

-lustit

mit dër: jeglicher; (qui)-libet

  (45) diêm lustim l.-it ..widarmuatim

  quibuslibet.. iniuriis

zualûstranti s. -hl-

lûtar s. hlûtar

lûtrî, lûttrî s. hl-

luzîc Adj.

ein wenig; modice (58)

luzzil Adj.

klein, gering, wenig; parvus, parvulus, parvi-(pendens), mo-dice

  (15) luzzilêr

  parvulus

  (26) luzzil mëzzinti

  parvipendens

  (67) luzilêr

  parvus

(99) luzzileru untarstuntu	parvo intervallo
(122) fona luzilemu	(a) modice
(141) teil..luzzilaz	pars..parva
luzziles Adv.	ein wenig; paululum (9)
luzzilmuati Adj.	kleinmütig; pusillanimis
(109) lutcilmuate	pusillanimes
luzilo Adv.	ein wenig; modice (52)

M.

magan Prät.-Präs.	können, vermögen; posse
(15) magan	posse
(20) megi	poterit
(23) mac	potest
(96) nimac	non potest
(111) nimac	non possit
(126) mac	potes *vgl. St. S. 264 A 2*
furimagan	Prat.-Präs. vermögen, die Ober-
furist magan	hand haben, können, Part.
	überwältigend; praevalere
(21) furimakanti	praevalens
(24) furist megi	praevalet
(79) (142) furimagan	praevalere
kimah Adj.	geeignet; aptus
(32) wort kimahhiu	verba apta
hlahtre	risui
(126) kimahchêr	aptus
kemahhôn sw. V.	(sich) anpassen, passend ma-
	chen, auftragen, Pass. verkeh-
	ren mit jem., sich zugesellen,
	sich (dem Kloster) eingliedern;
	sociari, aptare, iungere, con-,
	iniungere
(25) kemahhôe (sich)	aptet (se)
(67) sî kimahchôt	coniungatur
(76) kamahchôn	iungere
(102) kemahhôn	sociari
(107) kamahchôe	iniungat

(111) sî kimahchôt	iungatur
(119) sî kimahchôt	societur
(133) kimachôn	sociare > -i
(134) kamachôn = ôt..	sociari
(135) ze kemahône	sociandus
anakemahhôn sw. V.	auftragen; iniungere
(48) anakimahchôt..	iniunguntur
(82) anakimahhoot	iniunxerit
(109) ana ist kamahchôt	iniungitur
(110) ist anakimachôt	iniungitur
(111) ana sî kimahchôt	iniungatur
(112) anakimahchôt..	iniungatur
(143) anakimahhôt	iniungit
(147) anakimahhôt	iniuncta
inmahhôn sw. V.	sich freimachen (von der Arbeit); disiungere
(110) inmahchôên	disiungant
untarmahhôn sw. V.	anschließen; subiungere
(53) za untarmahônne ist	subiungendum est
man st. M.	Mensch; homo (13) (30) (34) (36) (41) (42) (42) (42) (43) (46) (48) (48)
manag Adj.	viel, wieviel, mehr, mehrere; multus, quantus, plus
(17) managero	multorum
(25) manakero	multorum
(134) sô manakera cîti	quanto tempore
(147) managêm	pluribus
managî sw. F.	Menge; multitudo
(13) in managii	in multitudine
manaheit st. F.	Pl.: kleine Geschenke!
(119) manaheiti	munuscula
farmanên sw. V.	verachten, zurückweisen, Part. gleichgültig; contemnere, spernere
(21) farmanênti	contemnentes (n.)
(24) farmanênte	contemnentes (a.)
(41) farmanênte	contemnentes (n.)
(81) farmanênto	spernendo

mannaski Adj.
   (90) diu sëlba chnuat
      mannaskiu

menschlich; humanus
   ipsa natura humana

manôn sw. V.

mahnen, ermahnen; commonere, admonere

   (68) manônte
   (148) kemanôt..

   commonentes
   admoneatur

zuamanôn sw. V.

ermahnen; admonere

   (12) zuamanoot
   (24) zuamanômees
   (96) zuamanônte
   (137) zuakimanôtêr

   ammoneat
   admonemus
   admonentes
   admonitus

manunga st. F.

Ermahnung; monitio, ad-monitio, monitum

   (10) ze manungu
   (16) manungum
   (27) manungoom

   admonitionem
   monitis
   monitionibus

marchôn sw. V.
   (63) sîn kimarchôt

begrenzen; terminare
   terminentur

marren sw. V.
   (96) kemarre

hindern; praepedire
   praepediat *vgl. St. S. 246*
   A 10; Diss. Daab S. 58 und 62

meas s. mias
kemeinsam Adj.
   (49) dëra kameinsamûn
      dës munistres
      rehtungu

gemeinsam; communis
   communis monasterii regula

   (85) cameinsamon

   communia

kemeinsamî sw. F.

Kommunion; communio

   (91) kemeinsamii
   (138) ze kemeinsamii

   communionem
   ad communionem

meist Adv. s. allero meist
meistar st. M.

Meister, Lehrer; magister

   (10) (18) (24) (35) dës meistres
   (28) dëmu meistre
   (38) meistre (kerîsit)

   magistri (als magisterii verstanden)
   magistro
   magistrum (condecet)

meistartuam st. M.

Leitung, Meisterschaft;
magisterium, (magister)

(9) fona siin sëlbes chun- ab ipsius notitiam magisterio
didu meistartuam
(10) dës meistartuames magistri
meisto Superl. der größte; praecipuus, maxi-
mus

(27) ëddeslîhhiu diu aliqua praecipua
meistun
(90) ..meistûn (curam) maximam
meistra rëhtunga die Regel als Meisterin; magi-
stra regula

(28) dëro meistrûn..rëh- magistram..regulam (sequi)
tungu (kefolgên)
mëldên sw. V. offenbaren; prodere
(106) mëldêt prodiderit
menden sw. V. sich freuen; gaudere
(26) mende gaudeat
(46) mendente gaudentes
mendî sw. F. Freude; gaudium
(113) (113) mit mendî cum gaudio
mêr Adv. Komp. mehr, lieber, größer; magis,
plus, amplius potius (21) (22)
(25) (26) (28) (31) (37) (38) (52)
(70) (92) (95) (117) (120) (132)
(136) (136)

mêro Komp. der Obere, Vorgesetzte, älter,
der Ältere; maior
(19) mêririn maioris
(34) fona mêririn a maiore
(36) mêriroom maioribus
(45) mêrôrin maiori
(48) mêrôrôno maiorum
(83) samanunga mêra congregatio maior
(86) mêra loon maior mercis -e-
(87) mêroom piderboom maioribus utilitatibus
mërôd st. F. Mischwein; mixtum (92)/(93)
metamûnscaf st. F. mittel; mediocris
(120) ûnscaftim..l. meta- mediocribus (locis)
mûnscaftim; vgl. St.
S. 260 A 1

(133) ..dëru metamûnsceffi	(locum) mediocri *Übl. loco;* vgl. *Diss. Daab S. 20*
mëz st. N.	Maß, Art und Weise; modus, mensura, hemina
(55) (74) (95) (96) mëz	mensura
(60) mëz	modus
(71) fora mëze	pro modo
(76) (131) sô welîchu mëzu	quolibet modo
(79) dësu mëzzu	isto modo
(80) mëz	mensuras
(87) ..mëzze	(secundum) modum
(95) mëz	himinam > *eminam*
(113) ubar mëz	super mensuram
(121) fona mëzze	de mensura
mëz in Zusammensetzungen Adv.	nur, auf keine Weise, gar nicht
(23) einu mëzzu	solummodo
(68) eocowelîchu mëzzu	omnimodis
(76) eocowelîchu mëzzu	omni modo
(91) (119) (119) (132) nohhei- nu mëzzu	nullatinus
mëzhaft Adj.	angemessen; mensuratus
(121) mëzhaftiu (kawâti)	mensurata (vestimenta)
mëzhaftî sw. F.	Mäßigung; moderatio
(100) mit..mëzhaftii	cum..moratione = *moderatione;* vgl. *Diss. Daab S. 19*
mëzhaftiu	maßvoll; cum modestia, moderate, mensurate (72) (72)/(73) (82) (109)
kemëzlîhhen sw. V.	abwägen; temperare
(143) (144) kemëzlîhhee	temperet
mëzlîhhî sw. F.	Temperatur; tempus *Übl. temperies*
(120) dëra mëzlîhchii	tempori
mëzzan st. V.	mit luzzil: geringschätzen; pendere
(26) luzzil mëzzinti	parvipendens
widarmëzzan st. V.	ausbezahlen; reconpensare
(33) ist widarmëzzan	reconpensabitur

mëzzu Instr. s. mëz

mias st. N. — Tisch, Mahlzeit; mensa
(91) mias — mensa *Übl.-ae*
(93) measum — mensis
(108) fona miase — a mensa
mîdanti Part. — verborgen, geheim; latens (10) (107)

mihhilî sw. F. — Größe, Pl. große Dinge; magnum, quantitas
(39) in mihhilii — in magnis
(94) mihhilii — quantitas
mihhilôn sw. V. — preisen; magnificare
(15) mihhilônt — magnificant
mihhilu mêr — noch viel mehr; multo magis (136)

mihhilu min — viel weniger; multo minus (96)
mîlla st. F. — Meile; miliarium
(47) mîllu — miliario > *um*
mîn — mein; meus (13) (13) (16) (21) (22) (22) (22) (22) (36) (37) (37) (37) (39) (39) (39) (39) (42) (42) (43) (44) (47) (47) (47) (48) (51) (144)

min Konj. Adv. — nicht, daß nicht, und nicht, weniger; ne, minus, nec, minime (= non), non > *ne* (8) (13) (14) (20) (22) (26) (26) (30) (38) (44) (44) (55) (55) (67) (68) (75) (77) (85) (91) (92) (94) (96) (96) (102) (111) (120) (123) (134) (136) (143) (143)

minna st. F. — Liebe, Überzeugung, Eifer, Leidenschaft; caritas, amor, affectus, zelus
(9) (134) minna — caritatis
(23) (86) minna — caritas
(24) minna — affectum
(30) minnu — amori
(30) minna — caritatem

(33) in minnu	in amore
(35) minna	amor
(45) fora minnu	pro amore
(48) minna	affectu
(51) ze minno	ad caritatem
(51) (140) minnu	amore
(70) fona minnu	ex affectu
(142) minnu	zelo
(143). minnu	caritate
minniro Komp.	kleiner, geringer, minderjährig; minor
(26) fona minnirûn êhti	de minore substantia
(29) minnirun	minora
(94) minnirin aldre	minore aetate
(94) minnira (mihhilii)	minor (quantitas)
(118) minnirom -on	minorem
(130) dëmu minnirin altere	minore aetate
(140) minniro	minor
minnôn sw. V.	lieben; amare, diligere
(22) sî keminnoot	ametur
(29) ze minnône	dilegere
(30) (33) minnôn	amare
(31) (33) minnôn	dilegere
(32) (32) (33) niminnôn	non amare
(34) minnoont	diligunt
(36) minnoot	diligit
(44) niminnoot	non amans
(46) keminnôta	dilexit
(143) keminnôt wësan	amari
misken sw. V.	mischen, verbinden; miscere, permiscere
(24) miskenti	miscens
(72) duruhmiste = -miskite	permixti
missilîh Adj.	verschiedenartig, verschieden, einzeln; diversus, varius
(19) missilîhho lantscaffi	diversas provincias
(40) missilîhhe stiagilâ	diversos grados
(66) missilîhchêm cîtum	diversis horis
(93) missilîchero	diversorum

(111) missalîhchêm ambahtim	variis officiis
(149) listi missilîhho	artes diversas
missitât st. F.	Missetat; delictum
(47) missitât mîna	delictum meum
mit Präp. mit Dat. und Acc.	mit, bei; cum, apud
mitiwârî sw. F.	Sanftmut; mansuetudo
(149) mitiwârii	mansuetudine
mitiwâri Adj.	sanftmütig; mitis
(24) mitiwâreem (piswerran)	mites (obsecrare)
mittilôdi	Mitte; medius
(52) fona mittilôdi naht	de media nocte
mittilôdôn sw. V.	in der Mitte teilen; mediare
(109) mittilôdôntera ahtodûn cîti	mediante octava hora
monastar st. N.	Kloster; monasterium
(34) in monastre	in monasterio
(82) monastres	monasterii
morkan st. M.	Morgen
(108) fona morkane	(a) mane
morkan-, morganlob	Morgenfeier, Matutinen, (Laudes); matutini, matutina (52) (57) (58) (58) (59) (61)
muadên sw. V.	ermüden; lassescere
(45) muadee	lasiscat
muas st. N.	Speise, Gericht, Mahlzeit; cibus, plumentarium, mensa
(74) dës muases	cibi
(93) zwei muas	duo pulmentaria
(103) after muase	post cibum
(103) muases	cibi
(113) muaso	ciborum
(113) fona muase	de cibo
(140) ze muase	ad mensas
muat st. M.	Sinn, Geist, Gemüt, wohlgemut, mißmutig, Gleichmut; animus, mens
(10) muat suazzan	mentem dulcis
(20) in..muatum	in..mentibus
(24) farstantlîhhe muatu	intelligibiles animos

(36) mit cuatu = -emu muatu	cum bono animo
(36) mit ubilo muatu	cum malo animo
(41) muate sînemu	animo suo
(83) ëbanemu muate	aequo animo
muater st. F.	Mutter; mater
(39) ubar muater	super matrem
(144) dëra muater	matris
muazzôn sw. V.	freie Zeit, Muße haben, sich widmen, unpers. es ist Zeit, ist gestattet; vacare
(8) muazzôt	vacat
(8) muazzo	vacat
(108) (109) (110) (111) muaz-zôên	vacent
(111) muazzôên	vacant
farmullen sw. V.	zerbrechen; conterere
(143) farmulita (rôra)	conterendum (calamum)
mund st. M.	Mund; os
(22) (32) (38) duruh mund	per os
(30) er munde	ex ore
(37) munde	ore
(37) munde mînemu	ori meo
munih st. M.	Mönch; monachus
(17) (18) municho	monachorum
(19) *municho*	monachorum
(48) *munih*	monachus
(96) munichâ	monachi
(112) dës *muni*ches	monachi
munistri st. N.	Kloster; monasterium
(9) (19) (22) (27) (28) in mu-nistre	in monasterio
(17) (49) dës munistres	monasterii
(19) munistres forawësan	monasterio praeesse
(29) ûzzaan *muni*stres	foras monasterio
(29) in *muni*stre	in monasterio
munistrilîh Adj.	klösterlich; monasterialis
(17) munistrilîh	monasteriale
murmulôd st. M.	Murren; murmurium

(36) mit murmulôde — cum murmorio

murmulôdî sw. F. — Murren; murmuratio (88) (96) (97) (118)

murmulôn sw. V. — murren, Adj. mürrisch, Part. Murrer; murmurare, murmuriosus

(31) murmulôntan — murmorisum

(37) murmoloot — murmoraverit

(37) hërza murmolôntaz — cor murmorantem

(37) murmolôntero — murmorantium

N.

kinâdên sw. V. — gnädig sein, sich erbarmen

(54) truhtîn kinâde uns — kirieleison

nâh Adv. — fast, beinahe, paene (108)

nâh Adj. — eilig; vicinus

(35) nâhemu..fuazze — vicino pede

nâhisto sw. M. — der Nächste; proximus

(15) widar nâhistin — adversus proximum

(29) nâhistun — proximum

naht st. F. — Nacht, Abend, mit ze: am Abend; nox, sera, nocturnus

(33) (44) (107) nahtes — noctu

(52) dëra naht — noctis

(52) fona mittilôdi naht — de media nocte

(54) wahtâ dëra naht — vigiliae nocturnae

(55) nahto — noctium

(61) allêm *naht*um — omnibus noctibus

(68) naht — noctem

(97) ze naht — ad seram

nahtlîh Adj. — nächtlich; nocturnus

(98) nahtlîhhêm cîtim — nocturnis horis

(101) nahtlîhhêm wahtôm — nocturnis vigiliis

nahtlob st. N. — Nachtfeier; nocturna

(61) (62) nahtlobum — nocturnis

(62) nahtlobum — nocturnis vigiliis

nahtwahha st. F. — Vigilia (nächtliches Chorgebet); vigilia

(65) zi nahtwahchôm	ad vigilias
nahtwahta st. F.	Vigilia (nächtliches Chorgebet); vigilia
(67) sibun nahtwahtôno	septinoctium in vigilias
nahhut Adj.	nackt; nudus
(30) nahhutan	nudum
nalles Konj.	nicht; non, nec
nalles einin s. einin	
namahaftî sw. F.	Anrede; appellatio
(139) namahaftii	appellationem
namo sw. M.	Name; nomen
(15) nemin	nomini
(19) nemin	nomen (a.)
(21) namun	nomen (a.)
(128) za nemin	ad nomen
(139) namôno	nominum
(139) nemin	nomine
nëfkirî sw. F.	Habgier; avarita
(125) nëfkirii	avaritiae
neizzan sw. V.	bestrafen; adfligere
(80) sîn keneizzit	adfligantur
nëman st. V.	nehmen, fortnehmen, sich zu-legen; capere, sumere, tollere, mit teil: participare
(9) teil nëmêm	participemus
(10) nëmês	capias
(103) kenomanemu..teil	sublata..portione(m)
(144) nëmanti	sumens
zuanëman st. V.	ergreifen, annehmen, anmaßen; duruh mund: in den Mund nehmen; adsumere
(11) (22) zuanimis	adsumis
(77) ir zuanâmut	adsumebatis
(145) zuanëmante (im)	adsumentes (sibi)
nemin, pinemin s. namo, pinamo	
nemmen sw. V.	nennen, rufen, anrufen, an-reden; vocare, invocare, nomi-nare, appellare
(13) kenemmeet	invocetis

(19) ist kenemmit	nominatur
(20) ist kenemmit	vocatur
(139) nemman	appellare
(139) nemmên	vocent
(140) sî kinemmit	vocetur
kinamt Part.	anerkannt; nominatus
(54) fona kinamtêm..	a nominatis (patribus)
neoman Pron.	niemand, keiner; nullus, nemo (33) (83)
neonaldre Adv.	niemals; numquam (19) (33) (55) (61) (94) (118) (131) (143)
neoweht Pron.	nichts; nihil, nihilo-(minus), nullus (8) (15) (20) (26) (30) (34) (48) (49) (66) (81) (82) (84) (101) (104)
ni Neg.	nicht; non, ne, neque
nidaren sw. V.	verdammen; damnare
(38) nidarremees	damnamus
(128) kanidartan	damnandum
nidarstîc st. M.	Abstieg; discensus (40)
niheinêr Pron.	keiner; nullus (28)
nist = ni ist	non est, erit (9) (9) (23) (25) (37) (39) (44) (49) (49) (82) (99) (111)
niun Num.	neun; novem (65)
niuntazëhanto Num.	der neunzehnte; nonus decimus (65)
niunto Num.	der neunte; nonus (59) (65) (109) (110)
niunzogôsto Num.	der neunzigste; nonagesimus (53) (55) (59)
niuwî sw. F.	Noviziat; (conversatio) novitia Adj.
(17) dës lîbes walme dëra niuwii	conversationis fervore novitiae *Übl. novicio*
niuwi Adj.	neu; novus
(10) dëra niuwûn (êwa)	novi (testamenti)
(54) niwûn (ortfruma)	novi (testamentum)
(56) fona *niuwe*ru êwu	de novo testamento

(121) niuwiu	nova (n. pl. n.)
(142) niuwiu	nova (a. pl. n.)
niuwiqhuëmanemu (d.)	Neuankömmling; noviter veniens (125)
*niuwiqhuëmanêr	Novize; novitius
(126) niuwiqwëmanero	novit(i)orum
(129) niuwichuëmanêr	novicius
*niuwiqhuëmo sw. M.	Novize; novitius
(128) niuwichwëmo	novius > *novitius*
noh Konj. Adv.	noch, noch mehr, vielmehr, dafür, auch nicht, bis jetzt noch; neque, nec, nullus, adhuc, immo, atque (8) (15) (18) (18) (27) (28) (28) (34) (34) (39) (39) (39) (82) (83) (97) (98) (111) (119) (119)
nohhein Pron.	kein; nullus
(37) nohheineru anst	nullam gratiam
(92) nohheinêr *l.-es*	nullius
(92) nohheinêr	nullus
(100) nohheinaz!	nulla
(131) nohheiniu	nulla
(139) nohheinemu	nulli
nôtduruft st. F.	Notwendigkeit, Nötigung, Bedürfnis; necessitas, necessaria, (fraus)
(45) (95) (100) nôtduruft	necessitas
(52) za nôtdurfti	ad necessaria
(85) nôtduruftti	necessaria
(92) nôtdurufti	necessaria
(125) nôtduruft	fraudem *vgl. St. S. 263 A 4*
nôtduruft Adj.	notwendig; necessarius
(123) sint nôtduruft	sunt necessaria
nôten sw. V.	nötigen; angarizare
(47) kenoottanteru?	angarizanti *Übl. angariati*
nôz st. N.	Lasttier; iumentum (48)
kinôzscaf st. F.	Gemeinschaft; consortium
(74) kinôzsceffi	consortio
(103) fona kinôzscaffi	a consortio

nu Adv.   nun, jetzt, mit noh: dafür; adhuc, modo, nunc (8) (8) (11) (18) (62) (98)

kenuagen sw. V.   genügen, unpers. es genügt; sufficere

  (105) kenuakit   sufficit
  (120) kenuackan   sufficere
  (121) kanuakit   sufficit
  (122) kanuage   sufficiat
kenuhtlîhho Adv.   genügend; sufficere!
  (118) kinuhtlîcho   sufficientur *Übl. sufficienter*!
kenuhtsam Adj.   reichlich, übermäßig, mit tât: Buße, Sühne; satisfactio, abundans, conpositus (= copiosus)

  (37) mit kenuhtsameru tâti   cum satisfactione
  (74) ˅za ganuctsameru tâti   (usque) ad satisfactionem
  (74) ˌza canuhtsamera tâti   (usque dum) satisfactione
  (76) ..kanuctsamera tâti   (ad) satisfactionem
  (76) kanuctsamûn..   abundantiore (tristitia)
  (89) kenuhtsamera loon   conpositior mercis
  (101) dëra kenuhtsamûn tâti   satisfactione
  (102) ..dëra kenuhtsamûn tâti   (ad) satisfactionem
  (104) kanuhctsam katân wësan   satisfactum esse
  (105) dëra kinuctsamûn tâti   satisfactione
  (106) kanuhtsam tuat   satisfecerit
kenuhtsamî sw. F.   Genugtuung; satisfacere, satisfactio

  (105) kanuhctsamî tue   satisfaciat
  (105) fona dëru kanuctsamî tâti   ab hanc satisfactionem

kenuhtsamo Adv.   mit tuan: Buße tun; satisfacere
  (57) kinuhtsamo tue   satisfaciat
kenuhtsamôn sw. V.   vermögen, genügen; sufficere
  (18) kenuhtsamônt   sufficiunt
  (93) kenuhtsamôên   sufficiant
nutzî sw. F.   Nutznießung; usus
  (131) nutzî   usum

O.

oba Präp. mit Dat.	auf; super
(16) oba steine	super petram
obana Adv. Präp.	oben, von oben her; supra -super, super-
(52) za obana kaqhuë-tanêm..	usque ad supradictas (kalendas)
(52) obana kascriban	suprascriptum
(55) (56) (56) (56) (130) obana	supra
(60) obana kascribanas (mëz)	suprascriptus (modus)
(96) obana kescribana	suprascripta
(102) obana quatumês	supra diximus
(130) fona obana	desuper
(135) fona obana kascribanêm	de superscriptis
obaro Komp.	höher; superior
(135) in oparôrûn..	in superiore (loco)
obonôntîkî sw. F.	Gipfel; culmen
(obanentîgî)	
(39) obonoontîkii	culmen (a.)
ôdhwîla Adv.	vielleicht, zufällig; forte, fortuitu (26) (30) (57) (68) (81) (91) (108) (111)
ofan st. M.	Ofen; fornax
(18) dës ovanes	fornacis
offan Adj.	mit tuan oder facere: offenbaren; patefacere
(32) offan tuan	patefacere
(107) offan faciant	patefaciant
offanlîh Adj.	öffentlich; publicus
(101) offanlîhhera dëra kenuhtsamûn tâti	publica satisfactione
offanlîhho Adv.	öffentlich; publice (73)
offanôn sw. V.	an die Öffentlichkeit. bringen; publicare (107)
ofto Adv.	oft; quotiens, saepius, frequenter, interdum, saepe (27) (28) (32) (37) (123) (137) (144) (150)

ôra sw. N. — Ohr; auris
  (10) oora — aurem
  (12) oorun — aures (a.)
  (12) oorôm — auribus
  (13) ooron — aures (n.)
  (34) oora — auris (n.)
  (35) dës oorin — auris (g.)
ôrren s. hôran
ortfroma st. F. — Ansehen, Macht; auctoritas
  (54) dëra ortfrumu — auctoritatis
  (91) ortfroma — auctoritas
ortfromo sw. M. — Urheber; auctor
  (146) ortfromon — auctores
ôstrûn (pl.) sw. F. — Ostern; pascha
ôstara (sg.) sw. F.
  (60) fona..ôstrôm — a..pascha(e)
  (97) fona..oostrûn — a..pascha
  (113) dëra wîhûn — sanctum pascha (a.) (expec-
    ôstrûn (bîtan) — tare)
ôtag Adj. — reich; dives
  (117) ôtakero — divitum
ovan s. ofan

Qu siehe KW.

P.

Paulus
  (47) mit paulu — cum paulo
piligrîm st. M. — Pilger; peregrinus (133)
polstar st. M. — Kopfunterlage; capitale (122)

R.

radalîhho s. hr-
rafsunga st. F. — Tadel, Züchtigung; castigatio.
increpatio
  (25) rafsungu — castigatione
  (25) rafsungoom — increpationibus

13*

rahha st. F.	Sache, Grund, Angelegenheit, Geschwätz (102), Krankheit (107); res, causa (= res, nego-tium), fabula
(20) rachôno	rerum
(22) rahha	causa
(25) racha	rem
(26) fona rahhoom	de rebus
(35) rachâ	res (n. pl.)
(45) rahhôm	rebus
(47) fona rachu	de re
(83) sô hwelîchemu sô rahhôm	quibuslibet rebus
(84) rahcha	rem
(86) racha	causa (abl.)
(102) rahhôm	fabulis (d.)
(107) rahcha	causa
(121) dëro rachôno	quarum rerum
(121) (129) rahchâ	res (a. pl.)
(126) rachu	re
(130) rachôm	rebus
(131) rahchôm	rebus
(133) racha	rei (g.)
(139) rachôm	causis
rahhôn sw. V.	mit laudes: lobsingen; referre
(62) rahhômês..	referamus (laudes)
errahhôn sw. V.	aufzählen; enarrare
(22) errahhôs	enarras
intrahhôn sw. V.	entschuldigen, Pass. und mit se: sich entschuldigen, zurück-weisen; excusare
(86) sî entrachôt	excusetur
(87) sî entrahhoot	excusetur
(127) entrahhôn	excusare
(150) ..intrahhôe	(se) excusit > *et*
unerrahhôtlîh Adj.	unaussprechlich; inenarrabilis
(9) unerrahhôtlîhhera (f.)	inenarrabili
kerâti st. N.	Rat, Beratung, Beschluß, Ein-sicht; consilium

(27) (28) ze kerâtte	ad consilium
(27) kirâti	consilium
(28) kerâti	consilium
(29) kerâttes (prûhhe)	consilio (utatur)
(141) (141) kerâte, -tt-	consilio
kerâtida st. F.	Rat; consilium
(29) mit kirâtida	cum consilio
redia sw. F.	Vernunft, Art und Weise, Rechenschaft; ratio
(9) rediûn	ratione
(26) (26) (27) (29) (82) (138)	
(142) rediûn	rationem
redihaft Adj.	vernünftig; rationabilis (= rationalis)
(22) redihaftiu rahha	rationabilis causa
(50) redohaftiu (wort)	rationabilia (verba)
redihaftîhho Adv.	vernünftig; rationabiliter (81) (134) (147)
redina st. F.	Rechenschaft, Berechnung, Grundsatz; ratio, ratiocinium
(27) fona..redinoom	de..ratiociniis
(52) dëra redina	rationis
(74) (141) redina	ratio
redinôn sw. V.	vortragen, vorlesen, reden; recitare
(54) ze redinône	recitanda
(63) za redinône	recitanda
(74) redinôe	recitet
redohaft s. redihaft	
refsen sw. V.	strafen, schelten, tadeln, rügen; corripere, increpare, de-, reprehendere, castigare
(24) refsi	increpa
(24) refse	increpet
(78) karafstêr	correptus
(85) kirafstêr	deprehensus
(86) karafstêr	deprehensus
(102)/(103) sî kirefsit	corripiatur
(106) kerafstêr	castigatus

(111) ..kerefsit	corripiatur
(134) kirefsit	reprehendit
rëgula F.	Regel; regula (17)
rëhchâri st. M.	Rächer; ultor (106)
rëht st. N.	Rechtssatzung, Pflicht, Gerechtigkeit, Billigkeit; iustitia, aequitas
(9) dës rëhtes	aequitatis
(15) (21) (26) rëht	iustitiam
(20) dës cotchundin rëhtes	divinae iustitiae
(22) rëht mîniu	iustitias meas
(22) rëht dictôntemu	iustitia (abl.) dictante
(31) pi rëht	pro iustitiam
(62) dës rëhtes	iustitiae
rëht Adj.	recht, richtig; rectus, mit eidswert: iusiurandum
(42) rëhte (wëkâ)	rectae (viae)
(131) untar rëhtteru eidswertiu	sub iureiurando
rëhtcûlîchônti Part.	rechtgläubig; orthodoxus
*cualich, guollîh	
(54) rëhtcûlîchôntêm.. fatarun	orthodoxis.. patribus
rëhtlîh Adj.	nach der Regel; regularis, legitimus, regula, canonicus
(29) dëra rëhtlîhhûn ekii	regulari disciplina
(84) dëra rëhtlîchûn	regulari
(85) dëru rëhtlîchûn	legitima (abl.)
(91) cîti rëhtlîhhiu	horas canonicas
(111) rëhtlîhchûn	regulari
(120) dëra rëhtlîchûn ekî	discipline regulare
(132) rëhtlîchûn	regulae (g.)
rëhto Adv.	richtig, gerecht; iuste, recte (28) (40)
rëhtunga st. F.	Regel; regula
(10) rëhtungu	regulae (d.)
(18) dëra rëhtungu	regula (abl.)
(28) (100) rëhtungu	regulam
(29) rëhtungu	regulae (g.)

(49) *rëht*ungu	regula (n.)
(91) rihtungu	regulae (g.)
(126) rëhtunga	regula (n.)
(137) rëht*ungu*	regulae (d.)
rehhen < *rakjan* sw. V.	darreichen (ein gutes Wort schenken); porrigere
(82) sî kerehhit	porrigatur
kerehhida st. F.	Auslegung; expositio
(54) kirechidâ	expositiones
zuahereihhan sw. V.	erreichen; adtingere (39)
reinan s. hreinan	
*respons	Responsorium; responsuria, responsurium (54) (56) (56) (57) (61)
resten, keresten sw. V.	ruhen, schlafen; pausare, requiescere
(14) kerestit	requiescit > -*et*
(52) kirestit sî	pausetur
(72) (108) restên	pausent
restî sw. F.	Ruhe, (zur Ruhe kommen), requies, (requiescere)
(143) restî	requies (et) *Übl. requiescit, vgl. Diss. Daab S. 24*
recina s. filz	
rîffi Adj.	reif; maturus
(81) riiffêr sitim	maturis moribus
rîfî sw. F.	Reife; maturitas
(148) riiffii	maturitas
kerîhhan st. V.	erwerben; vindicare
(113) kirîhche	vindicet
intrîhhan st. V.	enthüllen; revelare
(28) intrîhhit	revelat
(47) intrîh	revela
rihten, kerihten sw. V.	richten, lenken, aufrichten, senden, zuschicken, zurechtweisen, (sich) bessern; regere, dirigere, corrigere, erigere
(11) ist kerihtit	diregitur
(25) nist kerihtit	non corregitur

(25) ze kerihtanne	regere
(26) (26) sêlo ze rihtenne, -anne	animas regendas
(40) ze kerihtenne ist	erigenda est
(49) nist kerihtit	non diregitur
(71) karihtêr	correctus
(76) karihtan	diregere
(119) kirihtaz	directum
(122) sint kirihtit	diriguntur
(134) kirihtida = *kirihta*	direxit *vgl. St. S. 270 A 1*
(137) (148) kirihtit, ke-	correxerit
errihten sw. V.	aufrichten; erigere
(40) sî errihtit	erigatur
rihtî sw. F.	Strafe, mit in: einfach; vindicta; directanius
(64) in rihtî	directanii
(76) dëra rihtî	vindictae
kerihtî sw. F.	Besserung, Strafe, mit in: einfach; vindicta, correctio, in directum
(58) (63) in kirihtî	in directum
(100) kerihtî	vindicta (abl.)
(106) mêrûn kirihtî	maiori vindicta
(111) dëra kirihtî	correctioni
kerihtida st. F.	Strafe; correctio (78)
kirihtida (134) s. rihten	
rihtunga s. rëhtunga	
rîhhi st. N.	Reich; regnum
(9) (14) rîhhes	regni
(14) in rîhhe	in regno
(26) rîhhi	regnum
rîhhida st. F.	Herrschaft; tyrannis
(77) rîhchida	tyrannidem
(145) rîhhidôm	tyrannidis = -es
rîhhisôd st. N.	Herrschaft; tyrannis
(145) rîchisôd	tyrannidis = -es
ringi Adj.	leicht; levis
(74) in ringirôm..	in levioribus (culpis)
(105) pi rinkirôm..	pro levibus (culpis)

zerîsenti Part.	hinfällig; caducus (26)
kerîsit	es kommt zu, geziemt sich, ist nötig; convenit, oportet, decet, condecet
(28) (34) kerîsit	convenit
(36) (142) kerîsit	oportet
(38) kerîsit	condecet
(57) kirîsit	decet
rôrrea sw. F.	Rohr; calamus
(143) rôrriûn	calamum
rosamo sw. M.	Rost; erugo
(143) rosomon	eruginem
ruaba, ruava st. F.	Zahl, Zählung; numerus
(11) in ruava	in numero
(27) ruava	numerum
(67) in ruabu	in numero
(68) ruaba	numero
ruahha st. sw. F.	Sorge, Sorgfalt, Gewissenhaftigkeit; cura
(21) ruahcha	cura
(21) dëra ruahcha	curae
(27) untar ruahha	sub cura
(76) ruachûn	curam
(81) ruachûn	curam
(82) ruahha	curam
(82) untar ruahhûn	sub cura
(89) (117) ruacha	cura
(107) ..ruachûn	(sub) cura
(107) dësa ruachûn	hanc curam
ruahhalôs Adj.	nachlässig, unachtsam; neglegens
ruahhalôsônti Part.	
(24) ruahchalôse	neglegentes
(43) fona ruahhalôsônteem	de neglegentibus
(101) ruahhalôsôntêm	neglegentibus
(111) ruachalôsônti	neglegens
ruahhalôsî sw. F.	Nachlässigkeit, Unachtsamkeit; neglegentia
(57) duruh dën chuimit ruachalôsî	pro cuius evenerit neglegentia *vgl. St. S. 222 A 6*

(106) ruachalôsî — neglegentia (abl.)
(112) ruachalôsî — neglegentias
ruahchalôso Adv. — nachlässig; neglegenter (84)
ruahhalôsôn sw. V. — vernachlässigen; neglegere
(90) sîn keruahhalôsoot — neglegantur
(142) ruacholôsôn — neglegant
ruahhalôsônti Part. s. ruahhalôs
ruahlîcho Adv. — sorgfältig; curiose (126)
ruava s. ruaba
rûh Adj. — dichtwollig; vellosus = -i-
(121) rûha — vellosam
rûmana Adv. — von weitem; mit fona: a longe (42)

rûm(i) Adj. — fern; longinquus
(133) fona rûmên lantscaffim — de longinquis provinciis
rûmiski Adj. — römisch; Romanus
(59) samanunga rûmiskiu — ecclesia Romana
rûnstab st. M. — Buchstabe; littera
(119) rûnstabâ — litteras *nicht zu euglogias*

S.

sagên sw. V. — unterbreiten; suggerere
(113) sakee — suggerat
forasagên sw. V. — predigen; praedicare
(22) forasagênti — praedicans
kesahhan st. V. — zurechtweisen; obiurgare
(73) sî|kisahchan — obiurgetur
farsahhan st. V. — entsagen, verleugnen; abrenuntiare, abnegare
(11) farsahhanti — abrenuntians
(30) farsahhan — abnegare
salba sw. F. — Salbe; unguentum
(78) salbûn — unguenta (a.)
salmo sw. M. — Psalm; psalmus (44) (53) (53) (54) (55) (55) (58) (59) (60) (61) (61) (63) (63) (64) (64) (65) (65) (65) (66) (66) (68) (138)

salmsang st. M.	Psalmengesang; psalterium, psalmodia, psalmus (52) (55) (62) (67) (110)
*salt*ari st. M.	Psalter; psalterium (68) (68)
sama-sama Adv.	ebensosehr – wie, tam – quam (57)
samanôn sw. V.	einbringen (Feldfrüchte); colligere
(109) za samanônne	colligendas
samanunga st. F.	Gemeinschaft der Mönche, Brü-
samanunc st. F.	derschaft, Kirche, Pl. Zönobiten; congregatio, coenobita, ecclesia, coenobium
(12) samanungu	ecclesiis
(17) chunni samanungôno	genus coenobitarum
(19) ze samanungu.. chunne	ad coenobitarum.. genus
(27) eocowelîhheru samanungu	omnem congregationem
(34) in samanungu	in congregatione
(36) in samanungu	in coenobiis
(59) samanunga	ecclesia
(81) fona samanungu	de congregatione
(81) samanungu	congregationi
(83) samanunga	congregatio
(87) dëra samanungu	congregationis
(141) samanunc	congregatio
(141) dëra samanunga	congregationis
(141) samanunc	congregatio(nis)
(150) *samanun*gu	congregatione
kesamanunga st. F.	Gemeinschaft; congregatio
(106) fora..kasamanungu	ante..congregationem
samasô Adv. Konj.	gleichsam, gleichwie; velut, hacsi (34) (48) (51)
samft, (semfti) Adj.	möglich, rasch, leicht; facilis, possibilis
(8) samftes⌉	possibile
(49) (125) samftêr	facilis
samfto Adv.	leicht; facile (145)

204

sanc st. M.

 (63) sanc
 (66) sange
sangâri st. M.
santa st. F.

 (63) santâ
 (63) santâ
 (91) ..santôm
sâr, sâreo, sârio

sarf Adj.
 (8) sarfes
 (80) sarfeem
pisaufen sw. V.
 (77) pisaufit sî
kisazte Part. fl.

forakisaztêr Part.

 (137) fona..forakisaztêm
 (144) dës forakisaztin
 (147) forakisaztan
furikisaztêr Part.
sê Interj.
sëdal st. N.
 (54) fona sëdalum
sëdalkanc st. M.

 (33) êr sëdalkange
sëhan st. V.

 (13) (14) sëhan
 (22) kesâhi

Gesang, Hymnus; canticum, modulatio
 canticum
 modolatione
Sänger; cantor (54)
Gebetsformel zum Abschluß der kanonischen Tagzeiten, Schlußgebet; missa
 missas
 missae
 (post) missas
Adv. sogleich, sofort; mox, ilico, statim (9) (24) (32) (34) (35) (35) (51) (52) (54) (56) (57) (98) (99) (100) (110)
scharf, rauh; asper, acer
 asperum
 acris
Pass. versinken in (lat. abl.)
 absorbeatur
richtig verteilt; disposite Adv. (56)
der Vorgesetzte, Prior; praepositus
 a..praepositis
 praepositi (g.)
 praepositum
Prior; praepositus (145)
siehe; ecce (13) (14)
Sitz; sedile
 de sedilia > -ibus
Untergang (der Sonne); occasus
 ante occasum
sehen, erblicken, unpers. geht an, bezieht sich auf; videre, ad-, respicere, respicit (= pertinet)
 videre
 videbas

(22) nikisâhi	non vidisti
(31) (41) sëhan	respicere
(31) kisëhe	viderit
(34) nikisah	non vidit
(37) kisihit	respicit
(41) sëhan	videri
(43) (90) (146) sihit	respicit
(43) sëhe	videat
(44) kesëhe	aspiciat
(50) sëhantêm	videntibus
(62) kasëhamês	videamus
(94) sëhat	videte
(101) sî kesëhan	videantur
(101) kesëhane	visi
(111) sëhên	videant
pisëhan st. V.	ansehen als; conspicere
(82) pisëhe	conspiciat
forasëhan st. V.	bedenken, sorgen für, voraussehen, erkennen; prospicere, providere, praespicere
(91) fora sî kesëhan	prospitiatur
(121) forakisëhe	provideat
(135) (135) forakisiit	praespexerit > *per-*
forakisëhanêr Part.	vorsichtig; providus (143)
forakesëhantlîhho Adv.	vorsichtig; provide (28)
sëhs Num.	sechs; sex (53) (54) (61)
sëhsto Num.	der sechste, mit tac: Freitag; sextus (48) (58) (58) (59) (59) (97) (108)
sëhzugôsto Num.	der sechzigste; sexagesimus (58) (58)
seid st. N.	Fallstrick; laqueus
(46) in seid	in laqueum
sehha st. F.	Pl. Streitigkeiten; rixa
(146) secho	rixae
sêla st. F.	Seele; anima
(25) (39) (40) (81) sêla	animam
(25) sêlâ	animas
(26) (27) sêlôno	animarum

(26) (26) sêlo	animas
(27) dëra sêla	animae (g.)
(39) in sêla mîna	in anima mea
(97) sêlâ	animae (n.)
(107) sêlôm	animae (g.)
(108) dëra sêlu	animae (g.)
sëlbo Pron.	selbst; ipse, idem, ille
sëlbsuana st. F.	Entscheidung, freies Ermessen, Gutdünken; arbitrium
(28) sëlbsuana	arbitrio
(28) iro sëlbsuana	suo arbitrio
(94) (95) in sëlbsuana	in arbitrio
(146) sëlpsuana	arbitrio
sëlpwillin Adv.	freiwillig; sponte (10)
selida sw. F.	Wohnung Gottes, Zelle (im Kloster); tabernaculum, cella
(14) in selidûn	in tabernaculo
(126) in selidûn	in cella
sellen sw. V.	überantworten; tradere
(12) selle	tradat
sëltkaluaffo Adv.	selten; rarus Adj.
(38) sëltkaluaffo..urlaubii	rara..licentia
senten sw. V.	senden, schicken; mittere, dirigere
(36) (44) santa	misit
(150) ze sentenne	dirigendi
anasentan sw. V.	hinschicken; inmittere (76)
ûzsenten sw. V.	vertreiben; foras mittere
(51) ûzsentit	foras mittit
seodan st. V.	kochen; coquere
(93) kasotaniu	cocta (a. pl. n.)
sêr st. N.	Schmerz, (Trug!); dolus
(13) (15) (30) seer	dolum vgl. St. S. 194 A 9
sêrazzan sw. V.	Schmerz empfinden; dolere
(30) sêrazzantan	dolentem
setî sw. F.	Sättigung; satietas
(96) setii	satietatem
sëxzugôsto s. sëh-	
sezzen, kesezzen sw. V.	errichten, festsetzen, anordnen,

Ordnung aufstellen, zu einem
Amt bestellen, weihen, stellen,
abteilen, zuerteilen, versammelt
(99); constituere, disponere,
ponere, instituere, statuere,
ordinare, digerere, deputare

(8) ze kesezzenne	constituenda
(9) kesezzente	constituros
(10) kesazta	constituit
(19) kesezzamees	disponendum *vgl. St. S. 197 A 11*
(20) kesezzan	constituere
(28) kesezzan	disponere
(37) sazta	posui
(40) sezzenti	ponens
(43) kesaztêr ist (tôd)	posita est (mors)
(46) saztoos	posuisti
(56) kasezamêz	disposuimus
(56) kisezit	instituerit
(62) kisaztômês	digessimus
(67) kisaztero..	diiesto (ordine)
(67) kisaztero..	disposite *Übl.-o* (ordine)
(68) kasezanti	constituens
(82) kesazta	constitutam
(88) kesazta	statutam
(90) kesaztiu	deputata
(95) sî kesezzit	constituitur
(97) kesezze	disponat
(99) kesazte	positi
(101) kesezzit	constituerit
(103) kesazteru	statutam
(104) kesaztemu..capite (!)	posito..capite
(127) kisezzit	constitutum
(135) kesezen	constituere
(136) kesezan	ordinare > -*i*
(136) (142) kisaztêr	ordinatus
(137) kesazta	constitutam *vgl. Diss. Daab S. 20*
(138) kesezze	constituerit

(138) kesezze	disponat
(141) sî kesezzit	constituatur
(141) ze kesezzanne	ordinandus
(145) sezzant	ordinant
(145) ist kesezzit	ordinatur
(146) ..kesaztêr	ordinatur > -us
(146) kisaztômês	disposuimus
(147) kisezzit	disposuerit
(147) kisezze	ordinet
(148) kesezzit..	ponatur
(149) kesezzit..	constitui
anasezzen, -ke- sw. V.	einfügen, einsetzen; inserere, imponere
(40) anakesezzit	inseruit
(46) anasaztôs	inposuisti
furisezzen sw. V.	vorziehen, vortragen, darlegen; pro-, praeponere
(21) furikisezzan	proponere
(22) furi sî kesezzit	proponatur
(30) furisezzan	praeponere
(101) furi sî kesezzit	praeponatur
intsezzen sw. V.	zurücksetzen (in der Rangordnung); degradare
(139) intsezzit	degradaverit
kesezzida st. F.	Einrichtung, Lage, Ordnung, Amt, Rangordnung, Amtsbestellung; ordinatio, ordo, positio, institutio, dispositio
(8) in dëru kesezzidu	in qua institutione
(23) fona kesezzidu	de ordine
(66) kasezzidu	dispositionem
(87) kesezzida	positionem
(133) (145) kesezzida	ordinationis
(141) kesezzidu	ordinatione
(144) kesezzida	ordinationem
(146) in kesezzidu	in ordinatione *Übl. inordinationis*
(148) fona kisezzidu	de ordine
sibun Num.	sieben

(67) sibun nahtwahtôno   septinoctium (in vigilias)

sibunfalt Num.   siebenfalt (Siebenzahl); septenarius (61)

sibunstunt Num.   siebenmal; septies (61)

sibunto Num.   der siebente; septimus (48) (58)
(59)

sibunzogôsto Num.   der siebenzigste; septuagesimus
(59)

sih Pron.   sich; se

kesiht st. F.   das Sehen, Blick, Auge; aspec-

kesihtî sw. F.   tus, conspectus

  (15) fona kesihtim   a conspectibus

  (41) fona kisihtii   ab aspectu

  (50) kestactêm..kasihtim   defixis..aspectibus

sihhur Adj.   sicher, „getrost"; securus

  (18) (46) sihhûre   securi

  (71) sihchûrêr   securus

silbar st. N.   Silber; argentum (46)

Silo   Silo, Wohnsitz des Priesters
Heli *1. Sam. 2, 31–34; 3, 12–13;
4, 17–18*

  (24) fona silo   de silo

simblum Adv.   immer; semper (19) (19) (20)
(23) (25) (26) (27) (40) (40) (41)
(41) (41) (41) (42)(43) (43) (50)
(50) (50) (81)

sîn Pron.   sein; suus, eius, ille

sind st. M.   Weg; iter

  (9) enkemu sinde   angusto itinere

  (14) sindâ   itinera

  (28) fona sinde   ab itinere

singan st. V.   singen; psallere, canere, cantare, decantare, modulare

  (53) za sinkanne   decantandum

  (53) sinkit   cantat

  (54) zi singanne   canendi

  (55)/(56) zi sinkanne..   modulatis (psalmis)

  (56) sint kasungan   psallantur

  (59) sinkit   psallit

14

(66) sî kisungan	canatur
(68) sî kisungan	psallatur
(68) *singant*	psallunt⎤
singanti Part.	Sänger; cantans
(56) fona singantemu	a cantante
sitilîhho Adv.	bedächtig; morese *Übl. morose* (101)
situ st. M.	Brauch, Sitte, Tugendstreben; mos
(25) (81) (83) sitim	moribus
(90) sitiu kewonanemu	more solito
(128) siteo	morum
situlîh Adj.	zögernd (nach reiflicher Über-legung); morosus
(127) untar sô situlîcha fona frîhalse	sub tam morosa(m) deliberatione(m)
siuh Adj.	krank; aegrotus
(95) ..siuchêm	(praeter)..aegrotos
siuhhî sw. F.	Krankheit; aegritudo
(86) siuhchî	aegritudo > -*ine*
sizzan st. V.	sitzen; sedere
(50) sizanti	sedens
(53) sizzantêm allêm	sedentibus omnibus
(102) sizzit	sedit > -*eat*
(140) ze sizzenne	sedendi
avar sizzan st. V.	sich wieder setzen; residere
(56) avar sizantêm allêm	resedentibus cunctis
ëbansizzan st. V.	sich hinsetzen; considere
(140) ëbankesizzan	consedere
scâf st. N.	Schaf; ovis
(20) in scâffum	in ovibus
(21) scâffum	ovibus (d.)
(27) fona..scâffum	de..ovibus
(46) scâf	oves (n.)
scalch st. M.	Knecht; servus
(12) scalchâ	servos
(23) scalch	servus
scama st. F.	Beschämung; verecundia
(101) pi..scamu	pro..verecundia

scamel st. M. — Bank; subsellium
(56) in scamelum — in subselliis
skamlîhho Adv. — kurz; breviter
(70) scamlîhcho — breviter
(92) skemlîcho — breviter
skammi Adj., Sup. skemmisto — kurz; brevis
(55) skammêr — brevis
(70) scammas.. — brevis (oratio)
kescantêr Part. — beschämt; confusus (48)
scauwôn sw. V. — schauen, erforschen, bedenken, berücksichtigen; considerare, scrutari, speculari
(41) scauwônti — scrutans
(43) scauwônt — speculantur
(89) kescauwôên — considerent
(123) (141) sî kescauwôt — consideretur
skauwôntêr Part. — überlegt; consideratus (143)
piscauwôn sw. V. — berücksichtigen; considerare
(112) zi piscauwône ist — consideranda est
(123) piscauwôhe — considerat > -et
scauwunka st. F. — Erwägung, Berücksichtigung, Rücksicht; consideratio
scauwunc st. F.
(52) after scauwunku — iuxta considerationem
(85) (118) scauwunka — consideratio
(120) scauwunc — consideratio
forascauwunga st. F. — Umsicht; providentia (97)
sceffant sw. M. — Schöpfer; creator
(62) sceffantin — creatori
keskeidan st. V. — unterscheiden, trennen, einen Unterschied machen, entscheiden; discernere, questrare
(22) sî kiskeidan — discernatur
(23) pirumês kiskeidan — discernimus Übl. -mur, vgl. Diss. Daab S. 19
(103) keskeidanêr — questratur
(138) keskeidit — discernit
(138) keskeidan.. — discernatur
(143) kiskeide — discernat
skemlîcho s. skamlîhho

14*

skemman sw. V. — kürzen; breviare
  (57) ze skemmanne ist — breviandum est
skemmî sw. F. — Kürze; brevitas
  (55) duruh skemmî — propter brevitatem
skemmisto Superl. — ganz klein; parvissimus
  (52) dëra skemmistûn — parvissimo intervallo
  untarstuntu
skenten s. kescanter
skërn st. M. — ungehöriger Scherz; scurrilitas
  (38) skërn — scurilitatis
  (100) dës skërnes skërn — scurilitatis
  (113) fona scërne — de scurilitate
skërran st. V. — abschaben; eradere (143)
skînan st. V. — offenbar sein; clarescere
  (137) skînentêm — clarescentibus
  (142) skinit — claruerit *Übl.-int*
skirmeen sw. V. — verteidigen; defendere (28)
scolan Prat.-Präs. — sollen; debere
  (16) (46) (46) (101) scolan — debere
  (19) (21) (23) (24) (25) (80)
  (112) (149) scal — debet
  (20) (37) (37) sculi — debet
  (98) (108) sculun — debent
scranna st. F. — Bank; scamnum
  (53) in scrannôm — in scamnis
kescrib, -p st. F. — Schriftlesung; scriptura
  (42) kescrib — scriptura
  (99) dësa kescrip — hanc scripturam
scrîban st. V. — schreiben; scribere, mit obana:
  supra-, superscriptum
  (25) (26) kescriban — scriptum
  (29) (38) (49) (82) kescriban — scriptum est
  ist
  (50) kiscriban ist — scriptum est
  (52) obana kascriban — suprascriptum
  (60) obana kascribanas — suprascriptus (modus)
  (mëz)
  (67) kascribane — suprascriptus *Übl.-o*
  (96) obana kescribana — suprascripta

(135) fona obana kascribanêm obakascriban Part.	de superscriptis oben erwähnt; suprascriptum
(65) obakascribanes *sal*min	suprascripti psalmi
kescrift st. F.	Schrift, Heilige Schrift; scriptura
(12) kescrifti qhwëdenteru	scriptura dicente
(38) (42) (43) (44) (47) kescrift	scriptura
(49) *qhwëdente*ru ke*scrif*ti	dicente scriptura
scuahhen sw. V.	beschuhen; calciare
(14) kescuahte fuazzum	calciatis pedibus *OSV, fehlt den reinen Hss.*
scuala F.	Schule; schola (8)
sculd st. F.	Schuld; noxa
(75) sculdi	noxa (abl.)
scultîg Adj.	schuldig (Angeklagter); reus
(50) scultîkan	reum
scurt	Tonsur; tonsura
(18) duruh scurt	per tonsuram
scurz Adj.	kurz; curtus
(121) scurciu (kawâti)	curta (vestimenta)
scutten sw. V.	knicken, Adj. schallend; excutere, quassare
(32) hlahtar kescutitaz	risum excussum
(143) kescutita (rôrrea)	quassatum (calamus)
erscuttan sw. V.	freischütteln; excutere (127)
slâf st. M.	Schlaf; somnus
(112) (113) fona slâffe	de somno
slâfag Adj.	schlafsüchtig; somnolentus
(31) slaaffagan	somnolentum
slâfal Adj.	schläfrig; somnolentus
(73) slâfalero	somnolentorum
slâfan st. V.	schlafen; dormire
(102) slâffit	dormiat
slaffî sw. F.	Trägheit; desidia
(11) slaffii	desidiam
slaffêr Adj.	träge; acediosus (111)
slahan st. V.	schlagen; percutere, occidere
(25) slah	percute
(29) nislah	non occidere

(46) kislagane	percussi
slahta st. F.	Schlachtung; occisio
(46) dëra slahta	occisionis
slëht Adj.	sanft, Subst. Milde; lenis, blandimentum
(9) dëmu slëhtin iohhe	leni iugo
(24) slëhtiu	blandimenta
slëhtida st. F.	Milde; blandimentum
(25) slëhtidoom	blandimentis
slëhto Adv.	sanft; leniter (50)
untarslîhhan st. V.	sich einschleichen; subripere
(94) untarslîhche	subripiat
(96) untarslihhanera fullii	subrepta sacietas
(125) untarslîhe	subripiat
smâhlîh Adj.	gering, billig; vilis
(48) smâhlîhôrun	viliorem
(121) (125) smâhlîchôr	vilius
smâhlîhhî sw. F.	Demut (Geringes); vilitas
(48) smâhlîhhii	(h)umilitate *vgl. Diss. Daab S. 19*
smalasât st. N.	junges Gemüse; nascentia leguminum (93)
smëchar Adj.	schwächlich; delicatus
(112) smëcharêm	delicatis
pismîzzan st. V.	verseuchen; contagiare
(79) pismîzze	contagiet
abasnîdan st. V.	abschneiden, ausrotten, entfernen; amputare, abscisio
(24) (143) abasnîde	amputet
(41) abasnîdan	amputare
(79) dës abasnîdannes	abscisionis
(84) aba za snîdanne ist	amputandum est
(121) abasnidan..	amputari
abasfarsnîdan st. V.	ausrotten; amputare
(123) aba sî farsnitan	amputetur
sniumida st. F.	Schnelligkeit; velocitas
(35) in sniumidu	in velocitate
sniumo Adv.	rasch; velociter (39)
sniumôr Komp.	allzu schnell; citius (35) (132)

sô Adv. Konj.

so, daß, wie, dann, sobald, ebenfalls, jedesmal wenn; sic, ita, ut, tantum, item, sicut, tam, si, mit filu: in tantum, quantum, mit ofto: quotiens, mit sama: etiam, hacsi, mit wâr: ubicumque

solîh Pron.

solch, dieser, mancher; talis, taliter (35) (36) (37) (38) (101) (106) (111) (111) (112) (124) (126) (134) (135) (135) (140) (146)

soraga sw. F.

mit tuan: Sorge hegen; sollicitudo

(26) tue soragûn

gerat sollicitudinem

sorchaft Adj.

drohend, mißtrauisch; suspectus

(31) sorachaftan (tôd)

suspectam (mors)

(143) sorchaftêr

suspectus

sôsama Adv. Konj.

wie, gleichwie, ähnlich wie, fast, ebensosehr-wie; etiam, sed etiam, quoque, quam, et, tamquam, similiter, quasi, idem (32) (35) (36)/(37) (41) (45) (45) (48) (50) (52) (54) (54) (61) (96) (103) (108) (118) (131) (134) (138)

sôsô Konj.

so-wie, auf welche Weise, was; tamquam, sicut, prout, qoumodo, quod (15) (18) (29) (39) (46) (56) (58) (59) (60) (60) (81) (85) (94) (111) (123) (142)

spâhî sw. F.

Weisheit; sapientia

(141) dëra spâhii

sapientiae

spâhi Adj.

weise, der Weise; sapiens

(16) commane spâhemu

viro sapienti

(50) spâhêr

sapiens

(81) spâheer

sapiens

(96) spâhe

sapientes

spanan st. V.

    (47) spananti
    (49) sint kespanan
    (70) spanan
    (112) spanamês
    (130) ke*span*entemu
    (135) sî kespanan
    (145) ist kespanan
duruhspanan st. V.
    (96) duruhspanan wësan
kespanst st. F.
    (15) mit ëddeswelîhha
        kespanst
    (15) mit dia sëlbûn kespanst
    (25) kespenstim
    (78) kispansteo
sparalîh Adj.
    (96) sparalîhhôr
spâtôr Komp.
intspenen sw. V.
    (39) intspenitaz ist

kespenstim s. kespanst
spentâri st. M.
    (142) spentâri
kispëntôn sw. V.

    (65) kispëntôtemu
    (75) sî kispëntôt

spëntunga st. F.
    (71) ..spentungu
farspîan st. V.
    (15) farspîenti
spildantêr Adj.

---

mahnen, ermuntern, verhandeln, besprechen, raten, einflüstern; suadere, suggerere, hortari, cohortari
(h)ortans
cohortantur
suggerere
suademus
suadente
suadeatur
suggeritur
überzeugen; persuadere
persuaderi
Ermahnung; suasio, adhortatio
(cum) aliqua suadente = *suasione, vgl. St. S. 194 A 11*
cum ipsa suasione
suasionibus
adhortationum
enthaltsam; parcus
parcius
zu spät; tardius (57)
entwöhnen; ablactare
    ablactum est   *Übl. ablactatum*

Verwalter; dispensator
dispensatorem
verteilen; expendere, suspendere (dis-)
expenso
suspendatur
vgl. St. S. 232 A 6

Verfügung; dispensatio
(secundum) dispensationem
abweisen; respuere
respuens
verschwenderisch; prodigus (81) (82)

spor st. N.	Fußtritt (Pl. *Füße*); vestigium
(104) sporum	vestigiis
sprâhha st. F.	Sprache, Rede, göttlicher Ausspruch; eloquium, fabula, loquacitas
(32) fona..sprâhhu	a..eloquio
(37) fona..sprâhhôm	a..eloquiis
(38) fona..sprâhhôm	de..eloquiis
(38) fona..sprâhhu	a(d)..eloquia (a.)
(83) dëra..sprâhha	eloquii
(111) sprâhchôn	fabulis
(113) fona sprâhchu	de loquacitate
sprëhhan st. V.	sprechen, sich in ein Gespräch einlassen; loqui, conloqui
(13) sprëhhên	loquantur
(15) (50) sprihhit	loquitur
(19) (100) kisprohhan wësan, ke-	loqui
(32) nisprëhhan	non loqui
(32) (38) (38) sprëhhan	loqui
(38) ze sprëhhanne	loquendi
(49) ze sprëhhanne	ad loquendum
(49) nisprëhhe	non loquatur
(50) sprëhhe	loquatur
(119) ëban sî kisprohchan	conloquatur
(119) kasprohchan wësan	conloqui
ubilo sprëhhan	schmähen; maledicere
(47) ubilo sprëhhante	maledicentes
sprengen sw. V.	ausstreuen; conspargere
(20) sî kesprengit	conspargatur
kestactêr Part.	in ërda: zur Erde geheftet; fixus, defixus
(50) kestactêm in ërda kasihtim	defixis in terram aspectibus
(51) kistactêm in ërda *augôm*	fixis in terram oculis
stân st. V.	stehen, aufstehen; stare, surgere
(12) ze stânne	surgere
(57) stântêm allêm	stantibus omnibus

(101 (132) stân	stare
(105) stât	stat
duruhstân st. V.	verharren; persistere
(132) duruhstât	persteterit
erstân st. V.	aufstehen; surgere
(52) ze erstâne ist	surgendum est
(98) erstânt	surrexerint
stantan st. V.	stehen, bleiben, stellen, Gerund. Aufstellung; stare, consistere, (stabilire)
(50) stantanti	stans
(96) kestante	consistat
(101) (135) stante	stet
(135) stantan	stabilire vgl. St. S. 271 A 2
(138) ze stantanne	standum
duruhstantan st. V.	verharren; persistere (125)
ëbanstantan st. V.	sich stellen; consistere
(73) ëbanstantanti	consistens
erstantan st. V.	aufstehen; surgere, exsurgere
(12) erstantamês	exsurgamus
(52)(54) (56) (57) erstantên	surgant
(55) erstante	surgatur vgl. St. S. 221 A 3
(140) erstante	surgat
farstantan st. V.	einsehen, verstehen, erkennen; intellegere, advertere
(40) ist farstandan	intellegitur
(42) farstuanti	intellexisti
(139) ist farstantan	intellegitur
(145) ist farstantan	advertitur
farstantanti Part.	verständig, einsichtig; capax, intellegens
(21) farstantanteem	capacibus
(43) farstantanti	intellegens
anastantantlîh Adj.	inständig; instans
(11) anastantlîhôstin kepëte	instantissima oratione
farstantantlîh Adj.	einsichtig; intelligibilis
(24) farstantantlîhhe	intelligibiles (a.)
farstantida st. F.	Einsicht; intelligentia
(25) farstantida	intelligentiam

furistantlîh Adj.   verständig; intelligibilis

    (140) ze furistantlîhhaz altar   ad intelligibilem aetatem

starch Adj.   stark, Komp. länger; fortis

    (11) starchistun..wâffan   fortissima arma

    (19) ze starachistin chunne   ad fortissimum genus

    (67) starchirun   fortiores

    (144) starche   fortes

starchen sw. V.   Pass. erstarken; confortare

    (45) sî kestarachit   confortetur

stat st. F.   Ort, Stelle, Platz; locus, gradus, alibi (= alio loco)

    (23) steti   loca

    (31) (101) (101) in steti   in loco

    (38) andreru steti   alibi

    (38) in allêm stetim   in omnibus locis

    (41) steti   loco

    (46) andreru steti   alio loco

    (80) in..steti   in..gradu

    (120) steteo   locorum

    (133) (136) stat   locum

    (135) steti   locum *Übl. -o*

    (138) steti   locis *vgl. St. S. 273 A 2*

    (141) stat diu sëlba   locus ipse

    (145) stetim   locis

stâtîg Adj.   beständig; stabilis

    (19) stâtîge   stabiles (n.)

stâtîgî sw. F.   Beständigkeit, Beharrlichkeit; stabilitas

    (34) stâtîgii   stabilitas

    (126) stâtîkî   stabilitatis

    (128) fona stâtîgî   de stabilitate

    (133) stâtîkî   stabilitate

    (134) stâtîkî   stabilitatem

kestatôn sw. V.   stellen, refl. sich zur Ruhe, zu Bett begeben; collocare

    (102) kestatôt   (se) collocet

    (133) sîn kistatôt   conlocentur

stein st. M.   Fels; petra

    (16) oba steine   super petram

erstërban st. V. eingehen (von Herden); mori

(144) erstërbant moriuntur > -e-

steti, stetim s. stat

stiagil st. M. Grad, Rang, Sprosse, Stufe;
gradus

(34) stiagil gradus

(40) stiagilâ grados

(45) dritto..stiagil tertius..gradus

(51) stiagilim gradibus

(81) stiagil gradum

(135) stiagilum gradibus

stiagilsprozzo sw. M. Stufe; gradus (40) (44)

nidarstîgan st. V. herabsteigen; descendere

(40) nidarstîgante descendentes

(40) nidarstîgan descendere

ûfstîgan st. V. aufsteigen, hinaufsteigen, auf-
wärtsstreben; ascendere

(34) ûfsteic ascendit

(39) tâtim unsereem ûf- actibus nostris ascendentibus
stîganteem

(40) ûfstîgante ascendentes

(40) ûfstîgan ascendere

(40) ûfstîganteem (ana- ascendendos (inseruit)
kesezzit)

(51) dësêm stiagilim ûf- his gradibus ascensis
stîkanêm

kastillên sw. V. ablassen von etw.; quiescere

(105) kastillee quiescat

stillêr Adj. ruhig; quietus (148)

stillî sw. F. Schweigen; silentium

(98) stillî silentium

(108) mit..stillî cum..silentio

stimma st. F. Stimme; vox

(12) stimma vox

(12) (35) (44) (49) stimma vocem

(13) fona dëseru stimmu ab hac voce

(50) in stimmu in voce

(92) stimmu voce

stozzônto Adv. zaghaft; trepide (36)

strecken sw. V.	werfen; sternere
(104) kestrahtêr	stratus
forastrecken sw. V.	Pass. sich niederwerfen; pro-sternere
(104) forakistrahtêr	prostratus
(129) fora sî kistrehchit	prosternatur
kastrewi st. N.	Ausrüstung für die Betten; stramenta (n. pl.) (122)
kestrewitiu Part.	Betten und Bettzeug
(71) kastrewitiu	lectisternia
(118) kistrewitiu	lecti strati
studen sw. V.	gründen; fundare
(16) kestudit was	fundata erat
stuncnissî sw. F.	Zerknirschung; conpunctio
(112)/(113) mit..stuncnissî	cum..conpunctione *Übl.* -*ni*
stunt Num.	mit dritta: drei Mal; tertius, -io (93) (129)
stunthwîla st. F.	Augenblick; momentum
(35) eineru stunthwîlu	uno momento
suahhan sw. V.	suchen, begehren, erfragen, er-werben, prüfen, erfordern, wie-derholen; quaerere, re-, in-, ad-quirere, probare, re-, expetere, exigere
(13) suahhanti	quaerens
(13) suahhi	inquire
(26) suahhat	quaerite
(38) ze suahhanne sint	requirenda sunt
(43) suahhanti	requirens
(46) kesuahtoos	probasti
(86) ist kesuahhit	adquaeritur
(89) sî kesuahhit	repetatur
(92) suahchan	quaerere
(109) suachit	exigerit
(147) suahhit	expetit
ersuahhan sw. V.	läutern, fordern, durchsuchen; exigere, examinare, scrutari
(25) wirdit ersuahhit	exigitur
(46) ersuahtôs	examinasti

(46) ist ersuahhit	examinatur
(117) ersuachit	exigit
(122) zarsuahchanne	scrutanda
zuakesuahhan st. V.	erwerben; adquirere
(81) zuakesuahhit	adquirit
(89) zuakesuahhit..	adqueritur
kesuahhida st. F.	Untersuchung, Rechenschaft; discussio
(20) kesuahhida	discussio
(27) kesuahhida	discussionem
suana st. F.	Gericht, Urteil, Entscheidung; iudicium
(20) (21) in suanu	in iudicio
(26) (27) (31) (33) (82) dëra suana	iudicii
(29) fona..suanoom	de..iuduciis
(36) suanu	iudicio
(50) dëra forahtlîhûn suano	tremendo iudicio
(62) ubar suana	super iudicia
(123) suanôno	iudiciis *vgl. St. S. 262 A 2*
(138) suanôm	iudiciis
suanâri st. M.	Richter; iudex
(29) suanârre	iudici
suanen sw. V.	entscheiden, sich (sih) betrachten als, halten für etw., richten, beurteilen; iudicare
(28) (28) (68) (83) suanit	iudicaverit
(48) *si*h suannet!	se iudicet
(137) sî kisuanit	iudicetur
(138) suantôn	iudicaverunt
forasuanen sw. V.	vorausbestimmen, erkennen; praeiudicare
(138) forasuanne	praeiudicet
(146) forakisuanemês	praeiudicamus
suazzî sw. F.	Wonne; dulcido
(9) dëra suazzî	dulcidine
suazzi Adj.	wonnig, angenehm; dulcis
(10) muat suazzan	mentem dulcis

(13) hwaz suazzira	quid dulcius
(36) hoorsamii..suazzi	oboedientia..dulcis
pisûfan st. V.	untertauchen; demergere
(43) pisuuffit	demergit
suhtîg Adj.	verseucht, räudig; morbidus
(21) suhtîgeem	morbidis
(79) ..suhtîgaz	(ovis) morbida
farsûman sw. V.	vernachlässigen; neglegere
(82) farsuumando	neglegendum
sumar st. M.	Sommer; aestas
(57) (95) dës sumares	aestatis
(97) dës sumeres	aestatis
(121) in sumere	in aestate
sumêr Pron.	irgend einer; alius (95) (95)
sun st. M.	Sohn; filius
(12) suni	filii (voc. pl.)
sunna sw. F.	Sonne; sol
(33) sunnuun	solis
sunta st. F.	Sünde, Vergehen, Schuld; peccatum, culpa
(20) sunta	culpae (d.)
(24) suntâ	peccata
(25) (37) (107) dëra sunta	peccati
(38) (49) sunta	peccatum
(41) fona suntoom	de peccatis
(41) fona suntu	a peccatis
(48) dëra sunto	peccati
(50) fona suntôn sînêm	(de) peccatis suis
(51) fona suntôm	a peccatis
(74)/(75) dëra sunta	culpae
(104) pi suntôm	pro culpis
(137) sunteôm	culpis
suntarîg Adj.	„gewöhnlich"; privatus
(58) tagum suntrîgêm	diebus privatis
suntarîclîh Adj.	besonder; peculiaris
(113) kapët suntrîclîhchiu	orationes peculiares
*suntarîclîhhî sw. F.	Sondergut; (opus) peculiare
(122) duruh duruft suntrîc- lîchii	propter opus peculiare

(122)/(123) âchust dës sun- trîclîhchii	vitium peculiaris *vgl. St. S. 261 A 4*
suntarôn sw. V.	aussondern; sequestrare
(66) sint kisuntrôt	sequestrantur
suntîgo sw. M.	Sünder; peccator
(16) dës suntîgin	peccatoris
(51) suntîgo	peccator
suntôn sw. V.	sündigen; peccare
(22) suntôntemu	peccanti
suntrîgêm, suntrîclîh, suntrîclîhhî s. suntarîg usw.	
suntrîgo Adv.	abgesondert, für sich; seorsum, super se (101) (117)/(118)
kisuntrôt s. suntarôn	
suslîh Pron.	so beschaffen, solch; hic, is
(60) fona suslîhcheru âchusti	ab huiuscemodi vitio
(75) suslîchan	est modi = *eius modi, vgl.* *Diss. Daab S. 19*
swâr, swâri Adj.	schwer; gravis
(9) swârre(s)	grave
(86) swârriu dëru bidarbî	gravis utilitatis
(88) swârrera..	gravi (labore)
(93) swâr	grave
(100) dëra swârrûn kerihtî	gravi vindicta
(104) pi swârrêm suntôm	pro gravibus culpis
(122) dëra swâristûn..	gravissimae (disciplinae)
(144) zurwâridâ swârro	scandala gravia
swâren sw. V.	beschweren; gravare
(94) sîn kaswârit	graventur
sweif	Schuhe; pedules (121)
swërban st. V.	abtrocknen; tergere
(87) swërbên	tergent > -*u*-
swerran st. V.	schwören; iurare
(30) niswerran	non iurare
piswerran st. V.	beschwören; obsecrare
(24) piswerri	obsecra
swîgalî sw. F.	Stillschweigen; taciturnitas, silentium
(37) duruh swîgalii	propter taciturnitatem

(48) swîgilii	taciturnitatis
(49) swîgalî	taciturnitatem
(92) swîkilii	silentium
(100) dëra swîkalii	taciturnitatis
swîgên sw. V.	schweigen, sich schweigend fügen, Adj. fügsam; tacere, silere
(19) swîgeen	silere
(37) swîkêta	silui
(38) swîgên	tacere
(44) swîgêta	tacui
(45) dëra swîgêntûn inhuctî	tacita conscientia (abl.)
piswichanêr Part.	getäuscht; deceptus (131)
swîhhâri st. M.	Wandermönch; gyrovagus
(19) swîhhârro	gyrovagum
swihhônti Part.	unstet; vagus
(19) swihhônte	vagi

T.

tac st. M.	Tag; dies, feria
(13) (65) tagâ	dies (a. pl.)
(16) tagâ	dies (n. pl.)
(19) (55) (58) (66) (97) (110)	
(110) tagum	diebus
(26) in taga!	in die
(27) (33) (57) (82) in tage	in die
(31) tac	diem
(33) (44) tages indi nahtes	die noctuque
(58) truhtînlîchemu tage	dominico die
(59) anderes tages	secunda feria
(59) drittin tages	tertia feria
(59) dës feordin tages	quarta feria
(59) sëhstin tages	sexta feria
(59) andrêm tagun	ceteris diebus
(59) (68) (144) tage	die
(60) za dëmu sëlbin tage	ad ipsum diem
(65) andrêm tagum	secundae feriae
(65) andres tages	secundae feriae

(65) zwim tagum	duobus diebus
(68) truh*tînlîhh*emu take	dominico die
(97) tac	feria
(98) dës tages	diei
(99) tages	dies
(107) *tages*	die
(111) (129) *tage*	die
(112) (112) (113) *tag*um	diebus
(139) tages	diei

tagalîh Adj. — täglich; diuturnus, cotidianus, diurnus

(67) dës salmsanges taga-lîhchen	psalmodiae di*ut*urnae
(93) za imbîzze tagalîhchin	ad refectionem cotidianum
(102) tagalîhhêm..cîtim	diurnis..horis

tagalîhhin Adv. — täglich; cottidie, tota die, diurnis horis (12) (16) (31) (32) (33) (44) (44) (46) (64)

tât st. F. — Tat, „Lebenswandel", Apostelgeschichte; actus, factum

(11) fona tâtim	de actibus
(14) tâtio	actuum
(14) (21) (22) (30) tâtim	actibus
(16) (19) (21) (21) (22) (33) (35) (44) tâtim	factis
(29) after tâtim	post factum
(37) fora tâti	pro facto
(39) tâtim ûfstîganteem	actibus ascendentibus
(41) tâti sîno	facta sua
(123) tâteo..	actuum (apostulorum)

kitât st. F. — Pl. Tun und Lassen; actus

(31) kitaat	actus (a. pl.)

teil st. N. — Teil, Anteil; pars, portio

(23) in dësemu teile	in hac parte
(60) iungista teil	ultima pars
(94) dritta teil	tertia pars
(103) teil	portione*m*
(141) teil..luzzilaz	pars..parva

teilan sw. V. — teilen; dividere

(67) za teilanne sint	dividendi sunt
piteilen sw. V.	berauben; privare
(74) piteilit sî	privetur
(74) piteilte	privati
ziteilen sw. V.	teilen, trennen, einteilen (Einteilung), zuteilen; dividere, distributio
(59) sî ziteilit	dividatur
(65) sîn ziteilit	dividantur
(67) sî ziteilit	dividantur
(85) sî ziteilit	dividebatur
(68) zateile (za teilenne ?)	distributio vgl. St. S. 228 A 6
teilnumft st. F.	Teilnahme; participatio
(74) teilnumft	participatione
(103) ze teilnufti	ad participationem
ketëmprôn sw. V.	einteilen, wägen, Pass. sich zurückhalten; temperare
(52) sî katëmprôt	temperetur
(97) ketëmprôe	temperet
(98) sî ketëmprôt	temperetur
(112) pirum kitëmprôt	temperemus
tiuren sw. V.	verherrlichen; glorificare
(125) sî kitiurit	glorificetur vgl. Diss. Daab S. 20
tiuri Adj.	lieb; carus
(14) tiuristun	carissimi
(34) tiurôrin	carius
tiurida st. F.	Herrlichkeit, Ehre; gloria
(12) ze tiuridu	ad gloriam
(15) (34) tiurida	gloriam
(54) tiurida	gloriam
(65) tiuridâ	glorias
tôd st. M.	Tod; mors
(9) unzin ze tôde	usque ad mortem
(13) dës tôdes	mortis
(16) (31) tôd	mortem
(21) (38) (43) tôd	mors
(25) fona tôde	a morte
(45) unzi ze tôde	usque ad mortem

15*

(46) tôde..	morte (afficere)
tolc st. N.	Wunde; vulnus
(107) tolc	vulnera
tôt Adj.	tot; mortuus
(30) tôtan	mortuum
tragan st. V.	tragen, zurücktragen, ertragen; baiolare, sufferre, reportare, portare
(23) tragamês	baiolamus
(31) ketragan	sufferre
(78) widaret tragan	reportare
(125) tracan	portare
fartragan st. V.	leiden; sufferre
(46) fartragantero	sufferentium
fartraganî sw. F.	das Ertragen; tolerantia
(95) fartraganii	tolerantiam
trâgi Adj.	träge, saumselig, langsam; tardus, piger
(31) trâgan	pigrum
(81) trâgêr	tardus
(90) trâgoor	tardius
trâgo Adv.	säumig; tarde (36)
trahtôn sw. V.	überlegen, behandeln, erwägen; tractare
(27) trahtôê	tractet
(84) trahtôt	tractaverit
(134) trahtôhee	tractet
tracan s. tragan	
tranch st. M.	Trank; potus
(103) tranches	potus (g.)
(113) tranh	potus (g.)
(113) fona tranche	de potu
traum st. M.	Traum; somnium
(40) in traume	in somno *Übl.-io*
fartrîban st. V.	ausstoßen (aus dem Kloster); expellere
(148) sî fartriban	expellatur
trinchan st. V.	trinken; biberes (Subst. Pl.)
(88) trinchan	biberes

ketrôstan sw. V.   trösten, unterstützen; consolari

   (30) ketrôstan   consolari

   (88) ketrôstantêr pist   consolatus es

truabalêr Adj.   ungestüm; turbulentus (81) (143)

ketruaben sw. V.   drücken, stören, beunruhigen; perturbare, turbare

   (97) ketruabpe   perturbat

  (134) kitruabit   perturbat

  (138) ketruabpe   turbet

duruhtruaben sw. V.   verwirren; perturbare

   (83) duruhtruabit..   perturbetur

truhtîn st. M.   Herr; dominus

   (8) (14) (15) (17) (45) truh-   dominum
      tînan

  (11) (16) (33) (40) truhtîne   domino (abl.)

  (12) (13) (20) (21) (21)

  (36) (43) truhtînes   domini

  (13) (14) (16) (28) (35) (35)

  (42) (51) truhtîn   dominus

  (14) (15) (39) (54) truhtîn   domine

  (19) zuahëlfantemu truhtîne   adiuvante domino

  (21) (23) (43) (44) (47) (47)

  (47) (135) truhtîne   domino (dat.)

  (45) fora truhtîne   pro domino

truhtînlîh Adj.   „des Herrn", Herrendienst, -tag; dominicus

   (8) dëra truhtînlîhhûn..   dominici.. servitii
      deonôstî

  (18) truhtînlîhhêm   dominicis

  (32) truhtînlîhha pibot   dominicum praeceptum

  (55) truhtînlîhêm tagum   dominicis diebus

  (57) in tage *truhtînlîhhe*mu   in die dominico

  (58) truhtînlîchemu tage   dominico die

  (58) dëra truhtînlîhhûn   dominica

  (59) *truhtînlîhhe*mu   dominica *vgl. St. S. 224 A 4*

  (60) *truhtînlîhhe*mu..   dominico (die)

  (61) eocowelîhheru truh-   omni dominica
      *tînlîhhe*ru

(64) truhtînlîhhera..	dominica (die)
(65) truhtînlîhhiu	dominica (n. sg.)
(66) truhtînlîchûn	dominicam
(68) truhtînlîhhemu take	dominico die
(111) truhtînlîhhemu..tage	dominico..die

tuan anom. V. — handeln, anwenden, (Sorge) hegen, (Begierden) befriedigen, (Gehorsam) erweisen, umgrenzen, (eine Feier) halten; agere, facere, gerere, efficere, adhibere, factor, committere, terminare, exhibere *von (8) bis (148) auf fast jeder Seite des Codex z. T. mehrere Male gebraucht, i.g. 77 Formen*

duruhtuan anom. V. — verwirklichen, weiter tun; perficere

(11) duruhtân	perfici
(30) duruhtuan	perficere
(105) duruhtuên	perficiant

missituan anom. V. — sündigen, falsch machen; delinquere

(24) missituante	delinquentes
(37) missitue	delinquam
(106) missitëta	deliquit
(106) missituat	deliquerit

offan tuan — offenbaren; patefacere (32)

urbartuan anom. V. — übertreten; praevaricare (100)

untartuan anom. V. — (sich) unterwerfen, an Stelle eines anderen wählen; (se) subdere, subrogare

(45) untartuat	subdat
(148) untar sî ketân	subrogetur

zuatuan anom. V. — schenken, zuwenden, erweisen, anwenden, hinzuziehen; adhibere, adtribuere, exhibere

(8) (79) zuatue	adhibeat
(21) zuakitâniu	adtributa
(21) zuakitân	exhibita

(89) zua zi tuenne	adhibenda
(137) zua sî kitân	adhibeatur
tulden sw. V.	feiern; celebrare
(63) sî kituldit	celebretur
duruhtulden sw. V.	(zu Ende feiern) zu Ende gehen; percelebrari
(104) ist duruhtuldit	percelebratur
tult st. F.	morganlobo: Morgenfeier, Fest-, Feiertag; solemnitas, festivitas
(58) tult	solemnitas
(60) in tuldim	in festivitatibus
(60) tuldim	solemnitatibus
tultlîhchiu Adv.	feierlich; solemniter (129)
ertumbên sw. V.	verstummen; obmutescere
(37) ertumbêta	obmutui
tunihha sw. F.	Rock; tunica
(47) tunihhûn	tonicam
turi st. F.	Tür; fora
(104) fora turim	ante foris
twâla st. F.	Zögern, Zaudern, Verzug; mora
(34) âno twâla	sine mora
(34) (99) twâla	moram
(83) twâla	mora (abl.)

U.

ubar Präp. mit Dat. und Acc.	über; super (13) (39) (39) (43) (46) (49) (53) (62) (82) (113)
ubar ist	supra fuerit (121)
ubarâzzalî sw. F.	Übersättigung; crapula
(94) erchêrtiu..ubarâzalii	remota..crapula (abl.)
(94) ubarâzzalii	crapula
(94) ubarâzzalii	crapula (abl.)
ubarfleozzida st. F.	Überfluß (überflüssig), anspruchsvolles Wesen; superfluitas, superfluus
(121) ubarfleozzida	superfluum
(134) ubarfleozida	superfluitate

ubarfluatida st. F.	anspruchsvolles Wesen; super- fluitas
(89) ubarfluatida	superfluitate
ubarmuatî sw. F.	Stolz, Überheblichkeit; super- bia, elatio
(39) dëra ubarmuatii	superbiae
(147) ubarmuatii	elatione
ubarmuati Adj.	stolz; superbus
(25) ubarmuate	superbos
(31) ubarmuatan	superbum
ubarmuatôn sw. V.	stolz werden; superbire
(145) ze ubarmuatônne	superbiendi
(147) ubarmuatôe	superbiat *vgl. St. S. 279 A 2*
ubartrunchanî sw. F.	Trunkenheit; ebrietas (96)
ubîg s. uppig	
ubil Adj.	böse, schlecht, Sünde, Fehler,
ubil st. N.	Laster; malus, malum
(11) fona ubilêm tâtim	de malis actibus
(12) fona ubilum	a malis
(13) fona ubile	a malo
(15) (31) ubil	malum
(16) ubilero	malorum
(30) ubil	mala
(30) fora ubile	pro malo
(31) (47) kedanchâ ubile	cogitationes malas
(32) fona ubileru sprâhhu	a malo eloquio
(32) ubiliu	mala
(32) fona ubilum	de malis
(36) mit ubilo muatu	cum malo animo
(37) fona ubileem wortum	a malis verbis
(43) ubila kirîda	malum desiderium
(43) ubiliu	malos
(44) in ubile	in malo
(47) ubile = -*iu*	mala
(48) (h)ubilan (wërachman)	malum (operarium)
(60) fona *ubi*le	a malo
(123) ubilemu..	mala (voluntate)
ubilo Adv.	übel, böse; male
(47) ubilo sprëhhante	maledicentes

(81) ubilo   male

ûfstîc st. M.   Aufstieg; ascensus (40)

umbi Präp.   um; circa (42)

umbiderbi s. unbiderbi

umbicanc st. M.   Verlauf; circulus, circuitus

  (126) umbicanc   circulum

  (127) umbicange   circuitu

umbincirh st. M.   Verlauf einer Woche; circulus

  (68) duruh wëhchûn um-   per septemanae circulum

    bincirh

keummuazzôn   sw. V.   sich beschäftigen;occupari(108)

unbiderbi Adj.   unnütz, zu nichts nütze; in-

    utilis

  (44) unbiderbe   inutiles

  (111) umbiderbêr   inutilis

unduruhtaan Part.   unvollendet; imperfectum (35)

unekihaft Adj.   zuchtlos; indisciplinatus

  (24) unekihafteem (drawen)   indisciplinatos (arguere)

unerlaubantlîh Adj.   Subst. Verlockung mit chëla:

    Gaumenlust

  (19) chëluun unerlaubant-   gulae inlecebris *vgl. St. S. 197*

    lîhheem   *A 7* (mit illicitis verwechselt)

unerrahhôtlîh s. bei rahhôn

unfardewitî sw. F.   Unmäßigkeit; indigeries (94).

    Betz S. 168.

keunfrewen sw. V.   erzürnen, kränken, Pass. sich

    betrüben, zürnen, unwillig wer-

    den; contristare

  (11) keunfrewit wësan   contristari

  (81) nikeunfrawe   non contristet

  (81) keunfrewe   contristet

  (83) keunfrewit..   contristetur

  (109) nisîn keunfrewit   non contristentur

unfroma st. F.   Verlust; detrimentum (26)

unfruat Adj.   unverständig, der Tor; stultus

  (25) (49) unfruatêr   stultus

ungahërzi Adj.   entzweit; discordans

  (33) mit ungahërzamu   cum discordante

ungilaubîgêr Adj.   ungläubig; infidelis (79)

ungilîh Adj. — sinnlos; absurdum (145)

ungalimflîh Adj. — unpassend; absurdum (145)

unkalimfanti Part. — ungehörig; inconpetens

(111) cîtim unkalimfantêm — horis inconpetentibus

ungiristlîh Adj. — ungeziemend; absurdum (145)

unkewar Adj. — frech, böswillig; improbus

(25) unkiwareem (kedwinge) — inprobos (coerceat)

(73) unkawarêr — inprobus

unkiwara st. F. — Zufall; casus

(91) unkiwaru — casu

unhôrsam Adj. — ungehorsam; inoboediens

(21) unhôrsamên — inoboedientibus

(24) unhôrsame — inoboedientes

(73) unhôrsamêr — inoboediens

unhôrsamî sw. F. — Ungehorsam; inoboedientia

(11) unhôrsamii — inoboedientiae

unhôrsamônti Part. — ungehorsam; inoboediens

(20) unhôrsamônti — inoboedienti

unhorsk Adj. — träge; iners (68)

unchreftîg Adj. — schwächlich; imbecillis

(86) unchreftîgêm — imbecillibus

unchreftigî sw. F. — Schwäche; imbecillitas

(91) unchreftigii — inbecillitas

(95) unchreftigî — inbecillitatem

unkund Adj. — unbestimmt; incertus

(118) in unchundêm..! — incertis (horis)

unchûschida st. F. — Unkeuschheit; sordes

(112) unchûschidâ — sordes (a. pl.)

unbilinnanlîhhaz — unaufhörlich; incessabiliter (33)

unmahtî sw. F. — Schwäche; infirmitas, imbecillitas

(93) unmahtîm — infirmitatibus

(112) unmahtî — inbecillitas

unmahtîg Adj. — schwach, krank, unvollkommen; infirmus

(30) unmahtîgan — infirmum

(81) unmahtîgero — infirmorum

(112) unmahtîkên — infirmis

unmëz Adv. — zu sehr, allzu; nimis (143) (143)

unmëzzigî sw. F.	Übermaß; nimietas (97)
unredihaftlîhhiu	unvernünftig; irrationabiliter (81)
unrëht st. N.	Bosheit, Unrecht, Ungerechtigkeit; iniustitia, iniquitas, tyrannis
(42) fona unrëhte	ab iniquitate
(47) unrëht mîniu	iniustitias meas
(47) unrëht mînaz	iniustitias meas
(145) unrëht	tyrannidis = -es
unrëht Adj.	falsch; absurdum (145)
unrëhto Adv.	ungerecht; iniuste (138)
unsamftida st. F.	Schwierigkeit; difficultas
(125) unsamftido	difficultatum
unsemfti Adj.	schwierig; difficilis
(25) unsemfta	difficilem
unsêr Pron.	unser; noster (8) (11) (12) (14) (39) (40) (40) (41) (42) (44) (44) (46) (46) (62) (62) (68) (96) (113)
kiunstillen sw. V.	stören, beunruhigen; inquietare
(109) kiunstille	inquietat
(118) kiunstillên	inquietentur
unstilli Adj.	unruhig, unzufrieden, träge; inquietus, dissidiosus
(20) unstillemu	inquieto
(24) unstilleem (drawen)	inquietos (arguere)
(111) unstillêr	desidiosus
unstillida st. F.	Zwietracht; dissensio
(145) unstillidâ	dissensionis > es
unsûbro Adv.	unsauber; sordide (84)
untar Präp. mit Dat. und Acc.	unter, untereinander, zugleich, einander; sub, inter, invicem (17) (23) (27) (46) (53) (62) (68) (82) (102) (119) (126) (127) (127) (131) (140) (146)
unterlâz st. M.	Unterbrechung; intermissio
(61) âno unterlâz	sine intermissione
untarstunta st. F.	Pause; intervallum
(52) (99) untarstuntu	intervallo

unbiwamtêr Adj.   makellos; immaculatus (42)

unwirdîg Adj.   unwürdig; indignus

    (48) unwirdîgan   indignum

unwizzida st. F.   Unkenntnis; ignorantia

    (150) .. unwizzidu   (de) ignorantia

unzin (ze), unzi (ze),   bis; usque (ad) (9) (43) (45) (45)

unzan (ze) Präp.   (49) (52) (52) (61) (65) (66) (74)

    (90) (96) (98) (103) (108) (108)

    (109) (140)

uppîg Adj.   müßig; otiosus

    (38) wort uppîgiu   verba otiosa

    (112) ubîge   otiosi

uppîgî sw. F.   Müßiggang; otiositas, otium

    (108) uppîgî   otiositas

    (111) upîgî   otio

erurereban sw. V.   enterben; exheredare

    (12) erurerebe   exheredet

urchundî sw. F.   Zeugnis; testimonium

    (30) lucki urchundii   falsum testimonium

urchundo sw. M.   Zeuge; testis

    (132) urchundôm   testibus

urchust st. F.   Betrug; fraus

    (124) in einîkera urchusti   in aliqua fraude

urlaubî sw. F.   Erlaubnis; licentia

    (38) (100) urlaubii   licentia

    (102) urlaubii   licentiam

urriutto sw. M.   Vergeuder; stirpator (82)

ursuahhida st. F.   Erforschung; examen

    (18) ursuahhidu   examine *Übl. ex acie*

urteilida st. F.   Unterscheidungsgabe; discretio

    (144) urteilida   discretionem

    (144) dëra urteilida   discretionis

urtriuwêr Adj.   argwöhnisch; suspitiosus (143)

urtruida st. F.   Argwohn; suspitio (131)

    vgl. St. S. 268 A 1

fora urtursti   Anmaßung; praesumptione (113)

ûzzân Präp. mit Gen.   außerhalb; foras

    (29) ûzzaan *muni*stres   foras monasterio

ûzzan Konj.	aber, sondern, außer, ausgenommen; sed, nisi, excepto, exceptis (9) (9) (14) (14) (15) (16) (17) (18) (20) (22) (22) (24) (26) (28) (31) (31) (33) (36) (36) (36) (39) (40) (41) (44) (44) (46) (49) (51) (55) (55) (55) (57) (59) (60) (60) (81) (81) (82) (96) (98) (100) (101) (103) (104) (105) (111)
ûzan daz	ausgenommen daß; excepto quod (60)
ûzzana Adv. Präp.	draußen, außer; extra, foras, exceptis (20) (61) (101) (102) (138) (140)
ûzze Adv.	draußen; foras (149)
ûzorôstî sw. F.	das Letzte; extremitas
(48) ûzorôstî	extremitate

V.

vërs st. M.	Vers; versus
(53) vërs	versum
(53) vërse	verso

W.

wâffan st. N.	Waffe; arma
(11) starchistun wâffan	fortissima arma
wahta st. sw. F.	Nachtwache (Matutin); vigilia
(52) after wahtûn	post vigilias
(52) (57) wahtôno	vigiliarum
(54) in *wahtôm*	in vigiliis
(54) wahtâ	vigiliae
(55) (55) zi, ze wahtôm	ad vigilias
(55) in dêm wahtôm	in quibus vigiliis
(68) za wahtôn	ad vigilias
(101) wahtôm	vigiliis
dës waldes	in der Einsamkeit; (h)eremi (18)

waldlîh Adj.	Subst. Eremit; (h)eremita
(17) waldlîhhero	(h)eremitarum
walm st. M.	Eifer, Glut; fervor
(17) (149) walme	fervore
(97) walm	fervor
walo Adv.	lau; tepide (36)
waltanti Part.	mächtig; potens
(69) waltantêm	potentibus
kewaltida st. F.	Gewalt, Macht, Schenkungs-
	urkunde; potestas, dominatio
(94) in..kiwaltidu	in..potestate
(120) (124)..kawaltidu	(in) potestate
(129) kiwaltidu	donatione *vgl. St. S. 266 A 3*
(138) kiwaltida	potestatem
(145) fona kewaltidu	a potestate
wân st. M.	Hoffnung; spes
(31) wân	spem
(46) fona wâne	de spe
wânan sw. V.	hoffen, meinen, glauben, beach-
	ten; sperare, existimare, putare,
	aestimare
(9) wânnemês	speramus
(15) (34) wânnant	existimant
(19) wânnant	putaverint
(19) wânnant	putant
(41) (50) wânne	aestimet
(46) wânente pirumees	exaestimati sumus
(47) wâni	spera
(50) wânanti	aestimans
(145) wânnente	exaestimantes
farwânnan sw. V.	verzweifeln; desperare (33)
wanheil Adj.	schwach, krank; debilis
(77) wanheilaz	debile
(90) wanaheileem	debilibus
(95) âno wanaheilêm	praeter debiles
wan wësan	mangeln; deesse
(26) wan ist	deest
(91) wan wësan	deesse
(118) wan sint	desunt

wâr Adj. wahr, verus
   (11) wâremu chuninge vero regi
   (13) wâran liib veram vitam
   (126) rachu wâreru re vera
sô wâr sô s. hwâr
waram s. warm
warben s. hwerban
wârhaftî sw. F. Wahrheit; veritas
   (15) (21) (30) wârhaftî veritatem
wârlîh Adj. wahr (Komp. mit mehr Grund);
                        verus
   (33) wârlîhhôr verius
warm Adj. warm; calidus
   (120) in waramêm (lant- in calidis (regionibus)
       scaffim)
anawartên sw. V. achten auf; intendere
   (126) anawartee intendat
anawartêntêr Part. bedacht auf; intentus (111)
zuawartên sw. V. achten auf, (einen Platz) ein-
                        nehmen; adtendere
   (68) zua sî kiwartêt adtendatur
   (133) (137) zuawartee adtendat
waskan st. V. waschen, tilgen; lavare, diluere
   (87) waskên lavent
   (112) waskan diluere
   (121) wazkan lavare
   (122) kawaskano (pruah) lota (femoralia)
wassira s. hwas
wâtan sw. V. bekleiden; vestire (30)
wâthûs st. N. Kleiderkammer; vestiarium
   (121) (129) in wâthûse in vestiario
   (122) ..wâthûse (de) vestiario
kewâti st. N. Kleidung; vestis, vestimenta,
                        indumenta
   (83) ..kewâtim (in)..vestibus
   (120) (121) (129) ki-, kawâti vestimenta
   (121) kawâti indumenta
wâtôn sw. V. bekleiden; vestire
   (72) kiwâtôte vestiti

(129) kewâtôtêr	vestitus
intwâtôn sw. V.	ausziehen, ablegen, (der Gewalt) entziehen; exuere
(129) sî intwâtôt	exuatur
(129) intwâtôtêr	exutus
(130) entwâtôtêr	exutus
(145) intwâtôtan	exutum
wâttan s. wâtan	
waz s. hwaz	
wealîhnissi s. hweolîhnissi	
weamihilî s. hweomihhilî	
wëc st. M.	Weg; via
(9) (14) (35) (47) wëc	viam
(35) wëc	via
(37) wëkâ	vias
(42) wëkâ	viae
(50) in wëke	in via
wecken (< wagjan) sw. V.	erregen; movere
(38) wort..weckentiu	verba..moventia
foraerwechan sw. V.	aufrücken lassen; promovere (137)
wëhha sw. F.	Woche, wöchentlich; septimana, hebdomada
(68) eocowelîhchera wëhchûn	omne ebdomada
(68) duruh wëhchûn umbincirh	per septimanae circulum
(69) eina wëhcha	una septimana
wëhhâri st. M.	Wochenhelfer (in der Küche); hebdomadarius, septimanarius
(87) wëhhâre	septimanarii
(88) wëhhâre	ebdomadarii
(92) wëhchâri	ebdomadarius
(93) mit..wëhchârum	cum..ebdamadariis
wëhsal st. M.	Wechsel, Stellvertretung, bis zwei Mal (102); vices
(19) (140) wëhsal	vices
(84) (92) wëhsalum	vicibus
(102) ze dëmu andremu wëhsale	ad secundam vicem

weihhen sw. V.	weich machen; mollire
(18) keweihhete	molliti
wecken (< wagjan), foraerwechan s. *weg-	
erwehhen (< wakjan) sw. V.	aufwecken, erregen, intr. entstehen; excitare, suscitare
(12) erwechenteru kescrifti	excitante scriptura
(146) sint erwehchit	suscitantur
wëla Adv.	gut; bene (17) (81)
welago Interj.	o! (10)
wëlaqhuëdan s. -qhuëdan	
welîh s. hwelîh	
welîhho s. hwellîhho	
wellen anom. V.	wollen, nicht wollen; velle, nolle
niwellen	
(8) (14) (39) (39) (101) wellemês	volumus
(12) niwoltôn	noluerint
(13) niwoltôn	noluerint
(13) wili	vult
(13) (126) wili	vis
(16) niwillu	nolo
(18) niwellant	noluerint
(30) niwelle	non vult
(36) dës niwellentin	nolentis
(108) wili	voluerit
(111) niwili	non vellet
(137) niwelle	nollit
wellen sw. V.	wählen; eligere
(18) kiwellant	elegerint
erwellen sw. V.	aus-, erwählen; eligere
(70) arwelit sî	elegantur
(81) (141) sî erwelit	elegatur
(136) erwelle	elegat > -i-
(141) erwelit	elegerit
(141) erwellant	elegeri(n)t *Übl.-erit*
wëlûn sw. F. Pl.	Lust; Pl. diliciae
(30) wëlûn	dilicias
wëmu s. hwër	
wênekî sw. F.	trauriger Zustand; miseria

(134) sîniu wênekii   eius miseria

wenne s. hwenne

weo s. hweo

weomichilî s. hweo-

wër s. hwër

wërach, wërachman s. wërk-

wëralt st. F.   Welt, in wërolti: ewig; saeculum

    (18) wëralti   saeculo

    (30) dëra wërolt   saeculi

    (40) in wëralti   in saeculo

    (47) in wërolti   in saeculum

wërultlîh Adj.   Subst. Pl. Weltleute; saecularis

   (125) wërultlîhchêm   saecularibus

kiwerbit s. kehwarban

wërdan st. V.   werden, in Verbverbindungen
statt wësan; fieri, fuisse

    (39) wirdit kedeonoot   kumiliabitur

    (40) keaugit ward   apparuit

    (40) keaugit wurtun   monstrabantur

    (43) wortane sint   facti sunt

    (44) wortane   factos

    (45) (48) wortaneer   factus

  (100) kihôrtaz wirdit   auditum fuerit

  (107) (110) wirdit   fuerit

farwërdan st. V.   zu Grunde gehen, (Meineid
schwören 30); perire

    (30) farwërde   perier(i)t *Übl. periuret*

  (131) farwërdan   perire

kewërdôn sw. V.   würdigen; dignare

    (11) kewërdôntêr   dignatus

    (51) kewërdôntêr ist   dignabitur

    (78) kawërdônti..   dignaretur

farwërfan st. V.   hinter sich werfen, fortschicken,
verstoßen, absetzen (vom Amt);
pro-, deicere

    (22) farwurfi   proiecisti

  (135) farworfan..   proici

  (137) sî farworfan   proiciatur

(148) sî farworfan	deiciatur
forawërfan st. V.	(sich) hinwerfen, verstoßen; proicere
(105) forawërfe..	proiciat (se)
(13) forakiworfan..	proiciatur
wërach st. N.	Werk, Arbeit, Chorgebet; opus, opera
(10) wërach	opus (a.)
(18) (23) wërchum	operibus
(35) wërach	opera (n. sg.)
(44) wërach	opera (n. pl.)
(50) ..wërahche	(in) opere
(72) za wërche	ad opus
(101) dëmu wërche	operi
(102) ze wërche	ad opus
(107) dës wërahches	operis
(109) in wërah	in opus
(110) fona *wërche*	ab opere
(111) wërach	opus (n.)
(112) solîchaz *wërahe*	talis opera
(113) *wërah* këbamês	operam damus
(124) fona *wërchum*	ex operibus
wërachman st. M.	Arbeiter; operarius
(13) (48) wërachman	operarium
(51) in wëracman	in operarium
wërchôn sw. V.	wirken, arbeiten; operari, laborare
(15) wërchôntan..truhtînan	operantem..dominum
(108) wërchôên	laborent
(110) wërchôên	operentur
wërolt s. wëralt	
piwerran sw. V.	hindern, verhindern, verteidigen, abhalten von etw.; prohibere
(13) piweri	prohibe
(42) pirum piwerrit	prohibimur
(49) piwerie	prohibeat
(82) piwerit	prohibuerit
(142) piwerigên	prohibeant

16*

wërultlîh s. wëralt-
wësan st. V.

sein, geschehen; esse, fieri, fuisse
bestehen; existere

(22) sî

existat

wësan im Pass. und bei Dep., i. g. 214 Formen.

azpim

ich bin da; adsum (13)

duruhwësan st. V.

ausharren, ver-, beharren; per-
severare, peristere, persaveran-
tia

   (45) (125) duruhwisit

perseveraverit

   (75) duruhwësanti

persistens

   (126) ..duruhwësanti

(de) perseverantia *Übl. de stabilitate perseverantiam*

fër wësan s. fër
forawësan st. V.

vorstehen, an der Spitze stehen;
praeesse (19) (21) (36)

widar Präp. mit Dat. und Acc.

gegen; contra, adversus (-um)
(15) (17) (18) (47) (147)

widarpirkîg Adj.

mühevoll; arduus

   (25) widarpirkîga

arduam

widar diu

andererseits; e diverso (142)

widaret Adv.

zurück; re-

   (78) widaret tragan

reportare

widarmuati st. N.

Unrecht, Pl. Unbilden; iniuria

widarmuatî sw. F.

   (31) widarmuati (kitânaz)

iniuriam (facta)

   (45) widarmuatum

iniuriis

   (46) (in) widarmuatim

(in) iniuriis

   (125) anaprunkano widar-
      muatî

inlatas iniurias

widarmuatêr Adj.

gewalttätig; iniuriosus (81)

widarôn sw. V.

verweigern, zurückweisen, ab-
lehnen; renuere, recusare

   (103) widarôt

rennuit

   (103) widarôta

recusavit

   (134) sî kewidarôt

renuatur

widarwart Adj.

feindlich, widrig, gesetzwidrig,
Subst. Widerwärtigkeit; con-
trarius, adversus

(22) widarwartiu	contraria
(45) .. widarwarteem rahhôm	(in) contrariis rebus
(45) widarwarti -*iu* ?	contraria
(46) in widarwarteem	in adversis
widarwartî sw. F.	Gegensatz; contrarium
(73) .. widarwartî	(in) contrario
widarwîgo sw. M.	Aufrührer; rebellio (137)
wîh Adj.	heilig, Subst. die Heiligen; sanctus, sacer, Christus
(8) wîhôno (piboto)	sanctae (oboedientiae)
(10) wîho puah	sacrum volumen
(14) in përege wîhemu	in monte sancto
(16) wîheem	sanctis
(18) (33) (34) wîhaz	sanctum
(21) wîhiu	sancta (a. pl. n.)
(23) in wîhemu	in christo
(32) lëctiûn wîho	lectiones sanctas
(37)/(38) fona wîheem sprâhhoom	de sanctis eloquiis
(42) wîhiu kescrift	sancta scriptura
(51) âtume wîhemu	spiritu sancto
(54) dëra wîhûn drinissu	sanctae trinitatis
(60) (128) wîhero	sanctorum
(68) wîhe	sanctos
(93) wîhan..	sanctam (communionem)
(97) fona wîheru oostrûn	a sancto pascha
(113) dëra wîhûn ôstrûn	sanctum pascha
(128) wîhêm	sanctis
wîhan sw. V.	preisen, segnen, weihen, lobsingen; benedicere, sacrare
(10) kewîhtêr	benedictus
(31) (32) wîhan	benedicere
(53) wîhe	benediciat
(56) wîhantemu..	benedicente (abbate)
(61) kiwîhtiu.. *ruava*	sacratus (numerus)
(82) kewîhtiu (faz)·	sacrata (vasa)
wîhî sw. F.	Segen, Segensgebet (Vaterunser), „Lobpreis"; benedictio

(57) kakëbaneru wîhî	data benedictione
(58) wîhii	benedicciones
(64) (119) wîhî	benedictione
(140) wîhii	benedictionem
wîhida st. F.	Reliquie; Pl. reliquiae
(128) wîhidâ	reliquiae
wîla st. F.	Stunde, Tagesstunde; hora
(52) ahtodûn wîlu	octava hora (abl.)
(62) fona dêm wîlôm	de his horis
(62) êrista wîla	prima hora (abl.)
willo sw. M.	Wille; voluntas
(11) willôm	voluntatibus
(19) (36) (42) (43) willoom	voluntatibus
(28) willin (kefolgên)	voluntatem (sequi)
(32) (42) (42) (42) (44) (44) willon	voluntatem
(35) willoom (farlaazzante)	voluntatem (deserentes)
(36) willun	voluntatem
(41) willeôno	voluntatis
(44)/(45) willo	voluntas
(113) *willin*	voluntate
(113) (114) mit..willin	cum..voluntate
arwinnan st. V.	gewinnen; lucrare
(126) ze arwinnanne..	ad lucrandas (animas)
ubarwinnan st. V.	obsiegen; superare
(46) ubarwinnamees	superamus
wint st. M.	Wind; ventus
(16) winti	venti
piwintan st. V.	einwickeln; involvere
(130) piwinte	involvat
wintar st. M.	Winter; hiems
(57) dës wintares	hiemis
(121) in wintre	in hieme
wintarcît st. F.	Winter; hiems
(52) wintarcîti	hiemis
wîntrunchal Adj.	trunksüchtig; vinolentus
(31) wîntrunchal	vinolentum
wir Pron.	wir; nos (8) (12) (12) (13) (13) (14) (14) (15) (16) (16) (33) (33)

(38) (39) (40) (41) (42) (42) (43)
(43) (44) (44) (44) (46) (46) (46)
(46) (46) (47) (60) (60) (60) (68)
(113) (120)

wirdîg Adj. würdig; dignus, digne

(19) (136) (140) wirdîgêr dignus

(51) wirdîkêr dignus

(112) wirdîke digne

wirdîgî sw. F. Würde; dignitas

(139) dëra wirdîgî dignitatis

wirdîgo Adv. in gehöriger Weise; digne (57)

wirsiro Komp. schlimmer, sehr schlecht; deterior, miserrimus

(19) wirsirun deteriores

(19) fona wirsirin lîbe de miserrima conversatione

wirsisto Superl. nichtswürdig, schlechtest; nequissimus, deterrimus

(12) wirsiston scalchâ nequissimos servos

(18) wirsista chunni deterrimum genus

kewis Adj. bestimmt; certus

(108) kawissêm cîtim certis temporibus

(139) er kiwissêm rachôm certis ex causis

wîsan sw. V. rufen, berufen; vocare, convocare

(27) wîsse convocet

(28) wîssan vocari

(123) kawîsan vocare

framkiwîsan sw. V. aufrufen; provocare

(76) framkiwîsên provocent

duruhwisit s. duruhwësan

wîsôn sw. V. besuchen; visitare (30)

kewisso Adv. Konj. also, aber, freilich, da ja, denn, nämlich; ergo, vero, enim, nam, certe, autem, quidem, etiam, plane, sane, scilicet, quippe

ziwiu wozu; ad quod (132)

wîzzago sw. M. Prophet; propheta (21) (37) (37) (39) (41) (43) (44) (48) (48) (51) (59) (61)

wizzan Prät.-Präs. — wissen, mit ni: nicht wissen, Pass. bekannt sein für etw.; scire, nescire, noscere

- (16) niweist — nescis
- (18) sint kewizzan — noscuntur
- (20) (25) (26) (31) (142) wizzi — sciat
- (25) (29) (80) (82) (127) (132)
- (136) wizzanti — sciens
- (25) (32) wizzan — scire
- (27) wizzi — scierit
- (34) niwizzîn — nesciant
- (42) weiz — novit
- (48) niwissa — nescivi
- (107) wiszun — sciant
- (139) wizzi — noverit

wîzzi st. N. — Strafe; poena

- (8) wîzzi — poenas
- (12) êwîc .. ze wîzze — perpetuam .. ad poenam
- (21) wîzi — poena
- (37) (45) wîzzi — poenam
- (37) duruh wîzzi — propter poenam

kewizzida st. F. — Zeugnis, Kenntnis, Beispiel; testimonium, scientia

- (70) dëra cuatûn kiwiszida — boni testimonii
- (124) fora kiwizzidu — pro scientia
- (144) kewizzidâ — testimonia

kiwon Adj. — gewöhnlich, gewohnt; solitus

- (113) dëmu kiwonin .. — solito (penso)
- (122) fona dëmu kiwonin — a solito

kewonaheit st. F.
wonaheit st. F. — Gewohnheit, Brauch, gewohnt; consuetudo, consuetudinarius

- (51) fona kewonaheit — ex consuetudine
- (51) wonaheite — consuetudine
- (59) after kiwonaheite — secundum consuetudinem
- (68) kiwonaheitim — consuetudinariis
- (133) kawonaheiti — consuetudine

kewonên sw. V. — pflegen, gewohnt sein; solere

- (60) kiwonênt — solent
- (90) sitiu kewonanemu — more solito

wonên sw. V.	bleiben; manere
(10) wonêt	manet
duruhwonên sw. V.	verharren; perseverare
(9) duruhwonênte	perseverantes
untarworfan Part.	untergeordnet (durch Mittels-person); subiectus
(131) duruh untarworfanan heit	per subiectam * Übl. suffectam* personam
untarworfanî sw. F.	Unterwürfigkeit; subiectio
(28) untarworfanii	subiectione
wort st. N.	Wort, Rede; verbum, sermo
(11) (82) (82) wort	sermo
(16) (32) (38) (50) wort	verba
(21) (21) (24) (25) (50) wortum	verbis
(22) wort	sermones
(37) fona wortum	a verbis
wuaf st. M.	Seufzen, Weinen; gemitus, fletus
(32) mit .. wuaffe	cum gemitu
(112) mit wuafum	cum fletibus
wuaft st. M.	Trauer; luctus
(75) wuaft	luctum
wuachar st. M.	Pl. Feldfrüchte, Nutznießung; frux, fructus
(109) ze wuacharum	ad fruges
(131) nutzi wuachar	usum fructum
wunnilust st. F.	Behagen; voluptas (18)
wunsk st. M.	mit chindo: Annahme an Kindes Statt; adoptio
(20) ze wunske	adoptionis
wuntar st. N.	Wunder; mirabile
(39) in wuntrum	in mirabilibus
kewuraht st. F.	Verdienst; meritum
(23) kewurahti	merita
wurchen sw. F.	wirken, arbeiten; operari
(14) wurchit	operatur
(34) pirum kiwurchit	operemus
(109) sîn kiwurchit	operentur
pi wuruhti	mit Recht; merito (42)

wurum st. M.	Wurm; vermis (48)
wurzhaftôr Komp.	mit der Wurzel; radicitus (24) (84) (123)

Z.

zahar st. M.	Träne; lacrima
(32) mit zaharim	cum lacrimis
zâla st. F.	Untergang, Gefahr; periculum
(24) dëra zaala	periculi
(146) zâla	periculi
zaum st. M.	Strick; funis
(72) zaummum	funibus
ze, za, zi Präp. mit Dat.	zu; ad
zëhaningâri st. M.	Obmann; decanus
(137) fona zëhaningârum	a decanis
(146) .. zëhaningârro -â ?	(per) decanis > -os vgl. St. S. 278 A 7
zëhanning st. M.	Obmann; decanus
(70) zëhanningâ	decani
zëhanto Num.	der zehnte; decimus (49) (58) (65) (110)
zëhanzugôsto	der hundertste; centesimus (58)
zeihhan st. N.	Zeichen; signum
(92) zeichanes	signi
(100) (110) (110) zeichan	signum (n.)
(110) zaichene	signo
(128) zeichan	signum (a.)
kezeihhanen sw. V.	übergeben, zuweisen, bezeichnen, wieder vorzeigen; ad-, consignare, reconsignare
(84) kizeichanne	consignet
(84) kazaichantiu	adsignata
(87) kezeihhanne	reconsignet
(87) kezeihhanne	consignet
(99) in kezeihhantemu	in adsignato
.. pifolahanemu	.. commisso
(118) kazeichanta	adsignatam
avurkezeihhanen sw. V.	wieder vorzeigen; reconsignare

(33) avurkezeihhantiu | reconsignata
zeihhanunga st. F. | Andeutung; significatio
(86) zaichanunga | significatione
cella st. F. | Kloster; cella
(19) duruh cello | per cellas
kezellen sw. V. | zählen, rechnen, an-, zurechnen, zuweisen, bestimmen; de-, re-, con-, imputare
(11) kezellan | conputare
(15) kizelita | imputavit
(31) kezelle | reputet
(44) fona engilum..kezeli- teem | ab angelis..deputatis
(110) sîn kizelit | deputentur
(111) kezelite sint | deputati sunt
(113) ist kizelit | deputabitur
(126) sî kizelit | deputatus *Übl. -etur, vgl. Diss. Daab S. 20*
(129) sî kizelit | reputetur
zeohan st. V. | ernähren, aufziehen; nutrire
(143) zeohan | nutrire -*i*
(145) zeohant | nutriunt
untarzeohan st. V. | entziehen; subtrahere
(113) untraat | subtrahat *vgl. St. S. 257 A 4*
untarzeohanto Adv. | hingezogen; subtrahendo (58) (101)
farzîhan st. V. | verweigern; denegare
(80) farcikan wësan | denegari
(81) farzîhe | deneget
zilên sw. V. | sich bemühen, befleißen, be- strebt sein; studere
(33) (143) zilee | studeat
(98) cilên | studere
zimberen sw. V. | erbauen; aedificare
(93) zimberrên | aedificent
(108) sîn kizimbrit | aedificentur
zimbri st. N. | Erbauung; aedificatio
(37) zimbirrônô | aedificationum
(92) fora zimberre | pro aedificatione

kezimbri st. N.	Stoff (Anlaß); materia (145)
zimbrôn sw. V.	bauen, erbauen; aedificare
(16) kezimbrôta	aedificavit
(99) zimbrôe	aedificet
cît st. F. N.	Zeit, Gebetszeit, Stunde; hora, tempus
(11) (44) (57) (98) (98) (112) cîti	tempore
(12) (52) (99) (103) (107) cît	hora (n.)
(24) (62) cîtum	temporibus
(24) (108) cîti	tempora
(30) ciit	tempus
(31) (41) (41) (41) (44) (44) (99) (108) (109) cîti	hora (abl.)
(50) eocohwelîhhera cîti	omni hora
(62) dëru cîti	quo tempore
(62) (83) (98) (102) (107) (111) (111) cîtim	horis
(62) (64) dëru sëlbûn cîti	eiusdem horae
(64) einera eocowelîhera cîti	uniuscuiusque horae
(65) (66) dea sëlbûn cîti	easdem horas
(66) missilîhchêm cîtum	diversis horis
(88) einera cîti	unam horam
(91) cîti rëhtlîhhiu	horas canonicas
(96) (108) cîtim	temporibus
(98) (138) cît	tempus
(100) ze cîti	ad horam
(109) .. cîti	(ad) horam
(109) cîti andrera	hora secunda
(110) cîti niuntûn	horae nonae
(134) sô manakera cîti	quanto tempore
(139) andrera cîti	secunda hora
(139) êrirûn cîti	prima hora
cîtim	zeitiger; temporibus (55) *Übl. temperius*
cîtlîhhôr	zeitiger; temperius (109)
keziuc st. N.	Stoff (Anlaß); materia (145)
zuakanc st. M.	Zugang; aditus
(80) zuakanc	aditum
zuamanunga st. F.	Ermahnung; admonitio

(25) zuamanungu — admonitione

zuawart Adj. — zukünftig; futurus

(27) zuawarta — futuram

zuawarti st. F. — Zukunft; futurum

(44) in zuawarti — in futuro

zumft st. F. — Gemeinschaft; conventus

(70) in zumfti — in conventu

zunga sw. F. — Zunge, Sprache; lingua

(13) zungûn — linguam

(15) in zungûn sîneru — in lingua sua

(37) in zungûn mîneru — in lingua mea

(38) (41) dëra zungûn — linguae

(48) sînera zungûn — sua lingua (abl.)

(49) zungûn (piwerrie) — linguam (prohibeat)

zunkalêr Adj. — geschwätzig; linguosus (49)

zuntra sw. F. — Zündstoff; fomes

(100) zuntrûn — fomitem

zurwârida st. F. — Ärgernis; scandalum

(60) zurwâridôno — scandalorum

(144) (145) zurwâridâ — scandala

zuzsa F. — Decke; lena (122)

zweinzugôsto Num. — der zwanzigste; vicissimus (65)

żwelif Num. — zwölf; duodecim (55)

zwelifto Num. — der zwölfte; duodecimus (50)

zwêne Num. — zwei, je zwei; duo, bini (47) (59) (59) (65) (65) (93) (110) (126)

zwîfal st. M. — Zweifel; mit âno: sine (procul) dubio, pro certo (27) (27) (29) (31) (32) (36) (40) (82)

zwîfald Adj. — doppelt; duplex

(21) zwîfalda lêra — duplici doctrina

zwîfalunga st. F. — Zweifel; dubitatio

(69) zwîvalunga — dupitatione

zwiror Adv. — zum zweiten Male; denuo (100)

zwiske Num. — zu zweit; bini (18)

Lateinisches Glossar

a, ab	fona Praep.
abbas	fater st. M., abbas st. M.
abesse	fër wësan
abhominabilis	leidsam Adj.
abiectio	âwëraf st. M.
ablactare	intspenen sw. V.
abnegare	farsahhan st. V.
abrenuntiare	farsahhan st. V.
abscisionis	dës abasnîdannes
abscondere	kepërkan st. V.
absconse	kiporagan*iu*
absens	abwart Adj.
absit	fër sî
absolvere	inpintan st. V.
absorbere	pisaufen sw. V.
absque	âno Praep.
abstinentia	furiburt st. F.
abstinere	kehabên sw. V., farpëran st. V.
absurdum	ungilîh Adj., ungalimflîh Adj., ungiristlîh Adj., unrëht Adj.
abundans	kenuhtsam Adj.
ac	enti Konj., ioh Konj.
accedere	zuakangan st. V.
acceptabilis	antfanclîh Adj.
acceptio	antfangida st. F.
acceptum	antfangîgaz Adj. fl.
accipere	intfâhan st. V.
accomodare v. adcommodare	
acediosus	slaffi Adj.
acer	hwas Adj., sarf Adj.
acsi	inti sô Konj.
actus	tât st. F., kitât st. F.
ad	az Praep., Praef., ze Praep.
adcommodare	farlîhan st. V.
addere	auhhôn sw. V., zuakëban st. V.
adducere	zualeitan sw. V.
adesse v. adsum	

adfligere	neizzan sw. V.
adhibere	zuatuan, tuan anom. V.
adhortatio	kespanst st. F.
adhuc	nu noh Adv.
adicere	auhhôn sw. V.
adimplere	erfullan, zuaerfullan sw. V.
aditus	zuakanc st. M.
adiungere	zuaauhhôn sw. V.
adiutorium	hëlfa st. F.
adiuvare	zuahëlfan, hëlfan st. V.
adlidere v. allidere	
administrare	zuaambahten sw. V.
admonere	zuamanôn, manôn sw. V.
admonitio	zuamanunga, ze manunga st. F.
adnuere	zuakipauhnen sw. V.
adnuntiare	zuachunden sw. V.
adoptio	wunsk st. M.
adplicare	zuapifaldan st. V.
adprobare	chorôn sw. V.
adquirere	suahhan, zuakesuahhan sw. V.
adsentire	zuahenkan sw. V.
adsignare	kezeihhanen sw. V.
adsum	azpim
adsumere	zuanëman st. V.
adsumptio	inthabanî sw. F.
adtendere	zuawartên sw. V.
adtingere	zuakereihhan sw. V.
adtonitus	zualûstranti Part.
adtribuere	zuatuan anom. V.
adulari	flêhan sw. V.
adulescens	chindisk Adj.
adulterare	huarôn sw. V.
ad ultimum v. ultimus	
advenire	zuaqhuëman st. V.
adversus	widarwart Adj.
adversus, -um	widar Praep.
advertere	farstantan st. V.
aedificare	zimbrôn, zimberen sw. V.
aedificatio	zimbri st. N.

aegritudo	siuhhî sw. F.
aegrotus	siuh Adj.
aemulatio	ellinôd st. M.
aequalis	ëban Adj., ëbanlîhho Adv.
aequaliter	ëbano Adv.
aequitas	rëht st. N.
aequus	ëban Adj.
aer	luft st. F.
aestas	sumar st. M.
aestimare	wânan sw. V.
aetas	altar st. N.
aeternus	êwîg Adj., êwîn Adj.
affectus	minna st. F.
agenda, -ae; agenda, -orum	v. agere
ager	ackar st. M.
agere	tuan anom. V.
agnoscere	erchennen sw. V.
ait	quhëdan st. V.
alibi	andreru steti
alienus	andar Num., fremidi Adj.
alimentum	lîbleita st. F.
aliquando	ëddeswenne, eonaldre Adv.
aliquanto	ëddesmihhil Adv.
aliquantulum, -o-	ëdesmihil Adv.
aliquatenus	ëddesmihhil
aliquid	ëddeswaz, eoweht Pron., das andar > *alias*
aliquis, aliqui	ëddes(h)welîh, hwelîh, ëddeslîh, einîg Pron.
aliquis	einîgêr ëdeswaz
aliter	andarwîs Adv.
aliunde	allaswanân Adv.
alius	sumêr Pron., andar Num.
allidere	zuakechnussen sw., V., chnussan sw. V.
altare	altâri st. M.
alter	andar Num.
altior	hêrôro Komp.
alumnus	chind st. N.
amare	minnôn sw. V.

ambae	pêdo Num.
ambulare	kangan st. V.
amen	sô sî
amicus	friunt st. M.
ammonere v. admonere	
amor	minna st. F.
amplecti	pi-, kihalsen sw. V.
amplius	mêr Komp.
amputare	abasnîdan, abafarsnîdan st. V.
an	ëdo Konj.
anachorita	einchoranêr
analogium	lëctur st. N.
angarizare	nôten sw. V.
angelus	engil st. M.
angustus	engi Adj.
anima	sêla st. F.
animus	muat st. M.
annona	lîbleita st. F.
annus	iâr st. N.
anolegium v. analogium	
ante	êr, fora Praep.
antephona	*antiph*ona sw. F.
antequam	êr denne Konj.
anterior	fordrôro Komp.
antiphona v. ante-	
anxius	angustôtêr Part.
aperire	intlûhhan st. V.
apostatare facere	freidîg Adj. mit tuan
apostolus	poto sw. M.
apostolicus	potolîh Adj.
apparere	augan sw. V.
appellare	nemman sw. V.
appellatio	namahaftî sw. F.
applicare v. adplicare	
aptare	kemahhôn sw. V.
aptus	kimah Adj.
apud	mit Praep.
arbitrium	sëlbsuana st. F.
ardor	prunst st. F.

arduus	widarpirkîg Adj.
argentum	silbar st. N.
arguere	drewen sw. V.
arma	wâffan st. N.
arripere	kecrîffan st. V.
ars	list st. F.
artifex	listâri st. M.
ascendere	ûfstîgan st. V., ûferhevan st. V.
ascensus	ûfstîc st. M.
aspectus	kesiht st. F., kesihtî sw. F.
asper	sarf Adj., arandi Adj.
aspicere	sëhan st. V.
atque	indi ioh, inti noh, ioh Konj.
attendere v. adtendere	
attingere v. adtingere	
attonitus v. adtonitus	
auctor	ortfromo sw. M.
auctoritas	ortfroma st. F.
audire	hôran sw. V.
auferre	erfirren sw. V.
augere	auhhôn sw. V.
augmentatio	auhhunga st. F.
auris	ôra sw. N.
aurum	cold st. N.
auscultare	hlosên sw. V.
aut	ëdo, ioh Konj.
autem	kewisso Adv.
auxiliari	hëlfan st. V.
avaritia	nëfkirî sw. F.
avertere	erhwarban, pihwarban sw. V.
baiulare	tragan st. V.
balneae Pl.	pad st. N.
bene	wëla Adv.
benedicere	wîhan sw. V., wëlaqhuëdan st. V.
benedictio	wîhî sw. F.
biberes Subst. Pl.	trinchan st. V.
bini	zwiske, zwêne Num.
blandimenta	slëhtiu Adj., slëhtida st. F.

17*

bonus	cuat Adj.
brachium	arm st. M.
bracile	pruahhac st. M.
breviare	skemman sw. V.
brevis	skammi Adj.
brevitas	skemmî sw. F.
breviter	skamlîhho Adv.
cadere	fallan st. V.
caducus	zerîsenti Part.
caelestis	himilisc Adj.
caelum	himil st. M.
calamus	rôrrea sw. F.
calciare	scuahhen sw. V.
calidus	warm Adj.
caliga	kalizia sw. F.
candela	leoht st. N.
canere	singan st. V.
canonicus	rëhtlîh Adj.
cantare	singan st. V.
canticum	cantico sw. M., sanc st. M.
cantor	sangâri st. M.
capax	farstantanti Part.
capere	nëman st. V., pikinnan st. V.
capitale	polstar st. M.
capitula, -um	lëcza, lëczia sw. F.
caput	haubit st. N., caput!
caritas	minna st. F.
caro	fleisk st. N.
carus	tiuri Adj.
caste	hreino Adv.
castigare	(hreinan), refsen
castigatio	rafsunga st. F.
castitas	hreinî sw. F.
castus	hreini Adj.
casus	unkiwara st. F.
causa	rahha st. F.
causari	chlagôn sw. V.
cavere	porgên, piporgên sw. V.

celare	farhëlan st. V.
celebrare	tulden sw. V.
cella	cella st. F., chamara st. F., selida sw. F.
cena	âbandcauma st. F., âbandmuas st. N.
cenare	âbandmuasôn, -en (-ên ?) sw. V.
centesimus	zëhanzugôsto Num.
certe	kewisso Adv.
certo v. pro certo	
certus	kewis Adj.
cessari	pilinnan st. V.
ceteri	andre Num.
cetero v. de cetero	
chorus	gart st. M.
christianus	christâni Adj.
Christus	christ st. M., wîh Adj.
cibus	muas st. N.
cingere	picurten sw. V.
cingulum	curtila F.
circu	umbi Adv.
circuitus	umbicanc st. M.
circulus	umbincirh st. M., umbicanc st. M.
circumire	umbikangan st. V.
citius	sniumôr Komp.
clamare	harên sw. V., qhuëdan st. V.
clamosus	hlûtreisti Adj.
clarescere	skînan st. V.
claustra Pl.	pilohhir st. N. Pl.
clausura	piloh st. N.
clericus	chlirih st. M.
codex	puah st. F. N.
coenobita	samanunga st. F.
coenobium	samanunga st. F.
coercere	dwingan st. V.
cogitare	denchen sw. V.
cogitatio	kedanc st. M.
cogitatus	kidanc st. M.
cognitus	chund Adj.
cohortari	spanan st. V.
colligere	samanôn sw. V.

collocare	kestatôn sw. V.
collum	hals st. M.
color	farawî sw. F.
comestio	ëzza st. F.
commemoratio	kehuctî sw. F.
commendare	pifëlhan st. V.
commendatitius	pifolahanlîh Adj.
comminatio	drowa sw. F.
committere	pifëlhan st. V., tuan anom. V.
commonere	manôn sw. V.
communio	kemeinsamî sw. V.
communis	kemeinsam Adj.
comparare v. con-	
compati v. con-	
competere v. con-	
complere	erfullen, fullen sw. V.
completorium	folnissi st. N., folnissa st. F.
compositus v. con-	
comprehendere	pifâhan st. V.
compunctio v. con-	
con- (conloqui)	ëban
concedere	kelimfan st. V., farkëban st. V.
concordare	kahirzan sw. V.
concors	ëbankehërzida st. F.
concupiscentia	kirida st. F.
concupiscere	kërôn sw. V.
condecet	kerîsit, kelimfit
conferre	ëbanpringan st. V.
confessio	pigiht st. F.
confiteri	gëhan st. V.
conformare	kepiliden sw. V.
confortare	starchen sw. V.
confusus	kescantêr Part.
congregatio	samanunga, samanunc st. F.
congruus	kelimflîh Adj.
coniungere	kemahhôn sw. V.
conloqui	ëban sprëhhan, sprëhhan st. V.
conparare	chaufan sw. V.
conpati	ëbandolên sw. V.

conpetere	kelimfan st. V.
conpositus *Übl. copiosus*	kenuhtsam Adj.
conprobare	chorôn sw. V.
conpunctio	stuncnissî sw. F.
conputare	kezellan sw. V.
conscientia	inhuctî sw. F.
consedere v. considere	
consensus	kehenkida st. F.
consentire	kehenkan sw. V.
consequi	kefolgêt wësan
conservare	haltan st. V..
considerare	scauwôn, piscauwôn sw. V.
consideratio	scauwunka, scauwunc st. F.
considere	ëbansizzan st. V.
consignare	kezeihhanen sw. V.
consilium	kerâti st. N., kerâtida st. F.
consistere	kestantan, ëbanstantan st. V.
consolari	ketrôstan sw. V.
consolatio	hëlfa st. F.
contagiare	pismîzzan st. V.
contemnere	farmanên sw. V.
contemptor	farmano sw. M.
contendere	flîzzan st. V.
contentio	flîz st. M.
contentus	kehabêntêr Part.
conterere	farmullen sw. V.
contingere	kepuren sw. V.
continuere	emizzigôn sw. V.
contra	widar Praep.
contrarium	widarwartî sw. F.
contrarius	widarwart Adj.
contristare	keunfrewen sw. V.
contumacia	einstrîtî sw. F.
contumax	einstrîtêr Adj.
convenire	kelimfan st. V., kerîsit
conventus	zumft st. F.
conversatio	lîb st. M., kihworvannissa st. F.
converti	hwërban st. V., kehwarban sw. V.
convocare	wîsan sw. V.

coquere	seodan st. V.
coquina	chuhchina sw. F.
cor	hërza sw. N.
coram eo	fona imu
ex corde	kihuctlîhcho Adv.
consors	ëbanlôzzo sw. M.
consortium	kinôzscaf st. M.
conspargere	sprengen sw. V.
conspectus	kesiht sw. V.
conspicere	pisëhan st. V.
constituere	kesezzen sw. V.
consuetudinarius	kiwonaheit st. F.
consuetudo	wonaheit, kewonaheit st. F.
consummare	entôn sw. V.
contagiare	pismîzzan st. V.
corona	êra sw. F.
corporalis	lîhhamlîh Adj.
corpus	lîhhamo sw. M.
correctio *Übl. correptio*	kerihtida st. F., kerihtî sw. F.
corrigere	kerihten sw. V.
corripere	dwingan st. V., refsen sw. V.
corrumpere	zeprëhhan st. V.
cotidianus	tagalîh Adj.
cottidie	tagalîhhin, -k- Adv.
crapula	ubarâzzalî sw. F.
crassus	feizt Adj.
creator	sceffant sw. M.
credere	kelauban sw. V., pifëlhan st. V.
cuculla	cucala sw. F.
culmen	obonôntîkî sw. F.
culpa	sunta st. F.
cum	mit Praep., denne Konj.
cunctus	al Adj.
cupere	kërôn sw. V.
cura	ruahha st. sw. F.
curiose	ruahlîcho Adv.
currere	hlaufan st. V.
curtus	scurz Adj.
custodia	kehaltida st. F.

custodire	haltan st. V.
damnare	nidaren sw. V.
dare	këban st. V.
dator	këbo sw. M.
datum	këba st. F.
de	fona Praep.
debere	scolan Praet.- Praes.
debilis	wanheil Adj.
decantare	singan st. V.
decanus	zëhanning; zëhaningâri st. M.
deceptus	piswichanêr Part.
decet	kirîsit
de cetero	frammërt Adv.
decimus	zëhanto Num.
decipere v. deceptus	
declinare	kehneigen sw. V.
deducere	keleitan sw. V.
deesse	wan wësan
defendere	skirmeen sw. V.
defigere v. defixus	
defixus	kestactêr Part.
degere	lëbên sw. V.
degradare	intsezzen sw. V.
deicere	farwërfan st. V.
deificus	cotchund Adj.
deinde	danân Adv., fona diu
delectari	kelustidôt wësan
delectatio	lustida st. F.
deliberatione(m)	fona frîhalse *frîhals st. M.*
delicatus	smëchar Adj.
deliciae v. diliciae	
delictum	missitât st. F.
delinquere	missituan anom. V., farlâzzan st. V.
demergere	pisûfan st. V.
demonstrare	augan sw. V.
demum	az iungist
denegare	farzîhan st. V.
denuo	andrastunt, zwiror Adv.
deposcere	pittan st. V.

deprehendere	refsen sw. V.
deputare	kesezzen sw. V., kezellan sw. V.
derelinquere	farlâzzan st. V.
de reliquo	frammërt Adv.
descendere	nidarstîgan st. V.
deserere	farlâzzan st. V.
desiderare	kërôn sw. V.
desiderium	kirida st. F.
desidia	slaffî sw. F.
desidiosus v. dissidiosus	
desperare	farwânnan sw. V.
desub v. iugum	
desuper	fona obana
detegere	intdecchan sw. V.
deterior	wirsiro Komp.
deterrimus	wirsisto Superl.
detractio	pisprâhha st. F.
detractor	pisprëhho sw. M.
detrimentum	unfroma st. F.
deus	cot st. M.
devotio	kërnnissa st. F.
diabolus	diubil st. M.
dicere	qhuëdan st. V.
dictare	dictan, dictôn sw. V.
dies	tac st. M.
difficilis	unsemfti Adj.
difficultas	unsamftida st. F.
digerere	kidewen sw. V.; kesezzen sw. V.
dignare	kewërdôn sw. V.
digne	wirdîgo Adv., wirdîke Adj. fl.
dignitas	wirdîgî sw. F.
dignus	wirdîg Adj.
dilatare	preitan sw. V.
diliciae	wëlûn sw. F. Pl.
diligenter	kërnlîhho Adv.
diligentia	kërnî sw. F.
diligere	minnôn sw. V.
diluere	waskan st. V.
dimittere	farlâzzan st. V.

dinoscere	chunden sw. V.
diocesis	farra st. F.
directaneus	in rihtî
in directum	in kirihtî
dirigere	kerihten sw. V., senten sw. V.
dirum	crimî sw. F.
discedere	kelîdan st. V.
discensio v. dissensio	
discensus	nidarstîc st. M.
discere	lirnên sw. V.
discernere	keskeidan st. V.
disciplina	ekî sw. F.
discipulus	disco sw. M.
discordans	ungahërzi Adj.
discretio	urteilida st. F.
discussio	kesuahhida st. F.
disiungere	inmahhôn sw. V.
dispensatio	spëntunga st. F.
dispensator	spentâri st. M.
displicere	pilîhhên sw. V.
disponere	kesezzen sw. V.
disposite	kisazte Part. fl.
dispositio	kesezzida st. F.
dissensio	unstillida st. F., fîantscaf st. F.
dissidiosus	unstillêr Adj.
dissimulare	altinôn sw. V.
distributio	zateile vgl. St. S. 228 A 6
districtior	kidwungan Part.
diu	lango Adv.
diurnis horis	tagalîhhin Adv., tagalîhhêm cîtim
diuturnus	lancsam Adj., tagalîh Adj.
e diverso	widar diu
divertere	kehwarban sw. V.
dives	ôtag Adj.
dividere	ziteilen, teilan sw. V.
divinitas	cotchundî sw. F.
divinitus	cotchundlîhho Adv.
divinus	cotchund Adj., cotchundida st. F., cotchundî sw. F.

docere	lêren sw. V.
doctor	lêrâri st. M.
doctrina	lêra st. F.
dolere	sêrazzan sw. V.
dolus	sêr st. N. *vgl. St. S. 194 A 9*
dominatio	kewaltida st. F.
dominicus	truhtînlîh Adj.
dominus	truhtîn st. M.
domus	hûs st. N.
donatio v. dominatio	
donum	këba st. F.
dormire	slâfan st. V.
dorsum	hrucki st. M.
dubitatio	zwîfalunga st. F.
dubium	zwîfal st. M.
ducere	leitan sw. V.
dulcido	suazzî sw. F.
dulcis	suazzi Adj.
dum	denne Konj.
duo	zwêne Num.
duodecim	zwelif Num.
duodecimus	zwelifto Num.
duplex	zwîfald Adj.
durus	herti, hart Adj.

ebdomada, ebdomadarius v. h-	
ebrietas	ubartrunchanî sw. F.
ecce	sê, inu Interj.
ecclesia	samanunga st. F.
edax	filuëzzal Adj.
edere	ëzzan st. V.
efficaciter	hwaslîhho Adv.
efficere	tuan anom. V.
effugere	er-, farfleohan st. V.
ego	ih Pron.
egredi	ûzkangan st. V.
eius	sîn Pron.
elatio	preitida st. F., preitî sw. F., keilî sw. F., ubarmuatî sw. F.

elatus	keil Adj., preit Adj.
electio	erwelitî sw. F.
eligere	wellen, erwellen sw. V.
eloquium	sprâhha st. F.
emendare	puazzan sw. V.
emendatio	puazza st. F.
emina v. hemina	
enarrare	errahhôn sw. V.
enim	kewisso Adv.
eo quod	pidiu
eradere	skërran st. V.
eremi	dës waldes *vgl. Glossar Rb., St. Gll. 469, 26*
eremita	waldlîh Adj.
ergo	kewisso Adv.
erigere	ke-, errihten sw. V.
erogare	këban st. V.
erudire	lêren sw. V.
erugo	rosamo sw. M.
esse	wësan st. V.
esus	ëzzan st. N.
et	ioh auh, sôsama, auh, ioh Konj.
etiam	kewisso Adv., sôsama, auh, sô sama Konj.
eu(g)logia	rûnstab st. M. *gehört die Glosse zu litteras?*
evangelicus	cuatchundenti Part.
evangelium	cuatchund Adj., cuatchundida st. F.
evellere	erliuhhan st. V.
evenire	qhuëman st. V.
evocatio	ladunga st. F.
ex	er, fona Praep.
exaltare	erhevan, hevan st. V.
exaltatio	erhabanî sw. F.
examen	ursuahhida st. F.
examinare	ersuahhan sw. V.
excedere	ûzlîdan st. V.
exceptis	ûzzan, ûzzana Praep.
excepto	ûzzan Praep.

excessus	ûzlit st. M.
excipere	intfâhan st. V.
excitare	erwehhen sw. V. < *wakjan*
excommunicare	armeinsamôn sw. V.
excommunicatio	armeinsamî sw. F.
excusare	intrahhôn sw. V.
excusatio	antrahcha st. F.
excutere	scutten, erscuttan sw. V.
exemplum	pilidi st. N.
exercere	frummen sw. V.
exheredare	erurereban sw. V.
exhibere	zuatuan, tuan anom. V., kecarawen sw. V.
exigere	ersuahhan, suahhan sw. V.
exinde	er diu
exire	ûzkangan, ûzkân st. V.
existere	wësan st. V.
existimare	wânan sw. V.
exoccupatis v. occupatus	
expaviscere	erforahtan sw. V.
expectare	peitôn sw. V., pîtan st. V.
expedire	piderban sw. V.
expellere	fartrîban st. V.
expendere	kispëntôn sw. V.
experientia	pifindunga st. F.
experimentum	findunga st. F.
expetere	suahhan sw. V.
expletio	folnissa st. F.
explicare	faldan st. V.
exposcere	peiten sw. V.
expositio	kerechida st. F.
exsurgere	erstantan st. V.
extendere	kadenen sw. V.
extollere	erhevan st. V.
extra	ûzzana Praep.
extremitas	ûzorôstî sw. F.
exuere	intwâtôn sw. V.

fabula	rahha st. F., sprâhha st. F.
facere	tuan anom. V.
facile	samfto Adv.
facilis	famft, (semfti) Adj.
factor	tuanti Part.
factum	tât st. F.
fallere	liugan st. V.
falsus	lucki Adj.
familia	hîwiski st. N.
femoralia	pruah F.
feria	tac st. M.
fermentum	deismo sw. M.
ferramentum	îsarnazzasi st. N.
ferrum	îsarn st. N.
fervor	walm st. M.
festinanter	îlantlîhho Adv.
festinare	îlen sw. V.
festinatio	îlunga st. F.
festivitas	tult st. F.
festuca	halm st. M.
fidelis	kelaubîg Adj.
fides	kelauba st. F.
fieri	wësan st. V., wërdan st. V.
figere v. fixus	
filius	chind st. N., sun st. M., parn st. N.
finire	entôn sw. V.
finis	enti
firmare	festinôn sw. V.
fixus	kestactêr Part.
flammma	lauga F.
flare	plâen sw. V.
fletus	wuaf st. M.
flumen	aha st. F.
folium	plat st. N.
fomes	zuntra sw. F.
fora	turi st. F.
foras	ûzzân Praep., ûzzana Adv., uzze Adv.
foras mittere	ûzsenten sw. V.
forma	pilidi st. N.

formido	forahta sw. F.
fornax	ovan st. M.
forte	ôdhwîla Adv.
fortis	starch Adj.
fortuitu	ôdwîla Adv.
fragilitas	prôdî sw. F.
frangere	farprëhhan, prëhhan st. V.
frater	pruader st. M., ke-, frater!
fraternus	pruaderlîh Adj.
fraus	urchust st. F., nôtduruft *vgl. St. S. 263 A 4*
frequenter	ofto Adv., emezzîco Adv.
frigidus	chalt Adj.
fructus	wuachar st. M.
frux	wuachar st. M.
fugere	fleohan st. V.
fuisse	wërdan st. V.
fundare	studen sw. V.
fungi	keprûhhit wësan
funis	zaum st. M.
furtum	diufa st. F.
futurum	zuawarti st. F.
futurus	zuawart Adj.
gaudere	menden sw. V.
gaudium	mendî sw. F.
gehenna	hella st. F.
gemitus	wuaf st. M.
genu	chneo st. N.
genus	chunni st. N.
gerere	tuan anom. V.
gloria	tiurida st. F., ruam st. M.
gloriari	cuatlîhhên sw. V.
glorificare	tiuren sw. V.
gradi	faran st. V.
gradus	stiagil st. M., stiagilsprozzo sw. M., stat st. F.
gratia	anst st. F.
gravare	swâren sw. V.

gravis	swâr, swâri Adj.
gravitas	fruatî sw. F.
grex	chortar st. N.
grossitudo	grôzzî sw. F.
gula	chëla sw. F.
gyrovagus	swîhhâri st. M.
habere	habên sw. V., eigan Praet.-Praes.
habitare	pûan sw. V.
habitator	pûar st. M., pûan (Part.)
hacsi	samasô Adv.
hebdomada	wëhha sw. F.
hebdomadarius	wëhhâri st. M.
hely = Heli	sacerdos de Silo *1. Samuelis 2, 31–34; 3, 12–13; 4, 17–18*
hemina	mëz st. N.
heremi v. eremi	
heremita v. eremita	
heres	erbo sw. M.
hic	dër, dësêr, suslîh Pron.
hic	hiar Adv.
hiems	wintar, -cît st. M. F.
hilaris	clatamuati Adj.
himinam v. hemina	
hinc	danân Adv.
hodie	hiutu Adv.
homo	man st. M.
honeste	êrlîhho Adv.
honestissime	êrhaftôst Adv.
honestus	êrwirdîg Adj.
honor	êra st. F.
honorare	êrên sw. V.
hora	cît st. F. N., wîla st. F.
hortari	spanan st. V.
hortus	garto sw. M.
hospes	kast st. M.
hospitalitas	castluamî sw. F.
hospitari	kecastluamit wësan sw. V.
humanus	mannaski Adj.

18

humiliare	deomuaten sw. V., deonôn sw. V.
humilis	deomuati Adj., deomuatlîh Adj.
humilitas	deomuatî st. F.
humiliter	deolîhho Adv., theomuatlîho Adv.
hymnus	lob st. N.
iacere	lickan st. V.
iam	giu Adv.
idem	sëlbo Pron.
idem	avur; sôsama Adv.
ideo	pidiu
igitur	avur, inunu Adv.
ignis	fuir st. N.
ignorantia	unwizzida st. F.
ilico	sâr Adv.
ille	dër, sëlbo, sîn, ër Pron.
illi	imu Pron.
illuc	dara Adv.
imbecillis	unchreftîg Adj.
imbecillitas	unchreftigî sw. F., unmahtî sw. F.
imitari	keleisinit wësan sw. V., leisanôn sw. V.
immaculatus	unbiwamtêr Adj.
immo	noh mêr
imperare	peotan st. V.
imperfectum	unduruhtân Part.
imperium	kepot st. N.
impie	êrlôso Adv.
impietas	êrlôsida st. F.
implere	erfullan sw. V.
imponere	anasezzen sw. V., heffan st. V., ana-leckan sw. V., inkinnan st. V.
imprimis	az (iz, in) êrist
improbus	unkewar Adj.
imputare	kezellan sw. V.
in	in Praep.
incedere	anakân st. V.
incertus	unkund Adj.
incessabiliter	unbilinnanlîhhaz Adj. fl.
inchoare	pikinnan st. V.

incipere	pikinnan st. V., fâhan st. V.
inclinare	kehneigen sw. V.
includere	pilûhhan st. V.
inconpetens	unkalimfanti Part.
increpare	refsen sw. V.
increpatio	rafsunga st. F.
incumbere	anahlinên sw. V.
incurrere	anahlaufan st. V.
incurvatus	kepoganêr Part.
inde	danân Adv.
indicare	chunden sw. V.
indigere	duruftîgôn sw. V.
indigeries	unfardewitî sw. F.
indignus	unwirdîg Adj.
indisciplinatus	unekihaft Adj.
inducere	analeitan sw. V.
inducia	antlâz st. M.
induere	karawen sw. V.
indumenta	kawâti st. N.
industria	horskî sw. F.
indutiae	antlâzzâ st. M. Pl.
inenarrabilis	unerrahhôtlîh Adj.
iners	unhorsk Adj.
infans	chind st. N.
inferior	innaro Komp.
infernum	hella st. F.
inferre	anapringan st. V.
infidelis	ungilaubîgêr Adj.
infirmitas	unmahtî sw. F.
inflare	plâen sw. V.
infra	innana Praep.
ingenuus	frî Adj.
ingredi	inkangan, inkân st. V.
ingressus	inganc st. M.
inimica	fîantin st. F.
inimicus	fîant st. M.
iniquitas	unrëht st. N.
initium	anakin st. M.
iniungere	anakemahhôn, kemahhôn sw. V.

iniuria	widarmuati st. N., widarmuatî sw. F.
iniuriosus	widarmuatêr Adj.
iniuste	unrëhto Adv.
iniustitia	unrëht st. N.
inlecebris	unerlaubantlîhhêm
inmittere	anasentan sw. V.
innotiscere	chunden sw. V.
inoboediens	unhôrsam Adj., unhôrsamônti Part.
inoboedientia	unhôrsamî sw. F.
inordinationis v. in ordinatione	
inperfectum v. imperfectum	
inponere v. imponere	
inprobus v. improbus	
inquietare	kiunstillen sw. V.
inquietus	unstilli Adj.
inquirere	suahhan sw. V.
inridere v. irridere	
inritatus v. irritatus	
inrogare	anapringan st. V.
inserere	anakesezzen sw. V.
inservire	anadeonôn sw. V.
inspiratio	anaplâsan st. V. Gerund.
instans	anastantantlîh Adj.
instituere	kesezzen sw. V.
institutio	kesezzida st. F.
instruere	lêren sw. V.
instrumentum	lêra st. F.
integer	along Adj.
integritas	alongî sw. F.
intellectus	farnufst F.
intellegens	farstantanti Part.
intellegere	farstantan st. V.
intelligentia	farstantida st. F.
intelligibilis	farstantantlîh Adj.; furistantlîh Adj.
intendere	anawartên sw. V.
intentus	anawartênti Part.
inter	untar Praep.
interdum	ofto Adv.
interitus	farwurti st. F.

intermissio	untarlâz st. M.
interrogare	frâhên, intfrâhên sw. V.
interrogatio	antfrâhida st. F.
intervallum	untarstunta st. F.
intimum	inwarta sw. F.
intrare	kekangan, ingangan st. V.
introitus	inkanc st. M.
intus	innana Adv.
inutilis	unbiderbi Adj.
invenire	findan st. V.
invicem	untar im, untar iu
invidens	abanstîg Adj.
invidia	abanst st. F.
invitare	keladôn sw. V.
invocare	kenemmen sw. V.
involvere	piwintan st. V.
ipse	dër, ër, sëlbo Pron.
ira	âbulkî sw. F.
iracundia	âbulkî sw. F.
iratus	erpolganêr Part.
ire	kangan, kân st. V.
irrationabiliter	unredihaftlîhhiu Adv.
irridere	pismërôn sw. V.
irritatus	kecremitêr Part.
is	ër, dër, dësêr, suslîh Pron.
iste	dësêr Pron.
ita	daz Konj., sô Adv.
itaque	inunu Konj.
item	avur, avar, sô Adv.
iter	sind st. M.
iterum	avur, avar Adv.
iubere	peotan st. V.
iudex	suanâri st. M.
iudicare	suanen sw. V.
iudicium	suana st. F.
iugum	ioh st. N.
iumentum	nôz st. N.
iungere	kemahhôn sw. V.
iunior	iungiro Komp.

iurare	swerran st. V.
iusiurandum	eidswart(i) st. F.
iussio	kepot st. N.
iuste	rëhto Adv.
iustitia	rëht st. N.
iuvenis	iung Adj.
iuxta	after Praep.
kalendae	inkanc st. M. (Pl.)
kirieleison	truhtîn kinâde uns
labium	lëfs st. M.
labor	arabeit, arbeit st. F.
laborare	arbeitan sw. V.
lacrima	zahar st. M.
laqueus	seid st. N.
lasiscere v. lassescere	
lassescere	muadên sw. V.
latens	mîdanti Part.
latus	hleitarpaum st. M.
laus	lob st. N.
lavare	waskan st. V.
lectio	lëcza, lëctia, lëczia, lëczea sw. F.
lectisternia	kastrewitiu Part. fl.
lecti strati	kistrewitiu Part. fl.
lectum	petti st. N.
legere	lësan st. V.
legitimus	rëhtlîh Adj.
legumen	smalasât st. N.
lena	zuzsa F.
lenis	slëht Adj.
leniter	slëhto Adv.
levare	heffan st. V.
levis	ringi Adj.
lex	êwa st. F.
libenter	kërnlîhho Adv.
liber	frî Adj., frîlîh Adj.
liberare	erlôsen, lôsen sw. V.
liberatio v. deliberationem	

libet	lustit sw. V. impers.
libra	funt st. N.
licentia	urlaubî sw. F.
licere	erlauban sw. V.
licet	doh Konj.
lingua	zunga sw. F.
linguosus	zunkal Adj.
linteum	lahhan st. N.
littera(e)	puah st. F. N., puahstab st. M.
locus	stat st. F.
a longe	rûmana Adv.
longinquus	rûm(i) Adj.
loquacitas	sprâhha st. F.
loqui	sprëhhan st. V.
lucerna	leoht st. N.
lucrare	arwinnan st. V.
luctus	wuaft st. M.
lumba	hlanca st. F.
lumen	leoht st. N.
lux	leoht st. N.
macula	pismiz st. M.
magis	mêr Komp.
magister	meistar st. M., -tuam st. M.
magisterium	meistartuam st. M.
magistra regula	meistra rëhtunga
magnificare	mihhilôn sw. V.
magnopere	allero meist Adv.
magnum	mihhilî sw. F.
maior	mêro Komp.
male	ubilo Adv.
maledicere	fluahhôn sw. V., ubilo sprëhhan st. V
malignus	far-, erfluahhan Part.
malus, malum	ubil Adj., ubil st. N.
mandare	peotan st. V.
mandatum	ke-, pibot st. N.
(a) mane	fona morkane
manere	wonên sw. V.
manifestus	chund Adj.

mansuetudo	mitiwârî sw. F.
manus	hant st. F.
mappula	dwahila sw. F.
mater	muater st. F.
materia	frist st. F., kezimbri st. N., keziuc st. N.
maturitas	rîfî sw. F.
maturus	rîffi Adj.
matutini, matutina	morkanlob, -g- st. N.
maxilla	chinnibahho sw. M.
maxime	allero meist Adv.
maximus	meisto Superl., allero meist Adv.
mediare	mittilodôn sw. V.
medicamen	lâhhida st. F.
mediocris	metamûnscaf st. F.
meditari, -e	lirnên sw. V.
meditatione	ze lirnêne Gerund.
medius	mittilôdi
mel	honec
melior, melius	pezziro Komp., pezzira, paz Komp.
meliorare	pezzirôn sw. V.
membrum	lid st. M.
meminere	kehuckan sw. V.
memor	kehuctîg Adj., kehuckan sw. V.
memorari	kehukit wësan
memoria	kehuctî sw. F.
memoriter	kihuctlîhho Adv.
mens	muat st. M.
mensa	mias, muas st. N.
mensura	mëz st. N.
mensurate	mëzhaftiu
mensuratus	mëzhaft Adj.
mentiri	liugan st. V.
merces	lôn st. N.
mereri	kearnên sw. V.
meritum, merito	kewuraht st. F., arnunga st. F., arnunc st. F., pi wuruhti
metuere	forahtan sw. V.
metus	forahta sw. F.
meus	mîn Pron.

miliarium	mîlla st. F.
militare	chamfan, chemfan sw. V.
militia	chamfheit st. F.
minime	min Adv.
minister	ambaht st. M.
ministrare	ambahten sw. V.
minor	minniro Komp.
minus	min Adv.
mirabile	wuntar st. N.
miscere	misken sw. V.
miseria	wênekî sw. F.
misericordia	armihërzida st. F.
miserrimus	wirsiro Komp.
missa	santa st. F.
mitis	mitiwâri Adj.
mittere	senten sw. V.
mixtum	mërôd st. F.
moderate	mëzhaftiu
moderatio	mëzhaftî sw. F.
cum .. modestia	mëzhaftiu
(a) modice	lucilo Adv., luzîc Adj., fona luzilemu Adj.
modo	nu Adv.
modulare	singan st. V.
modulatio	sanc st. M.
modus	mëz st. N.
mollire	weihhen sw. V.
momentum	stunthwîla st. F.
monachus	munih st. M.
monasterialis	munistrilîh Adj.
monasterium	munistri, monastar st. N.
monitio	manunga st. F.
monitum	manunga st. F.
mons	përeg st. M.
monstrare	augan sw. V.
mora	twâla st. F.
morbidus	suhtîg Adj.
mori	erstërban st. V.
morese *Ubl. morose*	sitilîhho Adv.

morosus	situlîh Adj.
mors	tôd st. M.
mortuus	tôt Adj.
mos	situ st. M.
movere	wecken < *wagjan* sw. V.
mox	sâr, sâreo, sârio Adv.
multiloquium	filusprâhhî sw. F., -sprâhha st. F.
multitudo	managî sw. F.
multo magis	mihhilu mêr
multo minus	mihhilu min
multum	filu Adj. unfl.
multus	manag Adj.
munditia	hreinida st. F.
mundus	hreini Adj.
munuscula Pl.	manaheiti st. F. Pl.
murmurare	murmulôn sw. V.
murmuratio	murmulôdî sw. F.
murmuriosus	murmulônti Part.
murmurium	murmulôd st. M.
nam	kewisso Konj.
natura	chnuat st. F.
naturaliter	chnuatlîcho Adv.
ne	min, daz Konj., ni Partikel
nec	noh, min, nalles Konj.
necessarius	nôtduruft st. F. duruft st. F., nôt-duruft Adj.
necessitas	nôtduruft st. F.
neglegens	ruahhalôsônti Part., ruahhalôs Adj.
neglegenter	ruahchalôso Adv.
neglegentia	ruahhalôsî sw. F.
neglegere	ruahhalôsôn sw. V., farsûman sw. V.
nemo	neoman Pron.
neque	indi noh, noh, noh ni, enti noh, ni (in Verbzusammensetzungen)
nequissimus	wirsisto Superl.
nescire	niwizzan Praet.-Praes.
nihil	neoweht, -ie- Pron.
nihilominus	neowiht min Adv.

nimietas	unmëzzigî sw. F.
nimis	drâto Adv., unmëz Adv.
nimius	drâti Adj.
nisi	ûzzan Konj.
nobilis	adelêr Adj.
nocturna	nahtlob st. N.
nocturnus	nahtlîh Adj., dëra naht
nolle	nikeosan st. V., niwellen anom. V.
nomen	namo sw. M.
nominare	nemmen sw. V.
non	nalles, min, ni Partikel, ni (in Verb-zusammensetzungen)
non solum -sed v. solum	
non est	nist
nonagesimus	niunzogôsto Num.
nonus	niunto Num.
nonus decimus	niuntazëhanto Num.
nos	wir
noscere	wizzan Praet.-Praes.
noster	unsêr Pron.
notitia	chundida st. F.
notus	chund Adj.
novem	niun Num.
noviter veniens	niuwiqhuëmanemu
novitia	niuwî sw. F.
novitius	*niuwiqhuëmanêr, *niuwiqhuëmo
novus	niuwi Adj.
nox	naht st. F.
noxa	sculd st. F.
nudus	nahhut Adj.
nulla regula	noch dëra rëhtungu
nullatinus	nohheinu mëzzu
nullus	nihein, neoman, nohhein, neowiht Pron.
numerus	ruaba, ruava st. F.
numquam	neonaldre, -t- Adv.
nunc	nu Adv.
nuntiare	chunden sw. V.
nutrire	zeohan st. V.

o!	welago! Interj.
ob	kagan Praep.
obauditus	kaganhôrida st. F.
obdurare	furihertan sw. V.
obiurgare	kesahhan st. V.
oblivio	âkëzzalî sw. F.
oblivisci	erkëzzan st. V.
obmutescere	ertumbên sw. V.
oboediens	hôrsam Adv.
oboedientia	hôrsamî sw. F.
oboedire	hôran sw. V., hôrsamôn sw. V., kagan-hôran sw. V.
obsecrare	piswerran st. V.
observantia	kihaltida st. F.
observare	pihaltan, haltan st. V.
observatio	pihaltida st. F.
obstinatus	einstrîtêr
obviare	kaganan sw. V.
occasio	frist st. F.
occasus	sëdalkanc st. M.
occidere	slahan st. V.
occisio	slahta st. F.
occupare, -ari	piheften sw. V., keummuazzôn sw. V., pifâhan st. V.
occupatio v. occupare	
occupatus	pihaft Part.
occurrere	kakanhlaufan, kehlaufan st. V.
octavus	ahtodo Num.
octogesimus	ahtozogôsto Num.
oculus	auga sw. N.
odisse, odire	fîên sw. V.
offerre	pringan st. V., këban st. V.
officina	ambahti st. N.
officium	ambaht, ambahti st. N.
omittere	farlâzzan st. V.
omni modo, omnimodis v. modus	
omnino	allêm, alles Adv.
omnis	al Adj., eocowelîh Pron.
onus	purdî sw. F.

opera	wërach st. N.
operari	wurchen sw. V., wërchôn sw. V.
operarius	wërachman st. M.
operire	pidecken sw. V.
oportet	kerîsit
opprimere	dringan st. V.
opprobrium	itwîz st. M.
optimus	pezzisto Superl.
opus	wërach st. N., duruft st. F.
orare	pëtôn sw. V.
oratio	kepët st. N.
oratorium	chirihha sw. F.
ordinare	kesezzen sw. V., antreitidôn sw. V.
	vgl. St. S. 254 A 1
ordinatio	kesezzida st. F.
ordo	antreitida st. F., antreitî sw. F., kesezzida st. F.
oriri	ûfqhuëman st. V., ûfkangan st. V.
orthodoxus	rëhtcûlîchônti Part.
ortus v. hortus	
os	mund st. M.
ostendere	augan, keaugan sw. V.
otiositas	uppîgî sw. F.
otiosus	uppîg Adj.
otium	uppîgî sw. F.
ovile	ewist st. M.
ovis	scâf st. N.
paene	nâh Adv.
paenitere	hriuwôn sw. V.
palla	lahhan st. N.
pallium	lahhan st. N.
panis	prôt st. N.
par	ëban Adj.
paratus	garo Adj.
parcere	(h)lîban st. V.
parcitas	(h)lîbantî sw. F.
parcus	sparalîh Adj.
parentes	katilingâ st. M. Pl.

parĕre	karawen sw. V.
parêre	karawen sw. V. *mit parere verwechselt*
pariter	ëbano Adv.
pars	teil st. N.
participare	teil nëman
participatio	teilnu(m)ft st. F.
partire = -ri	(h)lîban *mit parcere verwechselt*
parvipendens	luzzil mëzzinti Part.
parvissimus	skemmisto Superl.
parvulus	luzzilêr Adj.
parvus	luzzil Adj.
pascha	ôstrûn sw. F. Pl., ôstara sw. F. Sing.
passio	dolunga F.
pastor	hirti st. M.
patefacere	offan tuan, offan facere!
pater	fater st. M.
paternus	faterlîh Adj.
pati	kedolêt, kedultit wësan
patiens	dultîg Adj.
patienter	kedultlîhho, ka-, -ch- Adv.
patientia	kedult st. F.
paucus	fô Adj.
paulolum	luzziles Adv.
Paulus	d. paulu
pauper	aram, arm Adj.
paupertas	armida st. F.
pausare	resten sw. V.
pavor	forahta sw. F.
pax	fridu st. M.
peccare	suntôn sw. V.
peccator	suntîgo sw. M.
peccatum	sunta st. F.
peculiaris	suntarîclîh Adj., *suntrîclîhhî sw. F.
pedules	sweif
pendere	mëzzan st. V., hangên sw. V.
Pentecoste	fimfchusti
per	duruh Praep.
percelebrari	duruhtulden sw. V.
perceptio	antfangida st. F.

percomplere	duruhfullen sw. V.
percutere	slahan st. V.
perdere	farleosan st. V.
perdicere	duruhqhuëdan st. V.
perditio	ferlornî sw. F.
peregrinus	gangarâri st. M., piligrîm st. M.
perfectus	duruhtân Part., duruhnoht Adj.
perferre	fardolên sw. V.
perficere	duruhtuan anom. V.
perfici	duruhtân
pergere	kangan st. V.
periclitari	kefreisôt wësan
periculum	zâla st. F.
perire	farwërdan st. V.
perlegere	duruhlësan st. V.
permiscēre	misken sw. V.
permissio	farlâzzanî sw. F.
permittere	farlâzzan st. V.
perpetuus	êwîg Adj., êwîn Adj.
persecutio	âhtunga st. F.
persequi	kefolgên sw. V.
perseverantia	duruhwësanti Part.
perseverare	duruhwonên sw. V., duruhwësan st. V.
persistere	duruhwësan st. V., duruhstantan, duruhstân st. V.
persolvere	*duruh*anpintan, -*in*- st. V.
persona	heit st. M.
perspicere v. praespicere	
persuadere	duruhspanan st. V.
perterritus	erflauctêr Part.
pertinere	kekangan st. V.
pertinet	kekât impers. *zu gegán*
pertransire	furifaran st. V.
perturbare	ketruaben, duruhtruaben sw. V.
pervenire	duruhqhuëman, piqhuëman st. V.
perversus	abah Adj.
pes	fuaz st. M.
petere	pittan st. V., digen sw. V.
petitio	digî sw. F.

petra	stein st. M.
pietas	gnâda st. F.
piger	trâgi Adj.
pius	êrhaft Adj., êrhaftî sw. F.
plane	kewisso Adv.
plebs	deota st. F.
plenus	fol Adj.
plumbum	plîo st. N.
plus	mêr Adv. Komp., manag Adj.
poena	wîzzi st. N.
poenitentia	hriuwa sw. F.
ponere	sezzen sw. V., leckan sw. V.
populus	liuti st. M. Pl.
porrigere	rehhen sw. V.
portare	tracan st. V.
portio	teil st. N.
poscere	peiten sw. V.
positio	kesezzida st. F.
posse	magan Praet.-Praes.
possibilis	samft, (semfti) Adj.
possidere	habên sw. V.
post	after Praep.
postea	after diu
posterior	aftaro Komp.
postulare	pittan st. V.
potens	waltanti Part.
potestas	kewaltida st. F.
potius	mêr Adv. Komp.
potus	tranch st. M.
praebere	këban st. V.
praeceptum	pibot st. N., kipot st. N.
praecipere	peotan st. V.
praecipue	allero meist Adv.
praecipuus	meisto Superl.
praeclara Adj.	forapërahtida st. F.
praedicare	forasagên sw. V.
praedicatio	digî sw. F.
praedicere	foraqhuëdan st. V.
praeesse	forawësan st. V.

praeferre	furipringan st. V.
praeiudicare	forasuanen sw. V.
praelatus	forakipreittêr Part.
praeparare	karawen sw. V.
praeparatio	garawida st. F.
praepedire	marren sw. V.
praeponere	furisezzen sw. V.
praepositus	fora-, furikisaztêr Part.
praesens	antwurti Adj., antwarti Adj., kakan-wart Adj., antwartida st. F.
praesentia	antwarti Adj.
praespicere	forasëhan st. V.
praesumere	erpaldên sw. V.
praesumptione	*fora* urtursti
praeter (propter)	âno Praep.
praeteritus	kelitan Part.
praevalere	furimagan, furist magan Praet.-Praes.
praevaricare	ubartuan anom. V.
praevenire	furiqhuëman st. V.
prandēre	caumôn sw. V.
prandium	cauma st. F.
pravus	abah Adj.
preces	kepët st. N. Pl.
primum	az êrist
primus	êristo Superl., êriro Komp.
prior	hêrôro, hêriro Komp., hêrôsto Superl.
prius	êr Adv.
privare	piteilen sw. V.
privatus	suntarîg Adj.
pro	fora, furi, pi, duruh Praep.
probare	suahhan sw. V., chorôn sw. V.
probatio	chorunga st. F.
procaciter	(h)wel(l)îhho Adv. *vgl. St. S. 203 A 1, Diss. Daab S. 89*
procedere	framkangan st. V.
pro certo	âno zwîfal, -v-
processus	framkanc st. M.
procul dubio	âno zwîfal
procurare	forakaumen sw. V.

19

prodere	mëldên sw. V.
prodigus	spildantêr Adj.
proferre	frampringan st. V.
proficere	framkangan st. V., framdîhan st. V.
profiteri	kegëhan wësan
profundum	abcrunt st. N.
prohibere	piwerran sw. V.
proicere	far-, forawërfan st. V.
promissio	pigiht st. F.
promittere	keheizzan, forakiheizzan st. V.
promovere	foraerwechan sw. V.
promptus	funs Adj.
pronomen	pinamo sw. M.
pronuntiare	forachunden sw. V.
pronus	framhalde Adv.
propagare	framerleotan st. V.
propheta	forasako sw. M., wizzago sw. M.
proponere	furikisezzen sw. V.
propria Adj.	eikinî sw. F.
proprius	eikan Adj.
propter	duruh Praep.
prospicere	forasëhan st. V.
prosternere	forastrecken sw. V.
protendere	denen sw. V.
proterve	frafallîhho Adv.
prout	sôsô Konj.
provenire	piqhuëman st. V.
provide	forakesëhantlîhho Adv.
providentia	forascauwunga st. F.
providere	forasëhan st. V.
providus	forakisëhanêr Part.
provincia	lantscaf st. F.
provocare	framkiwîsan sw. V.
provolvere	forapifaldan st. V.
proxilus	lang Adj.
proximus	nâhisto sw. M.
prudenter	claulîcho Adv.
psallere	singan st. V.
psalmodia	salmsang st. M.

psalmus	salmo sw. M., salmsang st. M.
psalterium	salmsang st. M. *saltar*i st. M.
publicanus	achiwizfirinâri st. M.
publicare	offanôn sw. V.
publice	offanlîhho Adv.
publicus	offanlîh Adj.
puer	chind st. N.
pugna	fëhta sw. F.
pugnare	fëhtan st. V.
pulmentarium	muas st. N.
pulsare	chlohhôn sw. V.
purgare	reinan sw. V.
puritas	(h)lûtrî sw. F.
purus	hlûtar Adj., dunni Adj.
pusillanimis	luzzilmuati Adj.
putare	wânan sw. V.

quadragesimus	*feorzugôs*to Num.
quadraginsima	fasta sw. F.
quadrupes	feorfuazzi
quaelibet	dei doh
quaerere	suahhan sw. V.
qualis	hwelîh Pron.
qualiscumque	welîh Pron.
qualitas	hwialîhhî sw. F., wealîhnissi st. N.
qualiter	hweo Adv.
quam	hweo Adv., denne Konj., sôsama Konj.
quamvis	dohdoh Konj.
quando	denne Konj., (h)wenne Adv.
quantitas	wea-, weomichilî sw., F., mihhilî sw. F.
quanto	hweo, weo Adv.
quantum	sô filu sô unfl. Adj.
quantus	manag Adj.
quare	hwanta Konj.
quartus	feordo Num.
quasi	sôsama Konj.
quassare	scutten sw. V.
quater	feorstunt Num.

quaterni	feoriske Num.
quattuor	feor Num.
-que	inti, indi, enti, ioh Konj.
questrare	keskeidan st. V.
qui	dër, welîh, hwaz Pron.
quia	danta, daz Konj.
quicquid	sô hwaz sô Pron.
quicumque	(h)welîh Pron.
quid	hwaz, waz Pron.
quidem	kewisso Adv.
quiescere	kastillên sw. V.
quietus	stillêr Adj.
quilibet, quibuslibet	(h)welîh Pron., diêm lustim *l. lustit, vgl. St. S. 213 A 5*
quinquagesimus	finfzugôsto Num.
quinque	fimf Num.
quintus	finfto Num.
quippe	kewisso Adv.
quippiam	eoweht Pron.
quis	hwër, wër, hwelîh Pron.
quisquam	einîg, eoweht Pron.
quisque	eocowelîh, eocowër Pron.
quisquis	sô hwër sô Pron.
quivis	welîh Pron.
quod, ad quod	hwaz, ziwiu Pron.
quod	daz Konj.
quodcumque	sô was Pron.
quomodo	sôsô Konj.
quoniam	pidiu Pron.
quoque	sôsama Konj.
quotiens	sô ofto sô Konj.
radicitus	wurzhaftôr Komp.
rarus Adj.	sëltkaluaffo Adv.
ratio	redia sw. F., redina st. F.
ratiocinium	redina st. F.
rationabilis	redihaft Adj.
rationabiliter	redihaftlîhho Adv.
re-	widaret Adv., avur, avar Adv.

rebellio	widarwîgo sw. M.
recedere	kelîdan st. V.
recipere	intfahan, ent- st. V.
recitare	redinôn sw. V., erchennen sw. V., lë-san st. V.
recolligere	avur kilësan st. V.
reconpensare	widarmëzzan st. V.
reconsignare	avurkezeihhanen, kezeihhanen sw. V
recreare	erqhuichan sw. V.
recte	rëhto Adv.
rectus	rëht Adj.
recusare	widarôn sw. V.
redactus	keprauhôtêr Part.
reddere	këban, erkëban st. V., këltan st. V.
redire	hwarban sw. V., hwërban st. V.
refectio	imbîz st. N.
referre	rahhôn sw. V.
reficere	imbîzzan st. V.
refugere	erflcohan st. V.
regere	rihten sw. V.
regio	lantscaf st. F.
regnum	rîhhi st. N.
regnum caelorum	himilrîhhi st. N.
regula	rëhtunga st. F., rëgula st. F., rëhtlîh Adj.
regularis	rëhtlîh Adj.
relaxare	lengen sw. V., farlâzzan st. V.
relinquere	farlâzzan st. V.
reliquiae	wîhidâ st. F. Pl.
reliquus	andar Num., frammërt Adv.
remaledicere	widarfluahhan st. V.
remanere	pilîban st. V.
remittere	farlâzzan st. V.
removere	erchêren sw. V.
renes Pl.	lentî sw. F.
renuere	widarôn sw. V.
renuntiare	chunden sw. V.
reparatio	itniuwî sw. F.
reperire	findan st. V.

repetere	fâhan st. V., suahhan sw. V.
reponere	keleckan, -g- sw. V.
reportare	widaret tragan st. V.
repraesentare	avur kakanwartan sw. V.
reprehendere	avur fâhan st. V., refsen sw. V.
reprehensibilis	lastarlîh Adj.
reprobus	farchoranêr Part. *keosan*
reputare	kezellan sw. V.
requies	restî sw. F. *Übl. requiescit*
requiescere	keresten sw. V.
requirere	suahhan sw. V.
res	rahha st. F.
resedere v. residerc	
reservare	haltan st. V., përkan st. V.
residere	avar sizzan st. V.
residuus	*za leibu*
respicere	sëhan st. V.
respondere	antlengan sw. V., antwurten sw. V. oder Subst.? (13)
responsio	antwurti st. N.
responsum	antwurti st. N.
responsuria, -ium	*respons
respuere	farspîan st. V.
restare	*za leibu wësan*
restrictius	kedwunganôr Komp.
retributio	itlôn st. N. (M.)
reus Subst.	scultîg Adj.
revelare	intrîhhan st. V.
reverentia	êrwirdî sw. F., êrwurtî sw. F., forahta sw. F.
reverti	hwërban st. V., hwarban sw. V.
revolvere	infaldan st. V.
rex	chuninc st. M.
risus	hlahtar st. N.
rixa	sehha st. F.
rogare	pittan st. V., këban st. V.
Romanus	rûmiski Adj.

sacer	wîh Adj.
sacerdos	êwart st. M., êwarto sw. M.
sacerdotium	êwarttuam st. N.
sacrare	wîhan sw. V.
saecularis	wёrultlîh Adj.
saeculum	wёralt, wёrolt st. F.
saepe, saepius	ofto Adv.
sagacitas	hwassî sw. F.
sagum	filz, recinun
saltim	doh Adv.
saluber	heillîh Adj.
salus	heilî sw. F.
salutare Subst.	heilantî sw. F.
salutare V.	qhuёdan st. V.
salvare	haltan st. V.
salvus	kehaltanêr Part., heil Adj.
sana, sanas	alliu
sanctus	wîh Adj.
sane	kewisso Adv.
sanus	heilîg Adj.
sapiens	spâhi Adj.
sapientia	spâhî sw. F.
sarabaita	lîhhisâri st. M.
satietas	fullî sw. F., setî sw. F.
satisfacere	kenuhtsamo (Adv.)-,
	˛kenuhtsam (Adj.)-,
	kenuhtsamî (Subst.) tuan
satisfactio	*kenuhtsamiu tât, kenuhtsamî tât (sw. F.)
scala	hleitar st. F.
scamnum	scranna st. F.
scandalum	zurwârida st. F.
schola	scuala F.
scientia	kewizzida st. F.
scilicet	kewisso Adv.
scire	wizzan Praet.-Praes.
scola v. schola	
scribere	scrîban st. V.
scriptura	kescrib, -p st. F., kescrift st. F.

scrupulositate	fristeo *vgl. St. S. 246 A 1*
scrutari	scauwôn sw. V., ersuahhan sw. V.
scruatinare v. scrutari	
scurrilitas	skërn st. M.
se	sih, imu Pron.
secundo	andrastunt Adv.
secundum	after Praep.
secundus	andar Num.
securus	sihhûr Adj.
secus	pi Praep.
sed, sed et	ûzzan Konj., ioh auh
sedere	sizzan st. V.
sedile	sëdal st. N.
semper	simblum, simbulum Adv.
senex	alt Adj.
senior	hêriro, hêrôro Komp., hêrôsto Superl.
sententia	keqhuit st. F.
seorsum	suntrîgo Adv.
sepelire	picraban st. V.
septenarius	sibunfalt Num.
septies	sibunstunt Num.
septimana	wëhha sw. F.
septimanarius	wëhhâri st. M.
septimus	sibunto Num.
septinoctium	sibun nahtwahtôno
septuagesimus	sibunzogôsto Num.
sequestrare	suntarôn sw. V.
sequi	folgên sw. V.
sera	naht st. F.
sermo	wort st. N.
servare	haltan st. V.
servire	deonôn sw. V.
servitium	deonôstî sw. F., deonôst st. N.
servitor	deonôstman st. M.
servitus	deonôst st. N.
servus	scalch st. M.
seu	ëdo Konj.
sex	sëhs Num.
sexagesimus	sëxzugôsto, sëh- Num.

sextus	sëhsto Num.
si	ibu Konj., sô
sibi	imu Pron., refl. Sing., im Pl.
sic	sô Adv.
sicut	sô, sôsô Adv. Konj.
significatio	zeihhanunga st. F.
signum	zeihhan st. N.
silentium	stillî sw. F., swîkilî sw. F.
silere	swîgên sw. F.
Silo	silo *vgl. bei Heli*
similare	kelîhhisôn sw. F.
similis	kalîh Adj.
similiter	sôsama Adv.
simplex	einfaltlîh Adj.
simpliciter	einmuatlîhho, einfaltlîhcho Adv.
simul et	ioh auh Konj.
sinaxis (verspertina)	curs st. M.
sine	âno Praep.
sinere	lâzzan st. V.
singillatim	einluzlîhhe Adj. fl.
singularis	einluzlîh Adj.
singuli	einluzze, einluzlîhhe Adj.
sive	ëdo Konj.
sobrius	chûski Adj.
sociari	kemahhôn sw. V.
sol	sunna sw. F.
solatium	hëlfa st. F.
solemnitas	tult st. F.
solemniter	tultlîchiu Adv.
solere	kewonên sw. V.
solitus	kiwon Adj.
sollicite	pihuctlîcho, kihuctlîhho Adv.
sollicitudo	soraga sw. F., pihuctida st. F., pihuctî sw. F.
sollicitus	pihuctîg Adj.
solum	einin Adv.
solummodo	einu mëzzu Instr.
solus	ein Num.
somnium	traum st. M.

somnolentus	slâfag Adj., slâfal Adj.
somnus	slâf st. M.
sonitus	calm st. M.
sordes	unchûschida st. F.
sordide	unsûbro Adv.
sortiri	er(h)leozzan st. V.
speculari	scauwôn sw. V.
sperare	wânan sw. V.
spernere	farhuckan sw. V., farmanên sw. V.
spes	wân st. M.
spina	dorn st. M.
spiritalis	âtumlîh Adj.
spiritus	âtum st. M., keist st. M.
spondere	keheizzan st. V.
sponsio	pigiht st. F.
sponte	sëlpwillin Adv.
stabilire	stantan st. V.
stabilis	stâtîg Adj.
stabilitas	stâtîgî sw. F.
stare	stantan, stân st. V.
statim	sâr Adv.
statuere	kesezzen sw. V.
sternere	strecken sw. V.
stirpator	urriutto sw. M.
stramenta	kastrewi st. N.
strati v. lecti	
strenue	(h)radalîhho Adv.
studere	zilên sw. V.
stultus	unfruatêr Adj.
suadere	spanan st. V.
suasio	kespanst st. F.
sub	untar Praep.
subdere	untartuan anom. V., untarkëban st. V.,
	untardeonôn sw. V.
subiacere	untarlickan st. V.
subiectio	untarworfanî sw. F.
subiectus	untarworfan Part.
subiungere	untarmahhôn sw. V.
subministrare	untarambahten sw. V.

submittere	untarleckan sw. V.
subripere	untarslîhhan st. V.
subrius v. sobrius	
subrogare	untartuan anom. V.
subsellium	scamel st. M.
subsequi	kefolgên sw. V.
substantia	êht st. F.
subtrahendo	untarzeohanto Adv.
subtrahere	*untarzeohan st. V.*
subvenire	hëlfan st. V.
succedere	anagân, -k- st. V.
succingere	picurten sw. V.
sufferre	ke-, fartragan st. V.
sufficere	kenuhtsamôn sw. V., kenuagen sw. V., kenuhtlîhho Adv.
suggerere	spanan st. V., sagên sw. V.
sumere	nëman st. V.
summus	furisto Superl.
super (se)	ubar Praep., oba Praep., suntrîgo Adv., obana Adv.
superare	ubarwinnan st. V.
superbia	ubarmuatî sw. F.
superbus	ubarmuati Adj.
superbire	ubarmuatôn sw. V.
superdictam	ubiriqh*ëtana*
superexaltare	heffan st. V.
superfluitas	ubarfluatida st. F., ubarfleozzida st. F.
superfluum	ubarfleozzida st. F.
superfluus	ubarfleozantêr Part.
superior	obaro Komp.
superscriptum	obana kescriban Part.
supervenire	ubarqhuëman st. V.
supplicare	pittan st. V.
supplicatio	deolîhas (kipët) *vgl. St. S. 268 A 4*
supra	obana Adv.
supra fuerit	ubar ist
suprascriptum	obana kescriban Part., obakescriban Part.
surgere	erstantan, erstân, stân st. V.

susceptio	antfangida st. F.
suscipere	intfâhan st. V.
suscitare	erwehhan < *wakjan* sw. V.
suspectus	sorchaft Adj.
suspendere	kispëntôn sw. V.
suspitio	urtruida st. F.
suspitiosus	urtriuwêr Adj.
sustinere	dolên, fardolên sw. V., inthabên sw. V.
suus	sîn Pron.
suus, eorum, earum	iro Pron. refl. (g. pl.)
synaxis v. sinaxis	
tabernaculum	hûs st. N., selida sw. F.
tacere	swîgên sw. V.
taciturnitas	swîgalî sw. F.
talis	welîh, solîh Pron.
taliter	solîcha Adv. ?
tam	sô, sama, sôsama Adv.
tamen	(doh) dwidaro Konj.
tamquam	sôsô Konj.
tam-quam	sama-sama, sôsama-sôsama Konj.
tantum	sô, doh Adv., sô filu unfl. Adj.
tarde	trâgo Adv.
tardus	spâti Adj., trâgi Adj.
temperare	ketemprôn sw. V., kemëzlîhhen sw. V.
temperius *cod.: temporibus*	cîtim, cîtlîhhôr
temporibus (55) v. temperius	
tempus, tempori	cît st. F. N., mëzlîhhî sw. F.
= *temperies*	
tenebrae	finstrî sw. F.
tenere	habên sw. V., eigan Praet.-Praes.
tepide	walo Adv.
tergere	swërban st. V.
terminare	marchôn sw. V., tuan anom. V.
terni	driske, drî Num.
terra	ërda st. F.
terrenus	ërdlîh Adj.
terribilis	ekislîh Adj.
terror	ekiso sw. M.

tertius	dritto Num., mit stunt
testamentum	êwa st. F.
testimonium	urchundî sw. F., kewizzida st. F.
testis	urchundo sw. M.
timere	forahtan sw. V.
timor	forahta sw. F.
tolerantia	fartraganî sw. F.
tollere	nëman st. V., erhevan st. V.
tonsura	scurt
totus, tota die	al Adj., tagalîhhin Adv.
trabes	keprët st. N.
tractare	trahtôn sw. V.
tradere	sellen sw. V.
transigere	faran st. V.
transire	furifaran st. V., furikangan st. V.
transitorius	zefarantlîh Adj.
tremendus	forahtlîh Adj.
tremor	forahta sw. F., biba sw. F.
trepide	stozzônto Adv.
tres	drî Num.
tribuere	këban st. V.
tribulatio	arabeit st. F.
tricesimus	drîzugôsto Num.
trinitas	drînissa st. F.
triticum	hweizzi st. M.
tu	du Pron.
tunc	denne (noh) Adv.
tunica	tunihha sw. F.
turbare	ketruaben sw. V.
turbulentus	truabal Adj.
tuus	dîn Pron.
typhus	lîhhisôd st. M.
tyrannis	rîhhida st. F., unrëht st. N., rîhhisôd st. N.
ubi	dâr Adv. Konj.
ubicumque	sô (h)wâr sô Pron.
ubicumque	eocowëri Adv.
ullus	einîg Pron.

ultimus, ad ultimum	iungisto Superl., az iungist
ultor	rëhchâri st. M.
umerus	ahsala st. F.
unde	danân, hwanân Adv.
unguentum	salba sw. F.
uniformis	einaz piladi st. N.
universa	alliu
unus	ein Num.
unusquisque	eocowelîh, einêr eocowelîhhêr Pron.
urere	prennen sw. V.
usque, usque ad	unzi(n) (ze), unzan(ze), ze, za, *unz* Praep.
usquequoque	eogowëri Adv.
usus	piderbî sw. F., nutzî sw. F.
ut, ut si	daz, sô Konj., daz ibu
uterque	pêde Num. Pl.
uti	prûhhan st. sw. V., analeckan sw. V.
utilis	piderbi Adj., *piderba sw. F.
utilitas	piderbî, bidarbî sw. F., *piderba F., piderbida st. F.
vacare	muazzôn sw. V., caugrôn sw. V. *vgl. St. S. 250 A 2*
vadere	kangan st. V.
vagari	caugrôn sw. V.
vagus	swihhônti Part.
vanus	îtal Adj.
vapulare	pliuwan st. V.
varius	missilîh Adj.
vas	faz st. N.
vel	ëdo, ioh Konj.
velle	wellen anom. V.
vellosus	rûh Adj.
velocitas	sniumida st. F.
velociter	sniumo Adv.
velut	samasô, sama sô Konj.
veluti	sôsama Konj.
venerare	êrên sw. V.
venia	antlâz st. M.

venire	qhuëman st. V.
ventus	wint st. M.
venundari	farchaufan sw. V.
verber	filla sw. F.
verbi gratia	piladi qhuëdan, piladi qhwëden
verbum	wort st. N.
verecundia	scama st. F.
veritas	wârhaftî sw. F.
vermis	wurum st. M.
vero	kewisso Adv.
versus	vërs st. M.
verus	wâr Adj., wârlîh Adj.
vespera	âband st. M., âbandlob st. N.
vespertina	âbantlob st. N.
vester	iuwêr Pron.
vestiarium	wâthûs st. N.
vestigium	spor st. M.
vestimenta	kiwâti, ka- st. N.
vestire	wâtan sw. V., wâtôn sw. V.
vestis	kewâti st. N.
vetus	alt Adj.
vetustus	alt Adj.
via	wëc st. M.
vices	wëhsal st. M.
vicinus Subst.	kepûr st. M.
vicinus Adj.	nâh Adj.
vicissim	hërtôm *hërta st. F.*
vicissimus	zweinzigôsto Num.
victus	lîbleitî sw. F.
videre	sëhan st. V.
videri	dunken sw. V. Pass.
vigilia	wahta st. sw. F.
vilicatio	ambaht st. N.
vilis	smâhlîh Adj.
vilitas *cod. (h)umilitate*	smâhlîhhî sw. F.
villosus v. vellosus	
vindicare	kerîhhan st. V.
vindicta	rihtî sw. F., kerta st. F., kerihtî sw. F.
vinolentus	wîntrunchal Adj.

vir	comman st. M.
virga	kerta st. F.
virtus	chraft st. F.
visitare	wîsôn sw. V.
vita	lîb st. M.
vitiare	âchusteôn sw. V.
vitiosus	âchustîg Adj.
vitium	âchust st. F.
vivere	lëbên sw. V.
vocare	ladôn sw. V., nemmen, kenemmen sw. V., wîsan sw. V.
volumen	puah st. F. N.
voluntas	willo sw. M.
voluptas	wunnilust st. F.
vos	ir Pron.
vox	stimma st. F.
vulnus	tolc st. N.
zelotipus	einsnëllêr Adj.
zelus	anto sw. M., minna st. F.